Problemlösen durch heuristische Suche in der Artificial Intelligence

Hermann Kaindl

Springer-Verlag Wien New York

Dr. techn. Hermann Kaindl
Wien

Mit 37 Abbildungen

CIP-Kurztitelaufnahme der Deutschen Bibliothek

Kaindl, Hermann:
Problemlösen durch heuristische Suche in der artificial intelligence / Hermann Kaindl. – Wien ; New York : Springer, 1989
ISBN-13:978-3-211-82079-7

ISBN-13:978-3-211-82079-7   e-ISBN-13:978-3-7091-8993-1
DOI: 10.1007/978-3-7091-8993-1

Für Angelika und Patricia

Vorwort

Dieses Buch behandelt grundlegende Ansätze für das *Problem-lösen*, wie es im Bereich der *Artificial Intelligence* (AI) erforscht wird. In der AI gibt es die Zielsetzung, Maschinen zu erzeugen, die *intelligentes* Verhalten zeigen. Dabei spielt in vielerlei Hinsicht das Problemlösen eine zentrale Rolle. Damit eine umfassende Erörterung möglich ist, ohne auf alle Besonderheiten der verschiedenen Teilgebiete und deren Anwendungen eingehen zu müssen, werden wir einen möglichst allgemeingültigen Modellbegriff des **Problems** zugrundelegen.

Die in diesem Buch behandelten Ansätze für das Problemlösen basieren auf *Suche*. (Es wird in diesem Zusammenhang auch vielfach auf Berührungspunkte mit dem Bereich *Operations Research* hingewiesen.) Gemeinsam mit *Wissen* kann man *Suche* als „Grundpfeiler" für das Problemlösen und allgemeiner für die AI betrachten. Eng damit verknüpft ist auch die *Logik*, die ebenfalls als Grundlage dienen kann. (Abgesehen von der *Wissensdarstellung* in **Bewertungsfunktionen** werden wir uns hier jedoch auf entsprechende Verweise beschränken. Eine Erörterung fundamentaler Beziehungen zwischen Suche und Wissen sowie etwaiger Konsequenzen findet sich in [Kaindl (1988a)].)

Große Bedeutung kommt hier der Verwendung von **Heuristik** zu. Dieser Begriff bedeutet etwa „Kunst des Entdeckens". In unserem Kontext versteht man darunter eine Faustregel, die im allgemeinen (aber nicht unbedingt immer) die Effizienz eines Systems verbessert, das **Probleme** löst. Das Adjektiv **heuristisch** besagt etwa „nützlich zum Entdecken oder Herausfinden" (von **Lösungen**). Problem- und domänenspezifisches *Wissen* fließt meist über heuristische Regeln ein, wenn exakte (*algorithmische*) Verfahren nicht bekannt oder zu aufwendig sind. (Bezüglich eines Ansatzes für eine Theorie über Heuristik siehe [Lenat (1983)].)

Dieses Buch orientiert sich an den entsprechenden Teilen von Vorlesungen mit den Titeln „*Heuristische Suche*" und „*Problemlösen, Suchen und Planen in der AI*", die der Autor mehrfach an der

TU Wien gehalten hat. Diese Vorlesungen sind für das Studium der *Informatik* im zweiten Studienabschnitt anrechenbar. Gewisse Grundkenntnisse über Computer und deren Programmierung sind deshalb für das Verständnis dieses Buches sehr nützlich. Da die intuitive Vermittlung grundlegender Ideen im Vordergrund steht, werden mathematische Grundkenntnisse nur in geringem Maß vorausgesetzt. (Eine Erklärung der verwendeten Notation findet sich im Anhang.) Die für unsere Erörterung erforderlichen Begriffe der *Graphentheorie* sind in Kapitel 1 eigens zusammengestellt. Für einige theoretische Teile sind elementare Kenntnisse aus *Algebra* und *Wahrscheinlichkeitstheorie* nützlich. Diese Teile können vom theoretisch weniger interessierten Leser jedoch auch übersprungen werden.

Da die vorliegende Behandlung der Thematik (natürlich) nicht alle Details berücksichtigen kann, wird umfassend auf die einschlägige Fachliteratur verwiesen. Diese ist allerdings mit wenigen Ausnahmen englischsprachig abgefaßt, weil dieses Gebiet seine Wurzeln primär im nordamerikanischen Raum hat. Deshalb sind die in dieser Literatur verwendeten Fachbegriffe auch dem Englischen entlehnt. Um nun dem Leser dieses Buches auch einen guten Einstieg in die Literatur zu ermöglichen, sind viele dieser Begriffe unübersetzt übernommen, bzw. wird bei der Einführung der deutschsprachigen Begriffe die Beziehung zu den entsprechenden englischsprachigen hergestellt (außer, wenn diese Beziehung offensichtlich ist).

Um eine Unterscheidung zwischen „geprägten" Begriffen und gleich lautenden der Umgangssprache zu erreichen, sind erstere **fett** gedruckt, in weniger kritischen Fällen wird auch *kursive* Schreibweise zur Betonung verwendet. (Ausnahmen dazu ergeben sich vor allem dort, wo ein ganzer Teil einem Begriff gewidmet ist.) Bei der Einführung der Begriffe – teilweise durch (zumeist informale) Definitionen – werden sie zusätzlich <u>unterstrichen</u>. (Als Beispiel hatten wir bereits den Begriff **Heuristik**.)

Für das leichtere Verständnis sind an vielen Stellen Beispiele und zugehörige Abbildungen eingefügt. Diese Beispiele sind bewußt so einfach wie nur möglich gehalten, da sie genau das Besprochene zeigen sollen, ohne durch komplizierte Details selbst wieder Unklarheiten hervorzurufen. Nicht zuletzt deshalb basieren viele dieser Beispiele auf *Spielen*, wie auch viele der zugrundeliegenden Forschungsarbeiten Spiele als Domäne verwenden. Spiele eignen sich unter anderem deshalb sehr gut für das Studium von Grundlagen, da sie aufbauend auf einfachen und wohldefinierten Vorgaben ein „Laboratorium" bereitstellen können, das in seiner Komplexität den „realen" Domänen um nichts nachsteht. (Fallweise wird hier auf solche hingewiesen.)

Zur konkreten Beschreibung werden Schemata für *Such-Verfahren* in Form von *Prozeduren* präsentiert. Diese sind in einem „Pseudocode" formuliert, der sich an den üblichen prozeduralen Programmiersprachen orientiert. (Aufgrund des hohen Abstraktionsniveaus dürften sie auch für Leser verständlich sein, die kaum Programmiererfahrung mitbringen.)

In der englischsprachigen Literatur wird ein solches Schema für ein Such-Verfahren zumeist als „algorithm" bezeichnet. Wir werden jedoch nicht von Such-Algorithmen sprechen, um Mißverständnisse hinsichtlich der einfließenden **Heuristik** zu vermeiden. Ein *Algorithmus* für das Lösen eines **Problems** (im Sinne einer Lösungsvorschrift) wäre *garantiert* erfolgreich (innerhalb endlicher Zeit), während für **heuristische** Verfahren keine solchen Garantien abgegeben werden können. Andererseits muß für den Ablauf auf einem Computer unter Verwendung der heute allgemein üblichen (prozeduralen) Programmiersprachen auch ein **heuristisches** Verfahren *algorithmisch* (in Form von Anweisungen) dargestellt werden, was aber an der Natur der **Heuristik** hinsichtlich des **Problems** nichts ändert.

Entsprechend der Einteilung in Kapitel ist das vorliegende Buch in drei Teile gegliedert. Der erste behandelt Formalismen und grundsätzliche Möglichkeiten der *Darstellung* von **Problemen**. Der zweite Teil präsentiert und erörtert Such-Verfahren und deren prinzipielle Steuerungsmöglichkeiten zum *Lösen* von **Problemen** (im engeren Sinn). Im dritten Teil wird aufbauend darauf von solchen **Problemen** ausgegangen, für die keine *vollständige* **Lösung** gefunden werden kann, sondern *begrenzte* Suche zum Fällen von Entscheidungen eingesetzt wird.

Für die Hilfe beim Korrekturlesen und wertvolle Anregungen danke ich (in alphabetischer Reihenfolge) Herrn Dipl.-Ing. Dr. Georg Czedik-Eysenberg, Herrn Dipl.-Ing. Harald Göllinger, Herrn Dipl.-Ing. Dr. Helmut Horacek, Frau Dr. Angelika Kaindl, Herrn Dipl.-Ing. Herbert Kittel, Herrn Dipl.-Ing. Gerhard Mehlsam, Herrn Dipl.-Ing. Christoph Neubauer, Frau Mag. Christine Ullmann, Herrn Dipl.-Phys. M. S. Holger Ziegeler sowie Studenten meiner Vorlesungen. Für die mühevolle Texterfassung möchte ich Frau Brigitte Karner und Frau Michaela Fischer danken, sowie der

Firma Siemens für die Bereitstellung der entsprechenden Geräte. Für die wertvolle Unterstützung hinsichtlich der automatisierten Umsetzung des Textes entsprechend der Lichtsatzkodierungen danke ich Herrn Dipl.-Phys. M. S. Holger Ziegeler. Nicht zuletzt sollen jedoch die Entbehrungen meiner Tochter Patricia sowie die Ermutigungen, die Toleranz und ganz allgemein die moralische Unterstützung bei diesem Projekt durch meine Frau Angelika gewürdigt werden.

Wien, im Juni 1988   Hermann Kaindl

Inhalt

1 Problemdarstellung

Als erstes werden wir uns damit auseinandersetzen müssen, was wir unter dem Begriff „Problem" verstehen wollen. Im alltäglichen Sprachgebrauch wird er zumeist sehr allgemein und vielfältig eingesetzt. Im Bereich der AI hat man sich weitgehend auf einen informalen Modellbegriff geeinigt, den wir hier ebenfalls zugrunde legen wollen:

Definition 1.1:

Ein **Problem** ist durch eine Menge von Ausgangs-(*Start*-)Situationen und eine Menge von angestrebten *Ziel*-Situationen gegeben. Im Sinne der Lösbarkeit durch Maschinen werden bei der Problembeschreibung zumeist auch Angaben darüber vorausgesetzt, mittels welcher Operatoren (Regeln) Situationen in andere Situationen übergeführt werden können bzw. welche Situationen überhaupt zulässig sind. Eine **Lösung** soll Ausgangs- und *Ziel*-Situationen in gewünschter Weise verbinden.

Eine solche Definition wird zwar praktisch nirgends explizit angegeben, kann aber aus vielen Arbeiten herausgelesen werden. In dem theoretisch orientierten Buch [Banerji (1980), S. 19] hingegen gibt es sogar eine mathematisch formale Definition. Für unsere Zwecke reicht Definition 1.1 jedoch völlig aus. (Interessanterweise sind in Banerjis Definition Ausgangssituationen nicht direkt in der Problembeschreibung enthalten.)

Möglicherweise erscheint Ihnen ein solcher Problem-Begriff viel zu eng. Sicherlich kann er auch nicht alles abdecken, was intuitiv und im täglichen Leben unter Problemen verstanden wird. Jedoch stellt sich bei genauerer Betrachtung heraus, daß doch sehr viele und verschiedenartige Probleme bei geeigneter Modellierung darauf zurückgeführt werden können. Mit Ansätzen für solche Modellierungen werden wir uns in diesem Kapitel über das Darstellen von Problemen beschäftigen. (In diesem Zusammenhang sei auch auf den bereits klassischen Artikel [Amarel (1968)] hingewiesen.)

Beim heutigen Stand der Dinge ist gerade die Problemdarstellung bei weitem noch nicht vollkommen theoretisch erfaßt. Das .Finden „guter" Darstellungen hat noch viel mehr mit „Kunst" und Intuition als mit ausgefeilter Technik zu tun. Deshalb werden wir uns die üblichen Ansätze vor allem anhand von Beispielen vor Augen führen.

Wir werden uns zu diesem Zweck auf sehr allgemeingültige Darstellungsformen konzentrieren, die für viele AI-Systeme Gültigkeit haben. Dabei ist es notwendig, auf einem bestimmten Abstraktionsniveau vorzugehen. Wir werden also versuchen, weder zu abstrakt zu bleiben noch aber auf konkrete Programmiersprachen oder gar Bit-Kodierungen einzugehen.

1.1 Produktionssysteme

Um es gleich vorwegzunehmen, der Begriff „Produktionssystem" (englisch: production system) in der AI hat nichts mit dem des Produzierens etwa in Fabriken zu tun. Vielmehr geht es hier um sogenannte „Produktions-Regeln", die zum Beispiel aus einer Zeichenfolge (meist links angeschrieben) eine andere Zeichenfolge (meist rechts angegeben) „erzeugen". Der Begriff wird jedoch auch innerhalb der AI keineswegs einheitlich verwendet (wie wir noch sehen werden).

Historisch leiten sich Produktionssysteme aus einer frühen Arbeit von [Post (1943)] ab, die sich mit Ersetzung von Zeichenfolgen beschäftigt. In der Zwischenzeit hat es in diesem Zusammenhang viele Entwicklungen gegeben. Mit zunehmender Popularität sogenannter *Expertensysteme* bezieht sich der Begriff der Produktions-Regel zumeist auf sogenannte *regelbasierte Systeme.* (Solche werden hier im weiteren als **Produktionssysteme „im engeren Sinn"** bezeichnet.) Aus theoretischen Arbeiten (siehe etwa [McDermott & Forgy (1978)]) hat sich mittlerweile auch ein eigenes Programmier-Paradigma entwickelt (siehe z. B. [Brownston *et al.* (1985)]). Wir wollen hier einen allgemeineren Begriff eines Produktionssystems zur Problemdarstellung verwenden, der die anderen Begriffe umfaßt (in starker Anlehnung an [Nilsson (1980)]). Die folgende Definition ist informal, um einem genügend allgemeinen intuitiven Begriff den nötigen Spielraum zu lassen.

Definition 1.2:

Ein **Produktionssystem** besteht aus den folgenden Hauptkomponenten: einer **globalen Datenbasis**, einer Menge von **Produktions-Regeln** und einem **Kontrollsystem**.

Die **globale Datenbasis** umfaßt den aktuellen Bestand an Daten, der jeweils (während der **Suche**) vorliegt. Die **Produktions-Regeln** erzeugen bei ihrer Anwendung Elemente der globalen Datenbasis. Jede Regel besitzt eine *Vorbedingung*, die erfüllt sein muß, damit die Regel angewendet werden kann.

Das **Kontrollsystem** steuert, welche der anwendbaren Produktions-Regeln jeweils tatsächlich angewendet wird, und beendet die **Suche**, wenn eine gegebene *Endebedingung* erfüllt ist.

Die entsprechenden englischsprachigen Begriffe in [Nilsson (1980)] sind „global database", „production rules", „control system", „precondition" bzw. „termination condition". (Der Begriff „database" hat übrigens nichts mit „database systems", also Datenbanken zu tun.) Allerdings bezeichnet die „global database" die zentrale Datenstruktur, wohingegen die **globale Datenbasis** die Daten selbst beinhaltet. Die Datenstruktur wird hier natürlich implizit ebenfalls angegeben. (Diese kann auch sehr kompliziert sein, etwa im Sinne starker Vernetzungen von Komponenten.) Wieviele Elemente der **globalen Datenbasis** in welcher Art durch eine **Produktions-Regel** bearbeitet werden, bzw. welche Auswirkungen dies auf die **globale Datenbasis** hat, ist vom jeweiligen Typ des Produktionssystems abhängig.

1.1.1 Beispiele für Produktionssysteme

Eine weitere abstrakte Erörterung dieser Begriffe wollen wir fürs erste zurückstellen und sie vielmehr (wie angekündigt) anhand von Beispielen illustrieren. Die Beispiel-**Probleme** sind nicht unbedingt spezielle **Probleme** der AI, sondern es soll sogar gezeigt werden, daß vielfältige **Probleme** aus verschiedenen Bereichen (auf einem gewissen Abstraktionsniveau) *einheitlich* behandelt werden können.

Beispiel 1.1:

Entsprechend dem historischen Ursprung wollen wir uns als erstes eine (sehr einfache) *Grammatik* für eine formale Sprache ansehen. Formal sind solche Grammatiken als Quadrupel (Φ, Σ, P,

S) definiert, mit Φ als Menge von „non-terminalen" Symbolen, Σ als Menge von Terminalsymbolen, *P* als Menge von Ersetzungs-Regeln und *S* als Startsymbol. (Näheres siehe etwa [Maurer (1969)].)

$$\Phi = \{A,\ B,\ C\}$$
$$\Sigma = \{t\}$$
$$P = \{R1\colon A \to BC,$$
$$\qquad R2\colon A \to Bt,$$
$$\qquad R3\colon B \to tt\}$$
$$S = A$$

Diese Grammatik ist absichtlich so gewählt, daß es für *C* *keine* Ersetzungs-Regel zur Ableitung gibt. Sie hat keinerlei konkreten „Sinn" außer als Basis für Beispiele, die bestimmte Aspekte illustrieren sollen.

Da hier bereits eine formale Definition vorliegt, ist die Darstellung als Produktionssystem einfach und naheliegend: Die **globale Datenbasis** enthält Symbolfolgen, die sich aus Elementen von Φ vereinigt mit Σ zusammensetzen, und zu Beginn die Folge, die nur aus dem Startsymbol *A* besteht. Die **Produktions-Regeln** leiten sich unmittelbar von den Ersetzungs-Regeln ab: Die *Vorbedingung* ist, daß das Symbol auf der linken Seite in einem Element der **globalen Datenbasis** (einer Symbolfolge) enthalten ist (dies kann auch mehrfach der Fall sein). Die Anwendung selbst bedeutet die Ersetzung dieser „linken Seite" durch die auf der rechten Seite spezifizierte Symbolfolge (pro Regelanwendung an einer Stelle). Je nachdem, ob die eigentliche Aufgabenstellung bezüglich einer solchen Grammatik darin besteht, „Worte" in der entsprechenden formalen Sprache zu generieren oder zu analysieren und zu zerlegen (englisch: to parse), arbeitet das **Kontrollsystem** entsprechend einem für solche Aufgaben bekannten *Algorithmus*. Im Falle des Generierens lautet die *Endebedingung* in unserem Beispiel, daß ein Element erzeugt wurde, das nur noch das Terminalsymbol *t* enthält.

Beispiel 1.2:

Nach diesem formalen Beispiel wollen wir uns die Darstellungsmöglichkeiten für das *8-Puzzle* (eine einfachere Version des bekannten *15-Puzzles*) ansehen. Abb. 1.1(*a*) zeigt ein solches in stilisierter Form. Die von 1 bis 8 numerierten Teilchen sind in dem umgebenden Rahmen bewegbar, und zwar so, daß ein der freigelassenen Zelle benachbartes Teilchen an deren Stelle geschoben wird (siehe auch Abb. 1.1(b)). Diese Bewegungen werden auch als <u>Züge</u> bezeichnet.

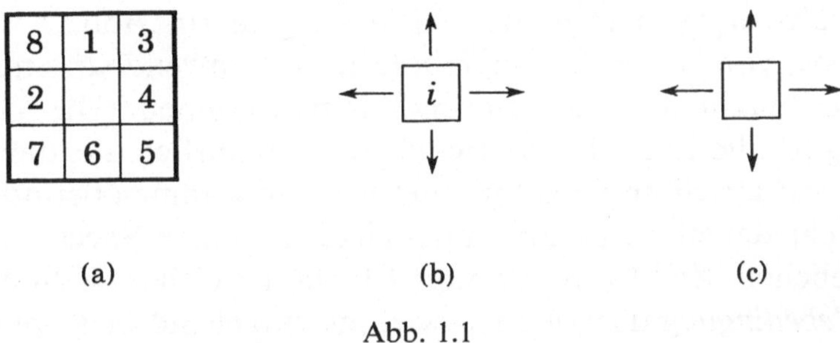

(a)   (b)   (c)

Abb. 1.1

Ein **Problem** im Zusammenhang mit diesem Puzzle ist typischerweise durch zwei Konfigurationen gegeben, wobei die eine in die andere übergeführt werden soll. Entsprechend unserer Definition 1.1 enthält also sowohl die Menge der *Start-* als auch die der *Ziel-*Situationen jeweils ein Element. Die Komponenten eines Produktionssystems nach Definition 1.2 können zur Darstellung eines solchen **Problems** wie folgt gewählt werden:

Die **globale Datenbasis** enthält (aus naheliegenden Gründen) Beschreibungen von Konfigurationen als Elemente, wobei man sich letztlich entscheiden muß, ob diese Beschreibungen mittels Arrays, Listen oder sonstigen Möglichkeiten für Datenstrukturen erfolgen. Damit eine Ähnlichkeit zum tatsächlichen Erscheinungsbild gewährleistet ist, wollen wir uns hier zur Illustration auf zweidimensionale Arrays festlegen. Zu Beginn enthält die **globale Datenbasis** eine solche Beschreibung für die gegebene Start-Konfiguration.

Für die **Produktions-Regeln** ist die naheliegendste Wahl die, daß die Züge der Teilchen in die 4 grundsätzlich möglichen Richtungen (in Abb. 1.1(b) illustriert) für die Elemente der **globalen Datenbasis** simuliert werden. Eine *Vorbedingung* für das Verschieben eines Teilchens ist natürlich, daß sich in der jeweiligen Richtung des Verschiebens unmittelbar benachbart die leere Zelle befindet. Somit sind von den 32 grundsätzlichen Regeln (8

Teilchen $\times$ 4 Richtungen) jeweils maximal 4 überhaupt anwendbar.

Eine interessante Idee, um zu einer „besseren" Darstellung zu kommen, basiert darauf, nicht die Teilchen selbst, sondern ein hypothetisches „Leerteilchen" (in der leeren Zelle befindlich) zu verschieben. Dazu muß man sich allerdings gedanklich ein wenig von den physikalischen Gegebenheiten loslösen. Jedenfalls ergeben sich hier nur 4 Regeln (in Abb. 1.1(c) illustriert), von denen immer mindestens 2 anwendbar sind – und daher maximal 2 nicht anwendbar sein können. (Die *Vorbedingung* für die Züge des Leerteilchens ist natürlich die, daß es sich in der Zugrichtung nicht unmittelbar am Rahmen befindet.) Mit verschiedenen Steuerungsmöglichkeiten einer **Suche** nach der gegebenen *Ziel*-Konfiguration (deren Erreichen stellt hier die *Endebedingung* dar) werden wir uns eingehend in Kapitel 2 beschäftigen. Diese Steuerung ist Aufgabe des **Kontrollsystems**.

Nachdem wir uns anhand zweier sehr einfacher Beispiele einführend mit dem allgemeinen Begriff des Produktionssystems auseinandergesetzt haben, erscheint es sinnvoll, auch andere in der einschlägigen Literatur häufig verwendete Begriffe damit in Verbindung zu setzen. Die Konfigurationen des 8-Puzzles etwa können auch als **Problemzustände** (oder kürzer **Zustände**) angesehen werden. Die Menge aller solcher Konfigurationen ergibt den **Zustandsraum** (englisch: state-space). Dieser umfaßt für das 8-Puzzle genau 362 880 (= 9!) verschiedene **Zustände**, wobei er genau genommen aus zwei disjunkten Räumen gleicher Größe besteht (wegen der „Umlaufrichtung"). Die Züge (Übergänge zwischen den **Zuständen**) werden hier zumeist als **Operatoren** (englisch: operators) bezeichnet. Im Hinblick auf Beendigung wird in diesem Kontext zumeist davon gesprochen, ob ein *Ziel* (englisch: goal) erreicht wurde. Diese Terminologie geht auf frühe Arbeiten zurück (etwa GPS, siehe z. B. [Newell & Simon (1963)]). Nachdem sie von [Nilsson (1971)] festgelegt worden ist, verwendeten sie viele einschlägige Werke (einschließlich dem „Handbook of AI" [Barr & Feigenbaum (1981), Vol. I] und [Cohen & Feigenbaum (1982), Vol. III]) mit Verweis auf [Nilsson (1971)]. (Zur Unterscheidung von anderen Typen von Produktionssystemen werden wir solche im folgenden auch als **gewöhnliche Produktionssysteme** bezeichnen.)

1.1.2 „Constraint Satisfaction" Probleme

Ein anderer Begriff gewinnt heute immer mehr an Bedeutung: „constraint satisfaction". Obwohl dieser sehr vielfältig gebraucht wurde, zeichnet sich doch ein allgemeines Schema für **„constraint satisfaction" Probleme** ab, das wir kurz skizzieren wollen. Man geht dabei ganz allgemein von einer Menge von Variablen aus, denen Werte aus vorgegebenen Wertebereichen zugeordnet werden. Als elementare Operation können wir das Zuordnen eines Werts zu einer Variablen als **Produktions-Regel** modellieren. Statt nun aber *implizit* in der *Vorbedingung* bereits umfassende Überprüfungen vorzusehen, werden hier *explizit* „constraints" (vergleichbar mit Randbedingungen) angegeben, die bestimmen, ob Belegungskombinationen für Teilmengen von Variablen zugelassen sind oder nicht. Konkret lassen sich solche „constraints" etwa als n-stellige Prädikate formulieren. Diese sind konjunktiv (mit „und") verknüpft, da immer alle Bedingungen erfüllt sein müssen. Die einstelligen Prädikate geben Bedingungen für die Belegungen der einzelnen Variablen an, die zweistelligen für jeweils zwei Variablen usw.

Auf diese Weise lassen sich verschiedenste **Probleme** formulieren. Ein vielfach verwendetes Beispiel ist etwa das **Problem**, n Damen auf einem $n \times n$-Schachbrett so aufzustellen, daß keine eine andere schlagen kann (siehe z. B. [Nilsson (1980)] oder [Pearl (1984)]). Auch Kreuzworträtsel beinhalten Aspekte, die auf diese Art formulierbar sind. Etwa ergibt sich ein zweistelliges Prädikat, wenn ein horizontales und ein vertikales Wort einander kreuzen, sodaß ein gemeinsamer Buchstabe erforderlich ist. Abgesehen von solchen „Spiel"-**Problemen** gibt es auch viele Aufgabenstellungen mit industrieller Bedeutung, die sich auf eine solche Formulierung zurückführen lassen. So etwa ergibt sich bei den Zuordnungen von Arbeitskräften (bzw. auch Maschinen) zu entsprechenden Tätigkeiten oftmals die Notwendigkeit, „constraints" zu berücksichtigen. Auch die auf den ersten Blick gänzlich unterschiedlich erscheinende Problematik, technische Geräte zu konfigurieren, läßt sich oft auf Formulierungen als „constraint satisfaction" Probleme zurückführen.

Eine gute Übersicht über „constraint satisfaction" gibt [Mackworth (1987)]. Dort findet sich auch eine Erörterung, wie solche **Probleme** *gelöst* werden können. In Kapitel 2 werden wir darauf ebenfalls kurz eingehen. Außerdem führt Mackworth noch eine solche Klasse von **Problemen** ein, bei denen optimiert wird, bis zu welchem „Grad" eine Vielzahl kontinuierlicher „constraints" erfüllt ist.

1.1.3 Produktionssysteme „im engeren Sinn"

Nun wollen wir uns auch mit der Terminologie und einigen Aspekten im Zusammenhang mit **Produktionssystemen** *„im engeren Sinn"* befassen. Das folgende sehr einfache Beispiel ist stark an das entsprechende von [Winston (1977)] angelehnt:

Beispiel 1.3

Als erstes geben wir die **Produktions-Regeln** an (es geht hier um die Identifikation von Tieren aus der Menge {Panther, Hund, Strauß}):

    R1: IF hat Haare
         THEN ist Säugetier

    R2: IF hat Federn
         THEN ist Vogel

    R3: IF hat Fangzähne
         THEN frißt Fleisch

    R4: IF ist Säugetier
         and frißt Fleisch
         THEN ist Fleischfresser

    R5: IF ist Fleischfresser
         and ist schwarz
         and ist groß
         THEN Panther

    R6: IF ist Fleischfresser
         and ist klein
         and kann bellen
         THEN Hund

    R7: IF ist Vogel
         and kann nicht fliegen
         and hat lange Beine
         and hat einen langen Hals
         and ist schwarz-weiß
         THEN Strauß

Die **globale Datenbasis** (hier oft als „context" oder auch „data memory" bezeichnet) enthält Symbole, die zu Beginn die bekannten Fakten (englisch: facts) und Zusicherungen (englisch: assertions) über das **Problem** repräsentieren. Die **Produktions-Regeln** haben die Form

IF *Prämisse* THEN *Konklusion,*

wobei die *Prämisse* auch aus mehreren mittels Junktoren (meist „and", also konjunktiv) verknüpften Bedingungen zusammengesetzt sein kann. Die *Vorbedingung* ist hier also explizit zwischen IF und THEN eingeschlossen angegeben. Mittels einer solchen Regel kann aus der in der *Prämisse* überprüften Bedingung die *Konklusion* schlußgefolgert werden. Dies bedeutet hier konkret, daß die *Konklusion* zur **globalen Datenbasis** hinzugefügt, die *Prämisse* aber *nicht* ersetzt (entfernt) wird. Eine solche Anwendung einer Regel wird auch als „Feuern" (englisch: fire) bezeichnet (in Analogie zum Feuern von Neuronen). Damit eine Regel feuern kann, muß sie „triggern". Das bedeutet, daß die *Prämisse* in der **globalen Datenbasis** vorhanden (erfüllt) sein muß (englisch: match). Die Vorgangsweise des **Kontrollsystems**, aus allen zu einem bestimmten Zeitpunkt (des Interpretationszyklus) triggernden Regeln eine zum Feuern zu selektieren, wird **„conflict resolution"** genannt (siehe Unterkapitel 2.8). Die *Endebedingung* kann sein, daß die **globale Datenbasis** eine bestimmte *Konklusion* enthält (in unserem Fall eine Tierbezeichnung), oder auch, daß keine weiteren Regeln mehr feuern können (ohne daß ihre „Konklusion" nicht schon vorhanden, also redundant wäre).

Wollen wir uns nun ansehen, wie man mittels dieses sehr einfachen Produktionssystems „im engeren Sinn" eines der Tiere aus der Menge {Panther, Hund, Strauß} identifizieren kann. (Klarerweise müßte ein „reales" Produktionssystem für die gesamte Fauna weit mehr und ausgefeiltere Regeln enthalten, wie dies ja auch bei *regelbasierten Expertensystemen* wie MYCIN [Shortliffe (1976)] oder R1/XCON [McDermott (1981)] der Fall ist.) Nehmen wir an, daß folgende Fakten bekannt sind (etwa durch Beobachtung des Tieres), die der **globalen Datenbasis** D zu Beginn zugewiesen werden:

$$D := \{\text{hat Haare, hat Fangzähne, ist schwarz, ist groß}\}$$

Die Regeln R1 und R3 triggern (als einzige), da ihre *Prämissen* vollständig erfüllt sind. Nehmen wir an, daß aus diesem „conflict set" die Regel R1 ausgewählt wird. Ihr Feuern bewirkt, daß ihre *Konklusion* zu den Daten hinzukommt:

$$D := D \cup \{\text{ist Säugetier}\}$$

Erneut triggert R3 und kann nun als einzige feuern. (Da die Konklusion von R1 bereits in D ist, ist es nicht mehr sinnvoll, R1 erneut anzuwenden.)

$$D := D \cup \{\text{frißt Fleisch}\}$$

Durch dieses Hinzufügen triggert R4 und feuert:

$$D := D \cup \{\text{ist Fleischfresser}\}$$

Dies ermöglicht R5 als einziger sinnvoller Regel ihre Anwendung:

$$D := D \cup \{\text{Panther}\}$$

Da nun ein Tier in D ist (es könnte aber auch keine (neue) Regel mehr feuern), ist die *Endebedingung* erreicht, und das Tier ist identifiziert.

Dieses *Lösen* unseres **Problems** kann nun als **Suche** angesehen werden, obwohl durch die Einfachheit unseres Beispielsystems nur an einer Stelle eine Entscheidung zwischen Alternativen durch das **Kontrollsystem** notwendig war. Wir können diesen Vorgang in einem solchen Kontext auch als eine Form des **Schließens** betrachten. (In diesem Beispiel handelt es sich um **monotones Schließen**, da immer nur Neues hinzugefügt, nichts jedoch zurückgenommen wird.) Ein derartiges Hinteranderausführen von solchen Regeln wird meist als „Verketten" (englisch: chaining) bezeichnet. (Dieser Begriff wurde auch in [Newell & Simon (1963)] im Zusammenhang mit GPS-Operatoren verwendet, ist aber mittlerweile eher für **Produktions-Regeln „im engeren Sinn"** reserviert.) Ganz allgemein haben wir es hier mit einer Menge zusätzlicher Begriffe zu tun bekommen. Ob die Schöpfung all dieser Begriffe sinnvoll war, steht hier nicht mehr zur Debatte, aber sie kann zum Teil dadurch erklärt werden, daß die Produktionssysteme „im engeren Sinn" in vielerlei Hinsicht behandelt wurden: In [Winston (1977)] etwa werden sie im Zusammenhang mit „Kontrolle" erörtert, und zusätzlich in Zusammenhang mit **Suche** gebracht (auf S. 148). Im „Handbook of AI" [Barr & Feigenbaum (1981), Vol. I] und anderen Werken werden sie als Mittel zur *Wissensdarstellung* präsentiert. Wie bereits eingangs erwähnt, werden sie auch als Basis von *Programmiersprachen* verwendet [Brownston *et al.* (1985)]. Und nicht zuletzt (dieses Buch gilt als Klassiker in diesem Zusammenhang) werden sie in [Newell & Simon (1972)] für *kognitive Modellierung* eingesetzt.

Genau genommen haben solche **Produktions-Regeln** etwas allgemeiner als bisher erwähnt die Form

IF *Situation* THEN *Aktion,*

jedoch sind in den meisten Fällen die Einschränkungen erfüllt, die eine Darstellung mittels *Prämisse – Konklusion* gestatten. Produktionssysteme mit solchermaßen eingeschränkten Regeln werden auch als *Deduktionssysteme* bezeichnet, da sie (wie in Beispiel 1.3) verwendet werden können, um Schlüsse zu ziehen. Wir wollen zwei wichtige Eigenschaften solcher Produktionssysteme herausstreichen: Die Regeln können auch mehrere Elemente der **globalen Datenbasis** verknüpfen, sie können aber keine Elemente entfernen, sondern nur hinzufügen (**monotones Schließen**). Im Zusammenhang mit solchen Systemen wurde in [Kowalski (1972)] der Begriff „theorem-proving graphs" geprägt. (Bezüglich Deduktionssystemen für Kalküle der *Aussagenlogik* und der *Prädikatenlogik* siehe etwa [Bibel (1982)].)

1.1.4 Kommutative Produktionssysteme

Die Eigenschaft „kann keine Elemente entfernen" führt uns zum Begriff des *kommutativen* **Produktionssystems,** das nach [Nilsson (1980), S. 35] wie folgt definiert ist. (Wie man leicht einsieht, garantiert die Erfüllung dieser Bedingungen die Eigenschaften solcher Deduktionssysteme.)

Definition 1.3:

„Ein **Produktionssystem** ist **kommutativ,** wenn es die folgenden Bedingungen bezüglich einer **globalen Datenbasis** D erfüllt:

(a) Jedes Element der Menge von Regeln, das bezüglich D anwendbar ist, ist auch bezüglich jeder beliebigen **globalen Datenbasis** anwendbar, die durch Anwendung einer Regel bezüglich D erzeugt wird.

(b) Wenn die *Endebedingung* durch D erfüllt ist, dann ist sie auch durch jede beliebige **globale Datenbasis** erfüllt, die durch Anwendung einer Regel bezüglich D erzeugt wird.

(c) Die **globale Datenbasis**, die durch Anwendung jeder beliebigen Folge von bezüglich D anwendbaren Regeln entsteht, ist invariant gegenüber Permutationen dieser Folge."

In Beispiel 1.3 etwa ist die Regel R3 zu Beginn anwendbar gewesen, daran hat sich aber auch nach Anwendung von Regel R1 nichts geändert. Die **globale Datenbasis**, die nach Anwendung von R1 und danach R3 erzeugt wurde, ist identisch mit jener, die nach Anwendung von R3 zu Beginn und danach R1 entstehen würde.

Es ist noch sinnvoll anzumerken, daß „Kommutativität" hier nicht notwendigerweise bedeutet, daß die gesamte Folge von Regeln umgeordnet werden kann. Es dürfen nur jene Regeln umgeordnet werden, die schon bezüglich D anwendbar sind. Durch die Anwendung einer Regel können ja zusätzliche Regeln anwendbar werden. Etwa in Beispiel 1.3 ist es nicht möglich, R1 – R3 – R4 in die Folge R4 – R1 – R3 umzuordnen, da R4 zu Beginn noch nicht anwendbar ist.

Jedenfalls garantieren diese Bedingungen, daß die unzweckmäßige Auswahl von Regeln zwar eine erfolgreiche Beendigung verzögern, aber nicht verhindern kann. Dies hat für das **Kontrollsystem** sehr günstige Konsequenzen, wie wir noch sehen werden.

Auf eine andere Art von Produktionssystemen mit einer speziellen Eigenschaft („Zerlegbarkeit"), die Auswirkungen auf die Reihenfolge der Regelanwendungen hat, werden wir im Unterkapitel 1.3 näher eingehen. Wir werden auch eine Dualitätsbeziehung zwischen Kommutativität und Zerlegbarkeit erörtern, die mit der Richtung des Vorgehens zu tun hat (in Unterkapitel 1.4). Vorher sollten wir uns noch damit beschäftigen, wie das Vorgehen beim *Lösen* eines **Problems** dargestellt werden kann.

1.2 Graphen

Zur Vermeidung von terminologischen Mißverständnissen wollen wir uns kurz und überblicksmäßig mit einigen in unserem Zusammenhang wichtigen Begriffen der *Graphentheorie* auseinandersetzen. Die Auswahl entspricht im wesentlichen der in [Nilsson

(1980)] und [Pearl (1984)], wobei für unsere Zwecke ebenfalls eine informale Behandlung ausreichend sein dürfte (entsprechende formale Definitionen finden sich in der einschlägigen Literatur, etwa [Dörfler & Mühlbacher (1973)]).

1.2.1 Begriffliche Übersicht

Ein *Graph* besteht aus einer Menge von *Knoten* (englisch: nodes oder vertices) und einer Menge von *(ungerichteten) Kanten* (englisch: edges), die jeweils zwei bestimmte Knoten miteinander verbinden. Die Knoten sollen hier die Elemente der **globalen Datenbasis** und die Kanten die **Produktions-Regeln** repräsentieren. Somit haben wir es genau genommen mit *gerichteten Graphen* zu tun, bei denen einer *gerichteten Kante* (englisch: arc) ein geordnetes Paar von Knoten entspricht. Wenn eine solche Kante vom Knoten n_1 zum Knoten n_2 führt (gerichtet ist), so nennen wir n_1 einen *unmittelbaren Vorgänger* von n_2 und umgekehrt n_2 einen *unmittelbaren Nachfolger* von n_1 (englisch: successor). In Anlehnung an „Stammbäume" können wir von n_1 auch als *Vater-* oder *Elternknoten* und von n_2 als *Sohn-* oder *Kindknoten* sprechen. Da wir in unserem Zusammenhang Problemstellungen behandeln, in denen in jeder Situation nur endlich viele Entscheidungen möglich sind, können wir uns auch auf Graphen beschränken, in denen jeder Knoten nur eine endliche Anzahl von unmittelbaren Nachfolgern besitzt.

Eine endliche Aufeinanderfolge von Knoten (und Kanten) (n_0, $n_1, \ldots, n_k$), in der jeder Knoten n_i (mit $i = 0 \ldots k-1$) ein Elternknoten von n_{i+1} ist, nennen wir einen *Pfad* (englisch: path) mit der *Länge k*. Wenn für zwei Knoten n_i und n_j ein solcher Pfad existiert, so ist n_j von n_i aus *erreichbar*, n_i ist ein *mittelbarer Vorgänger* von n_j und umgekehrt n_j ein *mittelbarer Nachfolger* von n_i. Solche Pfade entsprechen in unserem Kontext Folgen von hintereinander ausgeführten **Produktions-Regeln**.

Die Anwendung solcher Regeln wird aber im Normalfall nicht kostenlos sein. Somit ist es für eine geeignete Modellierung notwendig, den Kanten (positive) *Kosten* zuordnen zu können. Da es für einige theoretische Erörterungen von Bedeutung ist, wird allgemein angenommen, daß diese Kosten immer größer als eine beliebig klein wählbare positive Zahl δ sind. (Diese Annahme erscheint jedoch für eine realistische Modellierung nicht störend.) Die Kosten eines Pfades werden zumeist als Summe der Kosten der entsprechenden Kanten verstanden, obwohl natürlich auch andere Funktionen denkbar sind (etwa Maximums- oder Durchschnittskosten).

Ein *Zyklus* ist ein Pfad $(n_0, n_1, \ldots, n_k = n_0)$, in dem alle Kanten und alle Knoten n_i für $i = 1 \ldots k$ voneinander verschieden sind. In vielen Fällen ist es sinnvoll, sich auf eine spezielle Art von Graphen zu beschränken, und zwar auf solche, die keine Zyklen haben.

Wir nennen einen zusammenhängenden Graphen einen *Baum* (englisch: tree), wenn jeder Knoten genau einen Elternknoten besitzt, mit der Ausnahme eines *Wurzelknotens* (englisch: root node), der keinen Elternknoten hat. (Da ein Baum zusammenhängend ist, gibt es von der Wurzel zu jedem Knoten einen Pfad.)

Im allgemeinen werden wir Graphen behandeln, die *einen* Knoten ohne Elternknoten besitzen, und dieser wird *Start*(-Knoten) genannt. Knoten, die keine Nachfolger haben, heißen *Endknoten* (englisch: tip nodes oder terminal nodes). Ein Knoten, der die *Endebedingung* erfüllt, wird oft auch als *Ziel*(-Knoten) bezeichnet.

1.2.2 Darstellung des Vorgehens eines Produktionssystems

Nun wollen wir uns ansehen, wozu uns diese Begriffe dienlich sein können:

Beispiel 1.4:

Abb. 1.2 zeigt einen Graphen, der als Ausschnitt einer Landkarte interpretiert werden kann (mit den Städten *A*, *B*, *C* und *D*). Die Zahlen neben den Kanten geben die Kosten an, um von einer Stadt zur benachbarten zu gelangen (andere Interpretationen wären etwa als Entfernungs- oder Zeitangabe). Nehmen wir nun an, jemand will von einer Stadt x aus alle anderen Städte aus einer vorgegebenen Menge genau einmal besuchen und zum Abschluß wieder nach x zurückkehren. Wenn wir außerdem annehmen, daß er (verständlicherweise) eine Tour mit minimalen Kosten (etwa Entfernungen) sucht, so haben wir das bekannte „*Problem des Handlungsreisenden*" (englisch: Traveling Salesman Problem (TSP)) vor uns. Diese Art Problemstellung wurde oftmals im Rahmen von *Operations Research* (OR) erörtert, und es soll hier auch darauf hingewiesen werden, daß es zwischen OR und AI viele Berührungspunkte gibt (siehe etwa [Hall (1971)], [Nau *et al.* (1984)]).

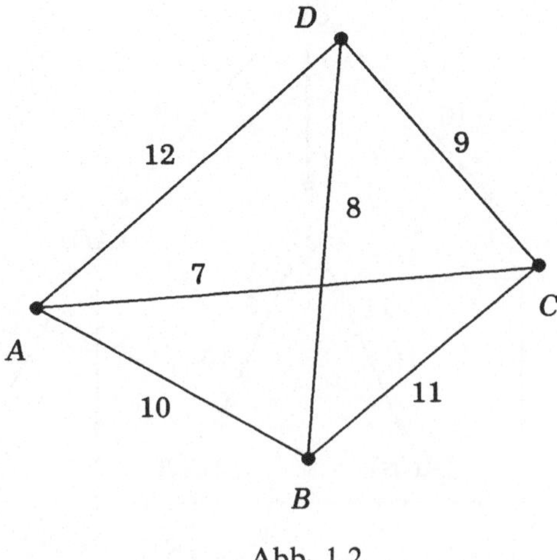

Abb. 1.2

Genau genommen sind es aber nicht solche Graphen, die
uns hier interessieren. Vielmehr wollen wir ja Graphen dazu verwenden, das Vorgehen beim *Lösen* eines **Problems** darzustellen.
Bevor wir uns einen solchen ansehen, sollten wir eine (naheliegende) Darstellung des TSP als **Produktionssystem** angeben:

Die **globale Datenbasis** enthält Listen der Städte, die bereits
besucht wurden, wobei mit Ausnahme der Stadt, in der die Reise
beginnt und endet – nehmen wir A an – alle Städte nur genau
einmal aufscheinen dürfen. (Begonnen wird mit der Liste (A)).
Die **Produktions-Regeln** modellieren die Fortsetzung einer möglichen Route von einer Stadt x zu einer unmittelbar benachbarten Stadt y, indem y an die jeweilige Liste ($s_1 \ldots s_i x$) angehängt
wird, sodaß die Liste ($s_1 \ldots s_i xy$) entsteht. Die *Vorbedingung* ist,
daß wieder eine Liste entsteht, die den obigen Kriterien genügt.
Die *Endebedingung* erfüllen alle jene Listen der **globalen Datenbasis**, die die Stadt A am Anfang und am Ende haben, und in denen alle anderen Städte (genau einmal) aufscheinen. Die Aufgabe des **Kontrollsystems** besteht nun darin, jene Liste zu finden,
die der *Endebedingung* genügt und eine Tour mit minimalen
Kosten repräsentiert.

Abb. 1.3 zeigt einen Teil jenes Graphen, der das Vorgehen
bei der Suche darstellt. Die Knoten entsprechen den Listen und
die Kanten den Regelanwendungen. Die Zahlen neben den
Kanten geben die Kosten an, die durch diese Regelanwendung
entstehen und somit zu den bisherigen hinzuaddiert werden, die

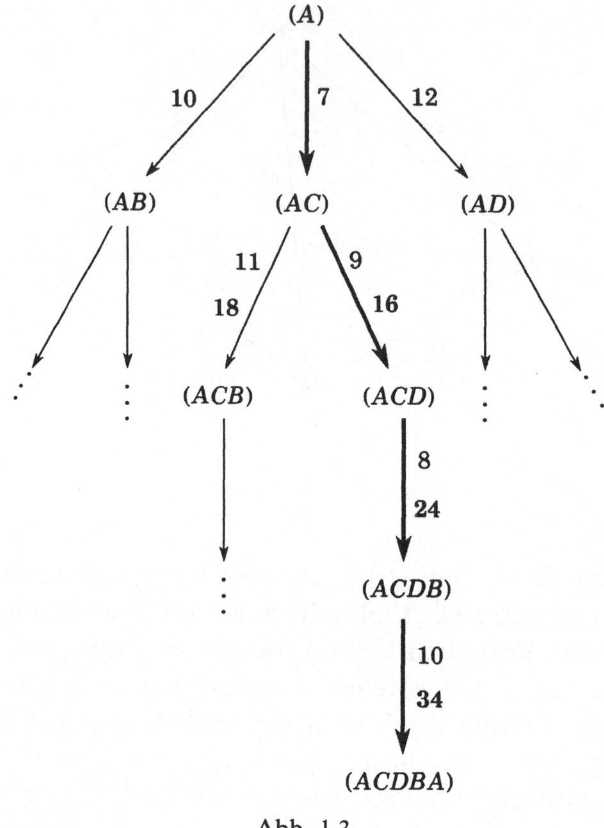

Abb. 1.3

fett geschriebenen Zahlen repräsentieren die Summenkosten des entsprechenden Pfades.

Solche Graphen sind durch die Angabe eines **Produktions-systems** *implizit* spezifiziert, zumeist jedoch nicht *explizit* repräsentiert. Das **Kontrollsystem** steuert, welche Teile des impliziten Graphen bei der **Suche** nach einer **Lösung** explizit aufgebaut werden. In Kapitel 2 werden wir uns mit einigen Verfahren auseinandersetzen, die auf diese Art versuchen, **Probleme** zu *lösen*.

Beispiel 1.5:

Eine in der Informatik sehr bedeutende Aufgabenstellung ist die der *Syntaxanalyse*. Obwohl sie speziell mit AI nichts zu tun hat, ist es recht interessant, wie sie mit **Produktionssystemen** in Zusammenhang gebracht werden kann. Ganz allgemein geht es hier darum festzustellen, ob eine gegebene Symbolfolge ein

„Wort" einer (formalen) Sprache ist, d. h. ob sie mittels der die Sprache erzeugenden Grammatik abgeleitet werden kann.

Nehmen wir an, es soll mittels der im Beispiel 1.1 definierten Grammatik untersucht werden, ob die Symbolfolge *ttt* abgeleitet werden kann. Abb. 1.4 zeigt den vollständigen Graphen, der durch das der Grammatik entsprechende Produktionssystem implizit definiert ist. (Im allgemeinen sind solche Graphen natürlich viel größer.)

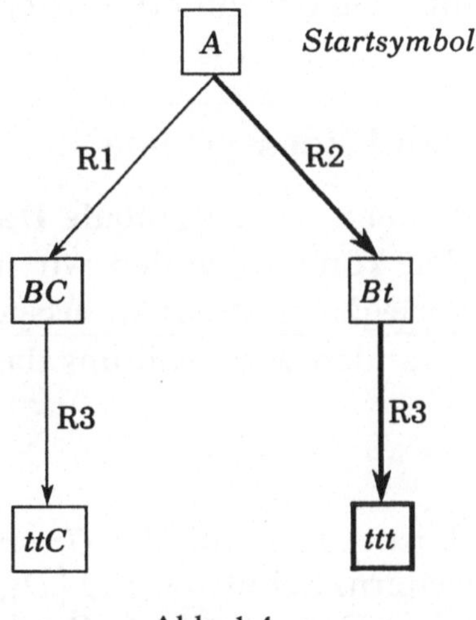

Abb. 1.4

In der Praxis (etwa bei Verwendung in Compilern) ist es natürlich nicht wünschenswert (und zumeist auch nicht möglich), den gesamten Graphen zu durchsuchen. Im Gegensatz zu den in der AI üblichen **heuristischen** Verfahren können hier aber im Normalfall *Algorithmen* eingesetzt werden, die aufbauend auf speziellen Eigenschaften der Grammatiken (etwa LL(k), siehe z. B. [Maurer (1969)]) effizient vorgehen. Je nachdem, ob dabei vom Startsymbol oder von den Terminalsymbolen ausgegangen wird, spricht man von „top-down" oder „bottom-up". Auf entsprechende Aspekte bezüglich der „Richtung" eines **Produktionssystems** werden wir noch eingehen.

Wie ein *Such-Graph* für das *8-Puzzle* grundsätzlich aussieht, ist sicherlich nicht schwer vorstellbar (im Zusammenhang mit einem speziellen *Such-Verfahren* werden wir noch den Graphen in Abb. 2.7

näher erörtern). Die Konfigurationen entsprechen den Elementen der **globalen Datenbasis** und somit den Knoten, die Züge den **Produktions-Regeln** und somit den Kanten. In der *Spieltheorie* (siehe etwa [von Neumann & Morgenstern (1947)]) spricht man bei einem solchen Problem von einem *1-Personen-Spiel*. Im Zusammenhang mit **zerlegbaren Produktionssystemen** werden wir uns auch eingehend mit der Behandlung von *2-Personen-Nullsummen-Spielen mit vollständiger Information* auseinandersetzen. (In einem *Nullsummen-Spiel* ist die „Summe" aus Gewinn und Verlust Null, indem der eine Spieler so viel gewinnt, wie der andere verliert.)

1.3 Zerlegbare Produktionssysteme

Ein Produktionssystem, dessen **globale Datenbasis** und *Endebedingung* zerlegt werden können, wollen wir hier in Anlehnung an [Nilsson (1980)] als **zerlegbares Produktionssystem** bezeichnen. Was unter „zerlegbar" verstanden wird, soll uns das nächste Beispiel zeigen.

Beispiel 1.6:

Zu diesem Zweck ist es sinnvoll, die *Grammatik* aus Beispiel 1.1 ein wenig zu erweitern. Sei $\Phi' = \Phi \cup \{D\}$, $P' = P \cup \{$R4: $D \to AB\}$ und $S = D$. Die Darstellung als Produktionssystem sei analog zu Beispiel 1.1. Abb. 1.5 zeigt nun den vollständigen Graphen, der durch dieses Produktionssystem implizit definiert ist. Im Vergleich zu Abb. 1.4 ist dieser doch schon etwas komplexer.

Bei genauerer Betrachtung sieht man aber, daß viele Teile der hier vorkommenden **globalen Datenbasis** so zerlegbar sind, daß die entstehenden Komponenten *unabhängig* voneinander bearbeitet werden können. So ist es etwa möglich, $\{AB\}$ in $\{A\}$ und $\{B\}$ zu zerlegen, die entsprechenden Regeln unabhängig anzuwenden und die jeweiligen Ergebnisse darauf zu überprüfen, ob nur das Terminalsymbol t enthalten ist. (Wir haben es hier mit dem üblichsten Fall zu tun, daß die *Endebedingung* als Konjunktion derselben Bedingung für alle Komponenten ausgedrückt werden kann.) Abb. 1.6 zeigt einen Graphen, der dies zum Ausdruck bringt.

1.3.1 UND/ODER-Graphen

Solche Graphen haben nicht nur Knoten, von denen aus nur *eine* Kante zu einem *Ziel* führen muß, sondern auch solche, bei de-

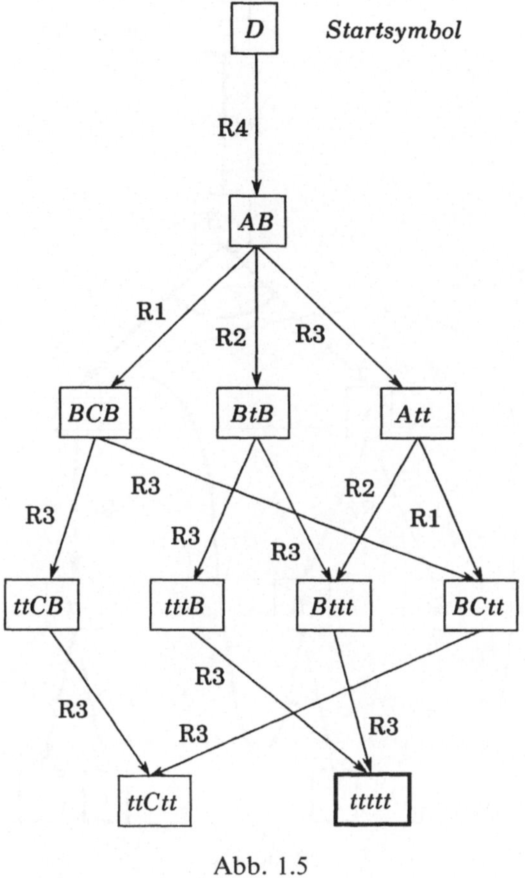

Abb. 1.5

nen *alle* Nachfolger gelöst werden müssen (Komponente 1 UND
Komponente 2 UND . . .). Die entsprechenden Kanten werden in
den Darstellungen üblicherweise mit einer Linie verbunden. Graphen (und speziell Bäume) dieser Art heißen **UND/ODER-Graphen
(-Bäume)**. Wir wollen jedoch aus zwei Gründen hier vermeiden, von
UND- bzw. ODER-Knoten zu sprechen: Erstens werden diese Begriffe in der Literatur nicht einheitlich verwendet (siehe etwa
[Nilsson (1980)] und [Pearl (1984)]). Zweitens (und dies ist ein fundamentaler Grund) hätten wir Probleme bei Knoten, zu bzw. von denen beiderlei Kanten hin- bzw. ausgehen (je nach Verwendung dieser Begriffe). Für diese Fälle und im Hinblick auf eine geeignete
Formulierung entsprechender Such-Verfahren wollen wir in Anlehnung an [Nilsson (1980)] eine allgemeinere Notation verwenden.

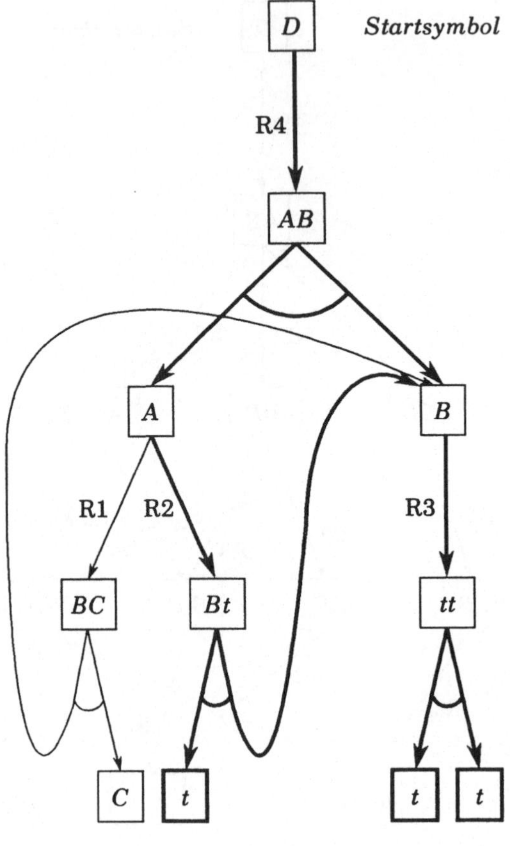

Abb. 1.6

Die Gesamtheit aller von einem Elternknoten ausgehenden Kanten, die mit einer UND-Linie verbunden sind, wollen wir als **Konnektor** bezeichnen. Wenn auf diese Art k unmittelbare Nachfolger (Kindknoten) verbunden sind, so handelt es sich um einen **k-Konnektor**. In Abb. 1.6 etwa geht ein **2-Konnektor** vom Knoten AB zu seinen unmittelbaren Nachfolgern A und B. Der Sonderfall, daß alle Konnektoren **1-Konnektoren** sind, führt uns zu den „gewöhnlichen" Graphen (auch **ODER-Graphen** genannt), die wir bisher behandelt haben.

Andererseits können wir uns auch vorstellen, daß den Kanten solcher Graphen die **Konnektoren** von **UND/ODER-Graphen** (als eine Art „Hyper-Kanten") entsprechen. Den Pfaden entsprechen dann solche Graphen, in denen immer genau ein **Konnektor** als Fortsetzung ausgewählt ist (etwa der in Abb. 1.6 mit fetten Linien gekennzeichnete). Diese Entsprechungen können auch von Such-Verfahren für **UND/ODER-Graphen** ausgenutzt werden, indem sie ihre Aufgabe auf die entsprechende in **ODER-Graphen** zurückführen. (Wir werden darauf in Kapitel 2 noch zurückkommen.)

Nachdem wir geeignete Graphen für die Darstellung des Vorgehens zerlegbarer Produktionssysteme erörtert haben, wollen wir uns noch weitere Beispiele für solche Systeme ansehen.

Beispiel 1.7:

Die aus der Mathematik bekannte *symbolische Integration* läßt sich etwa folgendermaßen darstellen:

Ein **Problem** besteht darin, ein gegebenes unbestimmtes Integral aufzulösen (d. h. grob gesprochen, es in einen Ausdruck überzuführen, der kein Integralzeichen „$\int$" mehr beinhaltet). Wenn dazu eine Tabelle von „Standardformen" (z. B. $\int \sin u \, du = -\cos u$) bereitgestellt wird, kann ein solches Problem darauf zurückgeführt werden, das gegebene Integral so umzuformen, daß nur noch Ausdrücke vorkommen, die mittels der Tabelle übergeführt werden können. (Es sind somit keine Methoden der Analysis erforderlich.)

Die **globale Datenbasis** enthält Ausdrücke, die integriert werden sollen. Solche Ausdrücke, die auf Standardformen zurückgeführt werden können, erfüllen die *Endebedingung*.

Die **Produktions-Regeln** können in Entsprechung zu den üblichen Transformations-Regeln (z. B. Substitution) definiert werden. Hier gibt es auch solche Transformations-Regeln, die einen Ausdruck in mehrere Ausdrücke „zerlegen". Z. B. kann ein Integral einer Summe bekanntlich in die Summe von Integralen transformiert werden. (Abb. 1.7 zeigt graphisch ein Beispiel für eine entsprechende Produktions-Regel.)

Ein Programm namens SAINT (<u>S</u>ymbolic <u>A</u>utomatic <u>INT</u>egrator, siehe [Slagle (1963)]) kann mittels eines solchen zerlegbaren Produktionssystems charakterisiert werden. Wegen seiner historischen Bedeutung wollen wir noch kurz darauf eingehen.

SAINT versucht immer zuerst, ein Integral mittels der vorgegebenen Tabelle von Standardformen unmittelbar zu lösen (Überprüfung der *Endebedingung*). Wenn dies nicht möglich ist, werden sogenannte „algorithmenartige" Umformungen versucht, die (fast) immer passend sind (etwa das Herausziehen von

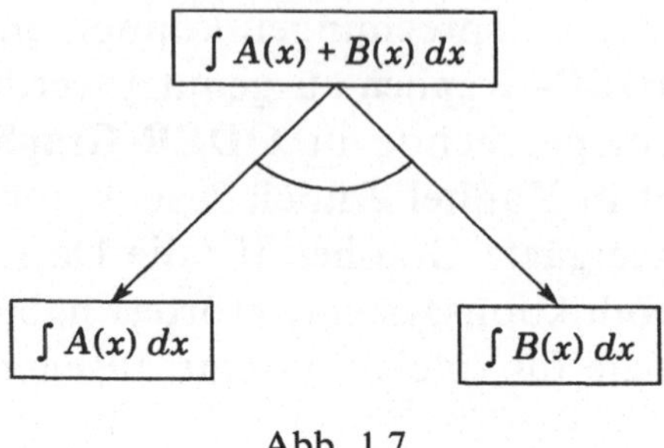

Abb. 1.7

Konstanten oder die bereits erwähnte Zerlegung eines Integrals
einer Summe in eine Summe von Integralen). Wenn auch dies
noch nicht genügt, werden **heuristische** Umformungen angewandt (etwa plausible Umformungen des Integranden, bestimmte Substitutionen oder die Anwendung von partieller Integration). Solche Umformungen stellen sich aber oft als nicht
zielführend heraus, weshalb es auch erforderlich werden kann,
sie gewissermaßen „zurückzunehmen" und andere Umformungen zu versuchen. Somit haben wir es bei einem solchen Pro-
blemlösungsvorgang mit einer **heuristischen Suche** zu tun.

Abb. 1.8 zeigt einen **UND/ODER-Graphen**, der eine von
SAINT durchgeführte Suche darstellt (angelehnt an die Darstellung in [Nilsson (1971), Fig. 4.8] bzw. [Nilsson (1980), Fig. 1.13],
jedoch genauer an die Beschreibung in [Slagle (1963)] angepaßt).
Die Knoten sind in der Reihenfolge ihrer **Generierung** nume-
riert. Das Herausziehen von Konstanten (siehe Knoten 6, 12 und
14) wird unmittelbar durchgeführt („algorithmenartig"). Ebenso
wird das Integral von Knoten 8 unmittelbar in diejenigen der
Knoten 9, 10 und 11 zerlegt. Für die Auswahl von Integranden
und geeigneten **heuristischen** Umformungen analysiert SAINT
die jeweiligen Integranden im Hinblick auf bestimmte Eigenschaften unter Zuhilfenahme von problemspezifischem *Wissen*.
So etwa schätzt es den Schwierigkeitsgrad mittels der maximalen
Tiefe der Funktionsverschachtelung eines Integranden ab. Dies
erweist sich zwar als gute Schätzung, bewirkt jedoch etwa in diesem Beispiel, daß nach der **Generierung** von Knoten 12 der Inte-
grand von 4 einfacher als der von 11 eingeschätzt wird und somit (unnütz) die Knoten 13 und 14 **generiert** werden. Erst danach wird der Knoten 15 **generiert**, wodurch eine **Lösung** gefun-

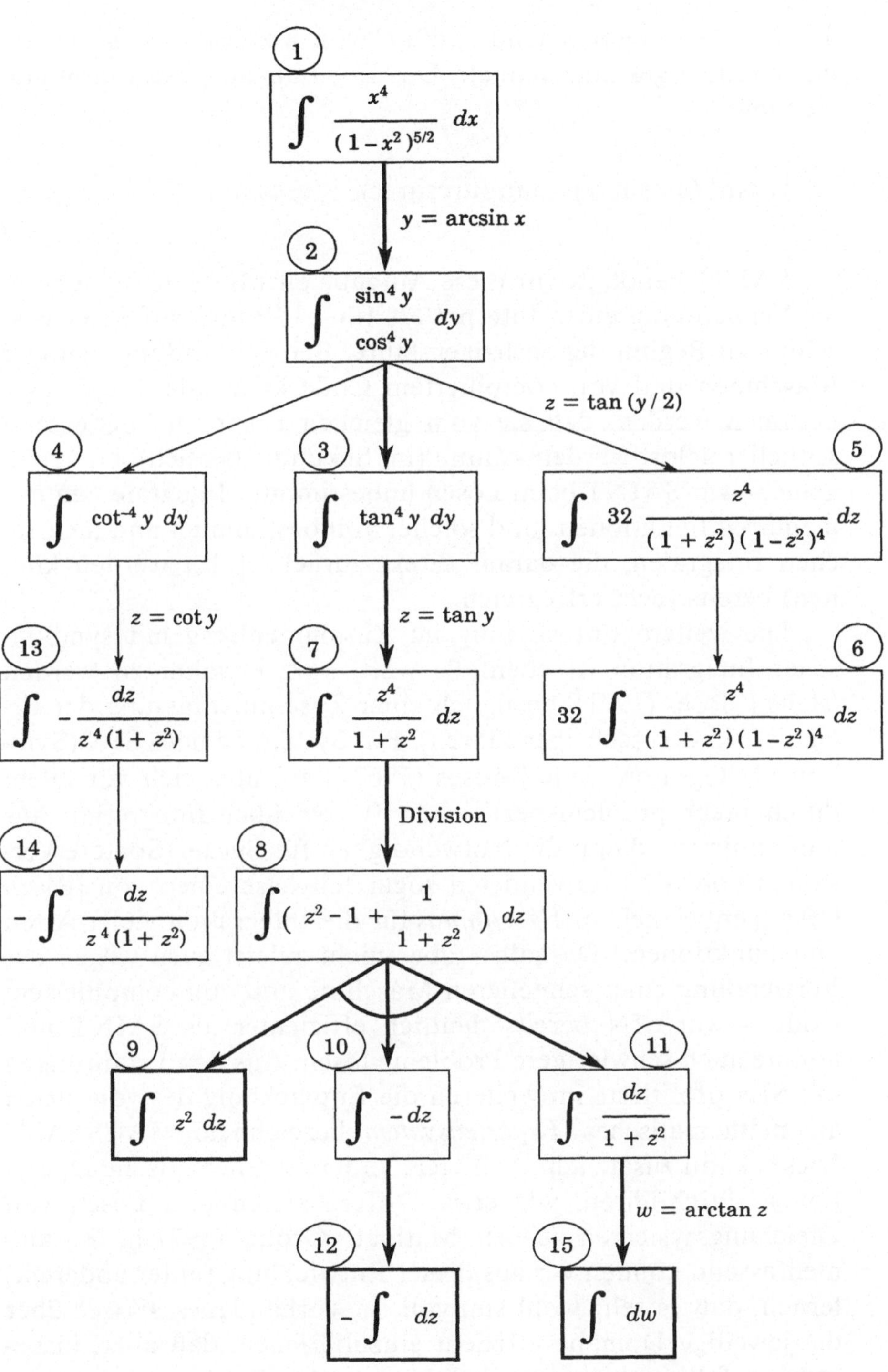

Abb. 1.8

den ist. (Der entsprechende „Pfad" von **Konnektoren** ist mittels
fetter Linien gekennzeichnet.) Das Ergebnis der Integration lautet somit:

$$\tfrac{1}{3} \tan^3 (\arcsin x) - \tan (\arcsin x) + \arcsin x$$

SAINT benötigte für diese Aufgabe elf Minuten, jedoch unter Verwendung eines Interpreters für LISP und auf einer Maschine zu Beginn der sechziger Jahre. Bei Verwendung heutiger
Maschinen und von compiliertem Code kann allerdings angenommen werden, daß sie vom gleichen Programm bedeutend
schneller gelöst werden könnte (im Sekundenbereich). Ganz allgemein war SAINT beim Lösen unbestimmter Integrale von ele-
mentaren Funktionen (und solcher von bestimmten und mehrfa-
chen Integralen, die darauf direkt zurückgeführt werden können) bereits recht erfolgreich.

Die weitere Entwicklung im Zusammenhang mit symboli-
scher Integration ist ebenfalls wert, kurz erwähnt zu werden
(siehe [Moses (1971)] bezüglich einer Zusammenfassung der Er-
eignisse in den sechziger Jahren). Ein System namens SIN (Symbolic INtegrator, siehe [Moses (1967)]) zeichnet sich vor allem
durch mehr problemspezifisches *Wissen* über Integration aus
und minimiert damit die Notwendigkeit für **Suche**. (Spätere Versionen von SIN verwendeten sogar teilweise einen von [Risch
(1969)] entwickelten *Algorithmus* für die Integration vieler Arten
von Funktionen.) Deshalb – aber nicht zuletzt auch wegen der
Verwendung einer schnelleren Maschine und von compiliertem
Code – war SIN bereits deutlich effizienter als SAINT und
konnte auch schwierigere Probleme lösen. Aus den Erfahrungen
mit SIN profitierte im weiteren die Entwicklung des von vielen
als mathematisches *Expertensystem* bezeichnete MACSYMA.
Dieses kann zusätzlich noch viele andere mathematische Opera-
tionen durchführen, wie etwa Differenzieren und Lösen von
Gleichungssystemen (siehe [Mathlab Group (1977)]). Zusammenfassend können wir aus dieser Entwicklung (unter anderem)
lernen, daß es sehr wohl sinnvoll ist, vorhandenes *Wissen* über
die jeweilige Domäne effizient einzubeziehen, daß aber, insbesondere falls es keinen vollständigen *Algorithmus* gibt, **heuristische** Verfahren sehr nützlich sind.

Beispiel 1.8:

Ein anderes, vor allem historisch sehr bedeutendes *Experten-system* ist DENDRAL in der Domäne *organischer Chemie* (siehe etwa [Feigenbaum *et al.* (1971)]). Es kann plausible Strukturen für organische Verbindungen angeben, wobei es von Informationen etwa von Massenspektrogrammen ausgeht. Eine vollständige Erörterung dieses Systems ist nicht Ziel dieses Buches, jedoch stellt sich heraus, daß ein bestimmter, wesentlicher Teil als zerlegbares Produktionssystem charakterisiert werden kann. Dieser hat die Aufgabe, ausgehend von einer chemischen Summenformel der Verbindung „Kandidatenstrukturen" zu generieren.

Die **globale Datenbasis** besteht aus solchen Beschreibungen von Verbindungen, die „zum Teil" Angaben über die Struktur

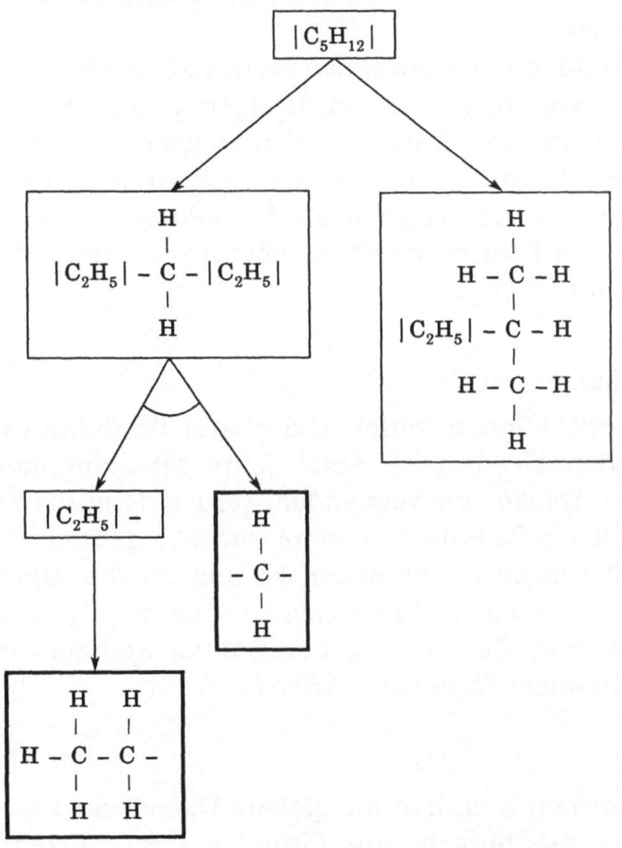

Abb. 1.9

machen. Zu Beginn enthält sie die Beschreibung der Summenformel, deren „Strukturteil" noch leer ist. Die *Endebedingung* ist erfüllt, wenn eine derartige Beschreibung nur noch aus einem Strukturteil besteht. Die **Produktions-Regeln** transformieren solche Beschreibungen, wobei der Strukturteil anteilsmäßig zunimmt. Die entstehenden Strukturen müssen nicht wirklich chemisch möglich sein, sondern sind nur (etwa auf Grund von Valenzen) plausibel. (In DENDRAL fließt tatsächlich noch viel mehr chemisches *Wissen* zum „Beschneiden" des Graphen ein.)

Abb. 1.9 zeigt einen Teil eines **UND/ODER-Graphen**, der Generierungen für die Summenformel C_5H_{12} angibt. ([Nilsson (1980), Fig. 1.11] gibt einen größeren Teil eines solchen Graphen wieder.) Die zwischen senkrechten Strichen angeschriebenen Teile sind noch unstrukturiert. Sie können jedoch für eine unabhängige Weiterverarbeitung abgetrennt werden, worauf letztlich diese Darstellung des Problems als zerlegbares Produktionssystem beruht.

Es ist auch noch erwähnenswert, daß in DENDRAL chemisches *Wissen* in Form von IF-THEN-Regeln dargestellt ist. Diese Regeln sind streng von den in unserem Beispiel skizzierten Regeln für die Strukturgenerierung zu unterscheiden, lassen sich jedoch durchaus auch als **Produktions-Regeln** betrachten. (Eine nähere Erörterung würde aber den Rahmen des vorliegenden Buches sprengen.)

1.3.2 Spielbäume

Auch *Spiele* können mittels zerlegbarer Produktionssysteme behandelt werden. Der Begriff „Spiel" kann dabei durchaus allgemein im Sinne der *Spieltheorie* verstanden werden. (Ein klassisches Werk zu diesem Thema ist [von Neumann und Morgenstern (1947)].) Für unsere Erörterungen beschränken wir uns auf die zumeist im Rahmen der AI behandelten *2-Personen-Nullsummen-Spiele mit vollständiger Information.* Zu diesen gehören unter anderem auch die bekannten Brettspiele *Dame* und *Schach.*

Beispiel 1.9:

Für *Schach* etwa enthält die **globale Datenbasis** Beschreibungen der Figurenstellungen. Aus Gründen der Vollständigkeit sind auch noch Informationen darüber notwendig, wer am Zug ist, welche Rochademöglichkeiten noch existieren und ob (auf Grund des letzten gegnerischen Zugs) Schlagen *en passant* möglich ist. (Genau genommen sind auch Informationen für die Überprüfung der Stellungswiederholungs- und der 50-Züge-Regel erforderlich.) Die **Produktions-Regeln** modellieren die legalen (nach den Spielregeln möglichen) Züge. Die *Endebedingung* ergibt sich im Zusammenhang mit Matt, Patt und den übrigen Remis-Möglichkeiten. Den Stellungen, die dieser Bedingung genügen, können (aus der Sicht eines Spielers) eindeutig die Werte G (Gewinn), V (Verlust) bzw. R (Remis) zugeordnet werden, die wir auch als *Status* einer Stellung (Spielsituation) bezeichnen wollen.

Laut *Spieltheorie* ist es grundsätzlich möglich, für ein solches endliches Spiel jeder Stellung eindeutig einen dieser Werte zuzuordnen. (Genau genommen müssen wir bei Schach im Hinblick auf Endlichkeit vernachlässigen, daß die Stellungswiederholungs- und die 50-Züge-Regel dem jeweiligen Spieler die Option läßt, Remis zu reklamieren, ihn aber nicht dazu zwingt.) Für den Nachweis, daß eine Stellung, die nicht die *Endebedingung* erfüllt, etwa gewonnen ist (Wert G), ist folgendes notwendig: Es muß gezeigt werden, daß es in dieser Stellung (mindestens) einen Zug gibt, der in eine Stellung mit dem Wert V (aus der Sicht des Gegners) führt. Da in dieser jedoch der Gegner am Zug ist – auf dessen Zugauswahl wir keinen Einfluß nehmen können – müssen wir hier für *alle* Züge und die daraus resultierenden Stellungen diesen Nachweis führen.

Das Schach-**Problem** (von Miss Baird aus dem Jahr 1924), in Abb. 1.10 soll dies verdeutlichen. Für den weißen Spieler am Zug soll gezeigt werden, daß es (mindestens) einen Zug gibt, für den es auf alle möglichen Antworten des Gegners wiederum (mindestens) einen eigenen Zug gibt, der den Gegner Matt setzt. Für die Darstellung einer solchen Aufgabe und deren **Lösung** eignen sich **UND/ODER-Bäume** recht gut. Die den Zügen des Gegners entsprechenden Kanten werden dabei mittels einer „UND-Linie" verbunden.

Abb. 1.11(a) zeigt den **Lösungs-Baum** für dieses Problem, der in solchem Zusammenhang auch als **Gewinn-Strategie** bezeichnet werden kann. Er beweist, daß der Spieler Weiß, nachdem er Kf5-f6 zieht, gewinnen kann, indem er Kh7-h8 mit Td3-d8++ beantwortet UND Kh7-g8 mit Td3-d8++ UND

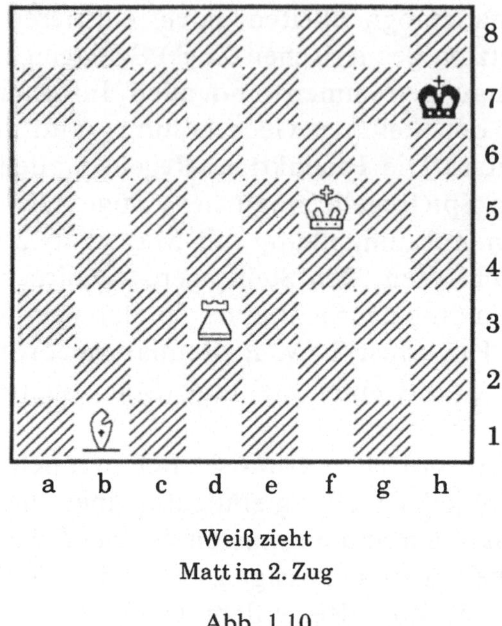

Weiß zieht
Matt im 2. Zug

Abb. 1.10

Kh7-h6 mit Td3-h3++. Abb. 1.11(*b*) zeigt einen entsprechenden Teil des **Spielbaums**, der sich aufgrund der Spielregeln für
die Stellung aus Abb. 1.10 ergibt. (Der vollständige **Spielbaum**
wäre trotz des sehr einfachen Beispiels schon etwas größer.) Wie
man sieht, gibt es hier eine große Ähnlichkeit zu den **UND/
ODER-Bäumen**. Tatsächlich kann man **Spielbäume** als Spezialfall von **UND/ODER-Bäumen** betrachten, in denen die Kanten
immer alternierend (und jeweils ausschließlich) mittels ODER
bzw. UND verknüpft sind (beginnend mit ODER). Statt der
UND-Linien in den **UND/ODER-Bäumen** werden in **Spielbäumen** im allgemeinen die Knoten unterschiedlich dargestellt, je
nachdem, welcher der Spieler in der entsprechenden Stellung
am Zug ist. Üblicherweise bezeichnet man die beiden Spieler in
solchen **Spielbäumen** als MAX bzw. MIN, je nachdem ob sie danach trachten, die „Werte" zu maximieren oder zu minimieren.
Aus diesem Grund kann man G, V und R etwa als 1, −1 und 0
kodieren. (Die Gründe für die Bezeichnungen MAX bzw. MIN
werden in Kapitel 3 noch klarer ersichtlich werden.)

Auf diese Art können solche Spiele mit Hilfe zerlegbarer Produktionssysteme dargestellt und auch mit den entsprechenden Me-

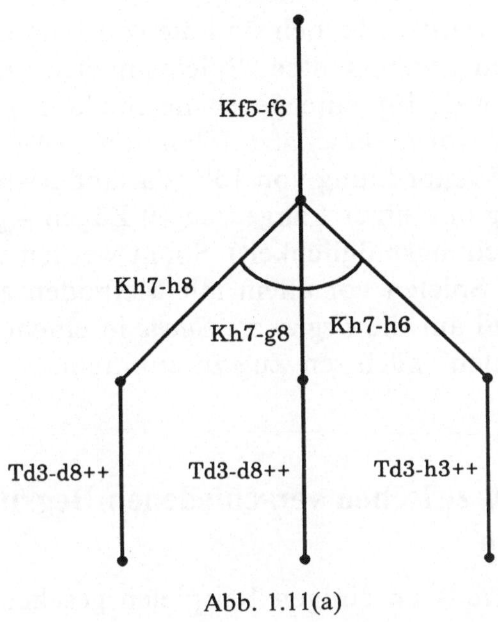

Abb. 1.11(a)

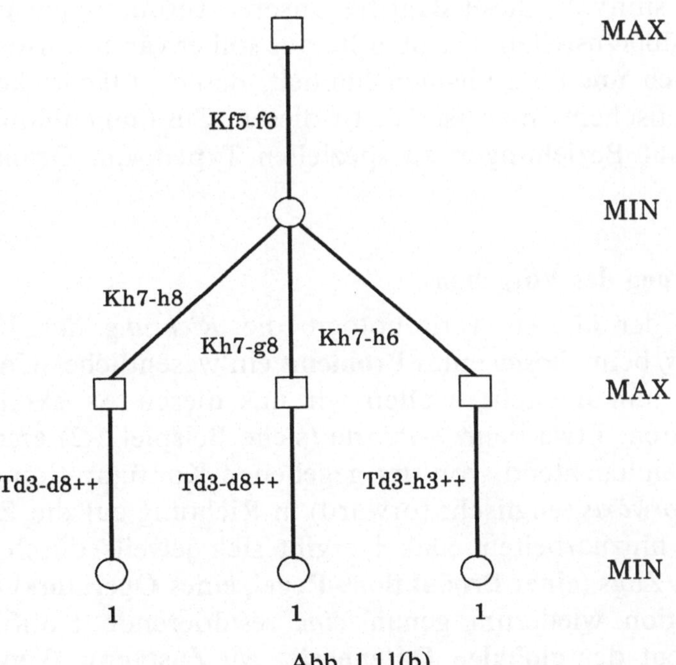

Abb. 1.11(b)

thoden behandelt werden. Jedoch sind die vollständigen **Spielbäume** für die allermeisten „interessanten" Spiele um vieles zu groß, als daß ein solcher Nachweis für eine gegebene Stellung geführt werden könnte. So etwa wurde geschätzt [Shannon (1950)], daß es bei Schach in der Größenordnung von 10^{120} Varianten – ausgehend von der Grundstellung und einer Länge von 40 Zügen – gibt (eine Zahl jenseits der Vorstellungsmöglichkeit). Somit werden wir uns im Zusammenhang mit Spielen vor allem mit Methoden auseinandersetzen, die aufbauend auf die *begrenzte Suche* in einem Teilbaum versuchen, einen „guten" nächsten Zug zu ermitteln.

1.4 Beziehungen zwischen verschiedenen Begriffen und Formalismen

Wir haben bereits an einigen Beispielen gesehen, daß die hier verwendete (und aus [Nilsson (1980)] abgeleitete) Terminologie einen geeigneten Rahmen zur Behandlung sehr verschiedenartiger Problemstellungen bietet. Jedoch gibt es auch noch ältere Begriffe, die in der einschlägigen Literatur verwendet werden (wie schon in 1.1 am Beispiel **Zustandsraum** (state-space) angedeutet). Daher erscheint es sinnvoll, diese Begriffe unserer Terminologie übersichtlich gegenüberzustellen. Darüber hinaus soll erwähnt werden, daß es sich letztlich um Formalismen handelt, deren „Mächtigkeit" auch von theoretischem Interesse ist. In diesem Zusammenhang werden wir kurz auf Beziehungen zu speziellen Typen von Grammatiken eingehen.

1.4.1 Richtung des Vorgehens

Da in der älteren Terminologie die *Richtung des Vorgehens (Schließens)* beim *Lösen* eines **Problems** ein wesentliches Unterscheidungskriterium darstellt, wollen wir uns diesen Aspekt kurz vor Augen führen. Etwa beim 8-Puzzle (siehe Beispiel 1.2) erscheint es sicherlich einleuchtend, von der gegebenen Konfiguration auszugehen und *vorwärts* (englisch: forward) in Richtung auf die *Ziel*-Konfiguration hinzuarbeiten. Dabei ergibt sich jeweils durch Anwendung eines Zugs (einer **Produktions-Regel**, eines **Operators**) aus *einer* Konfiguration wiederum genau *eine* resultierende Konfiguration (*ein* Element der **globalen Datenbasis**, *ein* **Zustand**). Wenn genau eine *Ziel*-Konfiguration gegeben ist, so kann man sich allerdings auch leicht vorstellen, *rückwärts* (englisch: backward) von dieser Konfiguration aus zur *Start*-Konfiguration hinzuarbeiten. In diesem Beispiel entspricht jedem Zug umkehrbar eindeutig ein anderer als Invers-Zug. Daher liegt auch bei Umkehrung der Richtung wiederum eine 1-zu-1-Abbildung vor. Im „Handbook of AI" [Barr & Feigenbaum (1981), Vol. I, S. 24] wird in beiden Fällen von „*state-space representation*" gesprochen.

Wenn jedoch eine *Ziel-Beschreibung* vorliegt, die durch Anwendung eines **Operators** (rückwärts) *in eine oder mehrere Teilziel-Beschreibungen* übergeführt bzw. *zerlegt* werden kann (und diese wiederum usw.), so wird dies oft als „*problem-reduction representation*" bezeichnet. Diese **Operatoren** für die Umkehrung der Richtung arbeiten also mit *Ziel-Beschreibungen* (auch *Problem-Beschreibungen* genannt) und nicht mit Beschreibungen von Situationen der gegebenen Domäne. Es wird dabei danach getrachtet, in unmittelbar erreichbare Teilziele (auch „primitive Probleme" genannt) zu zerlegen.

In 1.3 haben wir uns mit dem Begriff des **zerlegbaren Produktionssystems** auseinandergesetzt, der den der „*problem-reduction representation*" umfaßt. Während beim letzteren *Ziel-Beschreibungen* zerlegt werden, läßt der andere völlig offen, was zerlegt wird (also etwa auch **Zustände**). Obwohl es also im Zusammenhang mit **Produktionssystemen** letztlich keinen formalen Unterschied macht, woraus die **globale Datenbasis** aufgebaut ist, wollen wir in Anlehnung an [Nilsson (1980)] und in Entsprechung der älteren Terminologie folgende Unterscheidung treffen: Wenn die **globale Datenbasis** Beschreibungen von Problem-Zuständen enthält, sei es ein **Vorwärts-Produktionssystem** (englisch: forward production system), wenn sie hingegen *Ziel-Beschreibungen* enthält, nennen wir es ein **Rückwärts-Produktionssystem** (englisch: backward production system). Die **Produktions-Regeln** heißen entsprechend **F-Regeln** (sie erzeugen Beschreibungen von **Zuständen**) und **B-Regeln** (diese erzeugen aus *Ziel-Beschreibungen* solche von *Teilzielen*).

Genau genommen behandeln wir hier immer verschiedene Arten von **Produktionssystemen** und nicht verschiedene Arten von **Problemen**. Ein und dasselbe **Problem** kann grundsätzlich durch völlig verschiedene Systeme dargestellt werden. Allerdings sind aufgrund von Eigenschaften des **Problems** selbst (etwa im Hinblick auf Zerlegbarkeit) nicht alle Darstellungen gleich zweckmäßig.

Es gibt auch Möglichkeiten, die Darstellung auf andere Art zu interpretieren bzw. sie mechanisch zu transformieren. So kann etwa der durch ein **gewöhnliches Produktionssystem** (eine **Zustandsraum-**Darstellung) implizit spezifizierte **ODER-Graph** als Spezialfall eines **UND/ODER-Graphen** aufgefaßt werden (wie bereits in 1.3 im Zusammenhang mit **1-Konnektoren** angedeutet wurde). Jeder **Zustand** kann dabei als das *Ziel* interpretiert werden, von diesem **Zustand** zu einem *Ziel-Zustand* zu gelangen. Wir können aber auch einen **Operator**, der einen **Zustand** *i* in einen **Zustand** *j* abbildet, in einen entsprechenden **Operator** transformieren: Dieser ist auf eine *Ziel-Beschreibung* anwendbar, vom **Zustand** *i* zu einem *Ziel-Zustand* zu gelangen, und er zerlegt diese in folgende zwei *Teilziel-Beschreibungen*: gelange von **Zustand** *i* in den **Zustand** *j* (ein „primitives Problem") UND gelange vom **Zustand** *j* zu einem *Ziel-Zustand.*

Zur „Umkehrung der Richtung" ist ein *Stack* hilfreich, und zwar etwa folgendermaßen: Ausgehend von einer „problem-reduction representation" wollen wir ein **gewöhnliches Vorwärts-Produktionssystem** (entsprechend einer „state-space representation") konstruieren. Die Elemente der **globalen Datenbasis** setzen sich aus einem Stack von *Ziel-Beschreibungen* (des ursprünglichen Systems) und der Beschreibung einer Situation der gegebenen Domäne zusammen. Die *Endebedingung* ist erfüllt, wenn dieser Stack leer ist. Zu jedem **Operator** der „problem-reduction representation" gibt es eine entsprechende **Produktions-Regel**, die alle aus diesem **Operator** resultierenden *Teilziel-Beschreibungen* (oben) auf dem Stack ablegt. Zusätzlich benötigen wir solche **Produktions-Regeln**, die anwendbar werden, wenn die oberste *Ziel-Beschreibung* auf dem Stack ein „primitives Problem" darstellt. Ihre Anwendung führt dann dazu, daß einerseits diese *Ziel-Beschreibung* vom Stack genommen und andererseits die *Situations-Beschreibung* entsprechend adaptiert wird. (Eine genauere Beschreibung dieser mechanischen Transformation ist in [Barr & Feigenbaum (1981), Vol. I, II.B2] zu finden.)

Auch die bereits in 1.3 angedeutete und in Kapitel 2 näher erörterte Möglichkeit, **Konnektoren** von **UND/ODER-Graphen** als „Hyper-Kanten" aufzufassen und damit deren Problematik auf die von **ODER-Graphen** zurückzuführen, soll in diesem Zusammenhang nicht unerwähnt bleiben. Dabei wird etwa *einer Menge* von *Ziel-Beschreibungen ein* **Zustand** zugeordnet. Ganz allgemein gibt es also starke Beziehungen zwischen den verschiedenen Darstellungsformen.

1.4.2 Beziehungen zwischen kommutativen und zerlegbaren Produktionssystemen

Eine *Dualitätsbeziehung* zwischen **kommutativen** und **zerlegbaren Produktionssystemen** in bezug auf die „Richtung" soll diese Erörterung noch weiter abrunden. (Sie wurde von [Kowalski (1972)] und [vanderBrug & Minker (1975)] mittels anderer Terminologie erörtert und von [Nilsson (1980)] in Beziehung zu **Produktionssystemen** gebracht.) Wir wollen uns zur Illustration dieser Dualität das **Produktionssystem** aus Beispiel 1.3 zu Hilfe nehmen.

Nehmen wir etwa an, es existiere die Hypothese, daß ein beobachtetes Tier ein Panther sei. Um dies mittels der gegebenen IF-THEN-Regeln nachzuweisen, ist es notwendig, die *Vorbedingungen* der Regel (R5) weiter zu untersuchen, die diese *Konklusion* enthält. (Allgemein könnten auch mehrere Regeln in Frage kommen, wodurch eine Entscheidung des **Kontrollsystems** nötig würde, mittels welcher Regel der Nachweis zuerst versucht werden sollte.) Die Bedingungen „ist schwarz" und „ist groß" treten in keiner Regel als *Konklusion* auf, müssen also direkt erfüllbar sein. (Ein reales *regelbasiertes Expertensystem* würde in einem solchen Fall etwa den Benutzer befragen.) Die Bedingung „ist Fleischfresser" hingegen kann durch die Regel R4 geschlossen werden, wenn deren *Vorbedingungen* erfüllbar sind usw. Abb. 1.12(a) zeigt dieses Vorgehen mittels eines **UND/ODER-Graphen**, wobei Ri' andeutet, daß Ri in umgekehrter Richtung angewandt wird. Es wird oft als „backward chaining" bezeichnet und ganz allgemein mit „top-down" charakterisiert. Grundsätzlich kann man sich das Vorgehen der meisten „MYCIN-artigen" *Expertensysteme* auf diese Art vorstellen (siehe etwa [Buchanan & Shortliffe (1984)]).

Abb. 1.12(b) zeigt das Vorgehen in die andere Richtung, wie wir es in Beispiel 1.3 gesehen haben. Dieses wird als „forward chaining" bezeichnet und allgemein mit „bottom-up" charakterisiert. Abb. 1.12(b) zeigt auch, wie aufgrund der Kommutativität die Reihenfolge der Anwendung von R1 und R3 vertauscht werden kann. Eine andere Darstellung dieses Vorgehens zeigt hingegen Abb. 1.12(c), bei der im Vordergrund steht, *was* mittels *welcher* Regel „abgeleitet" wird. Deshalb wird ein solcher Graph in [Nilsson (1980)] als „derivation graph" bezeichnet, während in [Kowalski (1972)] im Hinblick auf das Beweisen von Theoremen der Begriff „theorem-proving graph" verwendet wird.

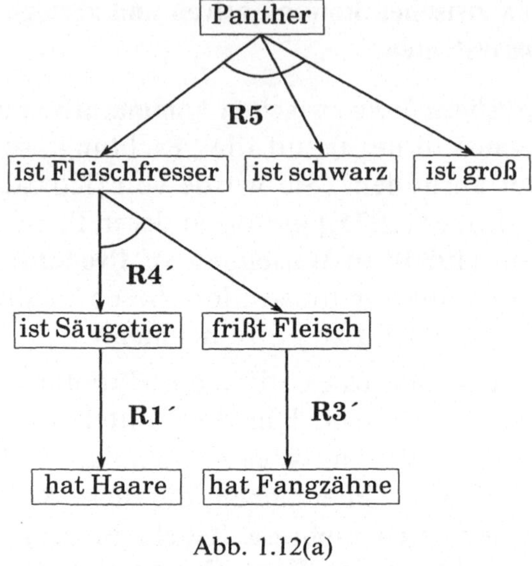

Abb. 1.12(a)

Jedenfalls ist leicht zu sehen, daß die Graphen in Abb. 1.12(*a*) und 1.12(*c*) mit Ausnahme der „Richtung" identisch sind. Dies soll zeigen, daß durch Umkehrung der „Richtung" aus einem **kommutativen** System ein **zerlegbares** entsteht und umgekehrt. Zumeist han-

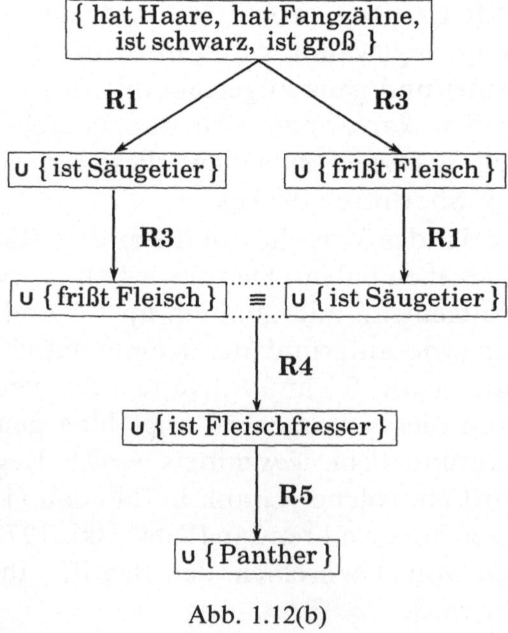

Abb. 1.12(b)

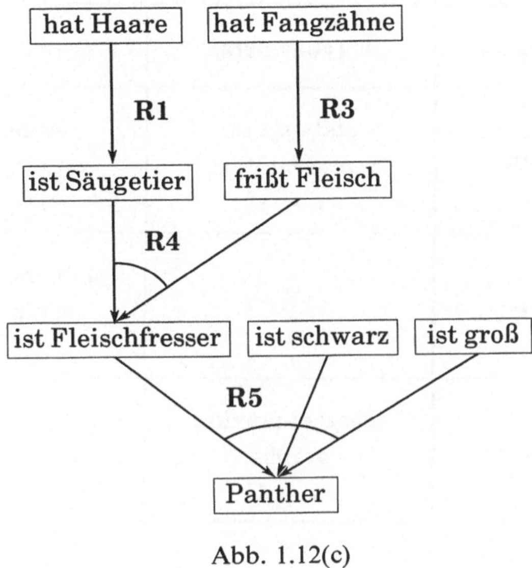

Abb. 1.12(c)

delt es sich beim **kommutativen** um ein **Vorwärts-** und beim **zerlegbaren** um ein **Rückwärts-Produktionssystem**. (Die Existenz spezieller älterer Begriffe soll als Indiz dafür dienen.) Jedoch gilt diese Dualitätsbeziehung grundsätzlich auch für **zerlegbare Vorwärts-** und **kommutative Rückwärts-Produktionssysteme**.

1.4.3 Begriffliche Zusammenhänge

Tabelle 1.1 stellt zusammenfassend die Beziehungen zwischen den wichtigsten der hier erörterten Begriffe in einer Übersicht dar. Zur Vermeidung von Unklarheiten sind die älteren Begriffe so wie im englischsprachigen Original (und nicht übersetzt) angegeben. In Klammern sind dabei Angaben über die Art der Abbildung im Rahmen der jeweiligen Darstellung zu finden. (Genau genommen sind nur jene **kommutativen Produktionssysteme** äquivalent zu den mittels „theorem-proving graphs" darstellbaren Systemen, deren **Produktions-Regeln** n Elemente der **globalen Datenbasis** auf eines abbilden.) Wie bereits angedeutet wurde, gibt es Beziehungen zwischen solchen Formalismen und speziellen Typen von Grammatiken. (Aufgrund des historischen Ursprungs von **Produktionssystemen** sollte dies auch nicht verwundern.) Konkret sind endliche **UND/ODER-Graphen** *äquivalent* zu *kontextfreien Grammatiken* (siehe [Hall (1973)]). Wir wollen uns diese Äquivalenz illustrativ vor Augen führen. Abb. 1.13 zeigt einen **UND/ODER-Graphen**, der zur Gramma-

Produktionssystem	F (vorwärts)	B (rückwärts)
gewöhnlich	state-space representation $(1 \rightarrow 1)$	state-space representation $(1 \leftarrow 1)$
zerlegbar	X	problem-reduction representation $(1 \leftarrow n)$
kommutativ	theorem-proving graphs $(n \rightarrow 1)$	X

F......forward

B......backward

X......kein entsprechender Begriff

Tabelle 1.1

tik aus Beispiel 1.1 äquivalent ist. (Die Regeln dieser Grammatik sind zur besseren Illustration hier noch einmal angegeben.)

Die Konstruktion eines äquivalenten **UND/ODER-Graphen** zu einer kontextfreien Grammatik erfolgt so, daß einerseits den Erset-

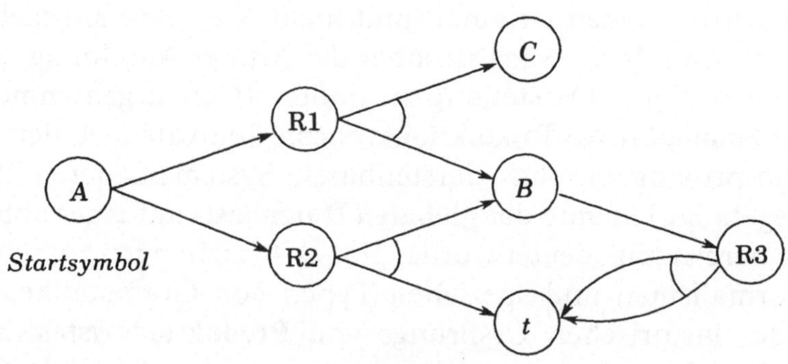

R1: $A \rightarrow BC$,   R2: $A \rightarrow Bt$,   R3: $B \rightarrow tt$

Abb. 1.13

zungs-Regeln **Konnektoren** und andererseits den alternativen Möglichkeiten der Symbolersetzung solche Kanten entsprechen, die mit ODER verknüpft sind. Dadurch entstehen Graphen, in denen die Kanten immer alternierend (und jeweils ausschließlich) mittels ODER bzw. UND verknüpft sind. (Diese Eigenschaft haben wir auch im Zusammenhang mit **Spielbäumen** vorgefunden.)

Für die umgekehrte Richtung (vom Graphen zur Grammatik) ist vor allem die Endlichkeit von Bedeutung, da die Menge der Ersetzungs-Regeln endlich sein muß. Zusätzlich wird allerdings den Kanten innerhalb eines **Konnektors** eine Reihenfolge zugeordnet. Diese ist zwar an sich beliebig, kann jedoch etwa als die Reihenfolge bei einer sequentiellen Abarbeitung interpretiert werden. Bezüglich „alternierender" **UND/ODER-Graphen** ist die Umkehrung klar ersichtlich, und beliebige **UND/ODER-Graphen** können durch passendes Hinzufügen von Knoten in solche transformiert werden.

Das Wissen über derartige Äquivalenzen ist grundsätzlich von Interesse, da dadurch theoretische Erkenntnisse über den einen Formalismus auf den anderen übertragen werden können (etwa über *Entscheidbarkeit*). Es kann auch von praktischem Wert sein, wenn bekannte Verfahren zum Finden von **Lösungen** mittels des einen Formalismus auf den anderen angewandt werden können. Im konkreten Fall ist es aber leider so, daß bezüglich der „Optimalität" von **Lösungen** bei Grammatiken (hinsichtlich der Ableitung von „Worten") und bei **UND/ODER-Graphen** (hinsichtlich des Lösens von **Problemen**, die mittels **zerlegbarer Produktionssysteme** dargestellt sind) verschiedene Kriterien üblich sind.

UND/ODER-Graphen sind nützlich, um die **Suche** mittels eines **zerlegbaren Produktionssystems** darzustellen. Bei solchen Zerlegungen ist es von großer Bedeutung, daß sie in *unabhängige* Teile erfolgen. Abhängigkeiten zwischen Teilen können mittels dieses Formalismus nicht zum Ausdruck gebracht werden. In der AI wird diese Problematik im Zusammenhang mit *Planen* eingehend behandelt. Es soll hier noch auf einen weiteren Formalismus kurz hingewiesen werden, der speziell wegen dieser Einschränkung von [Levi & Sirovich (1976)] konzipiert wurde: *„Verallgemeinerte" UND/ODER-Graphen*. Interessant ist, daß diese Graphen äquivalent zu *Typ-0-Grammatiken* (siehe etwa [Maurer (1969)]) sind.

2 Problemlösen mittels Suche

In Kapitel 1 haben wir festgelegt, was wir unter dem Begriff **Problem** verstehen wollen und mittels welcher Formalismen ein solches **Problem** *dargestellt* werden kann. Es ist nun naheliegend zu erörtern, wie es *gelöst* werden kann. Für das *Problemlösen* selbst gibt es weit konkretere Ansätze für ein automatisiertes Vorgehen als für das *Darstellen.* Dies sollte deshalb nicht verwundern, da man dabei üblicherweise bereits auf ein *Modell* aufsetzt (das beim Darstellen erst gebildet werden mußte). Beispiele wie die in Kapitel 1 können einem Menschen einen Eindruck vermitteln, worum es bei dieser Modellierung geht, für eine Maschine reichen sie beim derzeitigen Stand der Wissenschaft bei weitem nicht aus. Eine Erörterung der Problematik, von unvollständigen und unexakten Daten zu einer geeigneten **Problemdarstellung** zu kommen, findet sich in [Simon (1983)]. Während für einen Menschen üblicherweise solche Daten (in natürlicher Sprache formuliert oder etwa visuell aufgenommen) ausreichen, wollen wir im folgenden von exakt spezifizierten Modellen ausgehen, in denen mittels **Produktionssystemen** (oder äquivalenten Formalismen) das jeweilige **Problem** dargestellt ist.

2.1 Allgemeines

Vor einer Erörterung des Problemlösens selbst sollte noch genauer klargelegt werden, was wir unter einer **Lösung** verstehen wollen:

Definition 2.1:

Die **Lösung** eines mittels eines **Produktionssystems** dargestellten **Problems** ist ein **Graph**, der den *Start*-Knoten entsprechend mit solchen Knoten verbindet, für die die *Endebedingung* erfüllt ist. Im Fall von (ausschließlich) **1-Konnektoren** besteht sie aus einem **Pfad**, in dem jeweils einer Kante eine **Produktions-Regel** entspricht.

Genauere Angaben darüber, wie ein **Lösungs-Graph** eines **UND/ODER-Graphen** aufgebaut ist, finden sich in 2.1.3.

Die *Kosten* einer **Lösung** werden üblicherweise additiv aus den Kosten der beteiligten Kanten ermittelt. Sofern nichts anderes gegeben ist, werden im folgenden ebenfalls solche *Summenkosten* angenommen. Da fallweise auch andere Funktionen für eine geeignete Modellierung erforderlich sind, werden wir auf diese Möglichkeit ebenfalls kurz eingehen. Unter einer **optimalen** Lösung wird üblicherweise eine solche mit *minimalen Kosten* bezüglich allen **Lösungen** verstanden.

Die Aufgabe beim Problemlösen besteht nun darin, eine (oder mehrere) **Lösung(en)** zu finden. Im folgenden werden wir uns mit Verfahren auseinandersetzen, die mittels **Suche Probleme** lösen.

Definition 2.2:

> Eine **Suche** zum Lösen eines mittels eines **Produktionssystems** dargestellten **Problems** ist der Vorgang des *expliziten* Aufbaus (von Teilen) desjenigen Graphen **G**, der durch das **Produktionssystem** *implizit* spezifiziert ist. Sie soll eine (oder mehrere) **Lösung(en)** des gegebenen **Problems** finden. (Der explizit aufgebaute Graph wird im folgenden mit G_e bezeichnet.)

2.1.1 Ein allgemeines Schema für Such-Verfahren

Prozedur 2.1 zeigt mittels „Pseudocode" ein Verfahren, das ganz allgemein das Schema einer Suche gemäß Definition 2.2 darstellt. Die **globale Datenbasis** des entsprechenden **Produktionssystems** wird durch DATA repräsentiert. F (DATA, DR) gibt an, daß es sich hier je nach Typ des Systems um eine entsprechende funktionale Abhängigkeit handelt, und es soll den expliziten Aufbau des implizit definierten Graphen symbolisieren. Es ist jedoch in diesem allgemeinen Schema noch nichts darüber ausgesagt oder festgelegt, welche Teile dieses Graphen (und in welcher Form) nun tatsächlich gespeichert werden. Auch auf sonstige „Details" (etwa das Merken von **Lösungen**) wollen wir aus Gründen einer übersichtlichen Darstellung hier verzichten.

Grundsätzlich können wir uns eine solche Suche als eine Schleife vorstellen, in der solange immer wieder eine **Produktions-Regel** R angewendet wird, bis die ENDEBEDINGUNG erfüllt ist. Dies entspricht auch dem sogenannten „generate-and-test" Para-

```
proc SEARCH;

    DATA := START;
    while not ENDEBEDINGUNG (DATA) do
        D := SELECT-ELEM (DATA);
        R := SELECT-RULE (D);
        DR := R (D);
        DATA := F (DATA, DR);
    end while;
end proc SEARCH;
```

Prozedur 2.1

digma, bei dem das **Generieren** eines Knotens als elementarer Schritt angesehen wird: Dieser bezeichnet die Berechnung der internen Darstellung des diesem Knoten entsprechenden **Problemzustands.** (Dies können wir als einen Sonderfall der Anwendung einer **Produktions-Regel** ansehen, bei der 1 Element resultiert.)

Eine andere Sichtweise steckt hinter den *„Branch-and-Bound"-Verfahren* aus dem Bereich *Operations Research*: Bei diesen wird von der Menge möglicher **Lösungen** ausgegangen, die dann schrittweise zerlegt wird („branching"). Mittels Schranken („bounds") werden solange „dominierte" Teilmengen eliminiert, bis nur mehr ein Element – die gewünschte **Lösung** – übrig bleibt. Trotz der unterschiedlichen Sichtweisen gibt es viele Gemeinsamkeiten zwischen den *„Branch-and-Bound"-Verfahren* aus OR und den in der AI behandelten Such-Verfahren. Beiderseits ist es möglich, **Heuristik** einfließen zu lassen (mittels „bounding functions"). Die Idee, solche Teile des Graphen nicht untersuchen zu müssen, die am Endergebnis ohnehin nichts ändern können, wird ebenso allgemein eingesetzt. Auch die grundlegenden Möglichkeiten der Steuerung sind in beiden Bereichen anzutreffen. Deshalb ist es auch möglich, einen allgemeinen Formalismus zur gemeinsamen Beschreibung dieser Verfahren anzugeben (siehe [Kumar & Kanal (1983)] und [Nau *et al.* (1984)]). Im Zusammenhang mit **„breadth-first search"** werden wir auch auf eine Gemeinsamkeit mit der *Dynamischen Optimierung* („dynamic programming") stoßen.

In diesem Kapitel wollen wir uns hauptsächlich mit der wesentlichen Aufgabe des **Kontrollsystems** – nämlich der *Steuerung* der Regel-Anwendung – auseinandersetzen. In Prozedur 2.1 werden dafür zwei grundlegende Schritte ausgezeichnet: das Auswählen von einem (oder mehreren) Element(en) der **globalen Datenbasis** (SELECT-ELEM) und das Auswählen einer **Produktions-Regel** (SELECT-RULE), die darauf angewendet wird. Wie wir noch sehen werden, gibt es in bezug auf diese Steuerung bei den speziellen Such-Verfahren auch spezielle Einschränkungen. Grundsätzlich sind es aber genau diese beiden Schritte, die unter Verwendung von **Heuristik** durchgeführt werden. Sie entscheiden letztlich darüber, wie effizient die Suche vor sich geht (im Sinne des Aufwands für die Suche) und welche Eigenschaften für die **Lösung** zu erwarten sind (in bezug auf die ihr zugeordneten Kosten). Die meisten der in der einschlägigen Literatur behandelten Verfahren garantieren sogar **optimale Lösungen** (unter gewissen Voraussetzungen und mit zum Teil sehr großem Aufwand für die Suche), jedoch gibt es auch Kriterien für (in gewissem Sinn) „*zufriedenstellende*" **Lösungen**. Die Aufgabenstellung, *irgendeine* **Lösung** – dafür jedoch mit möglichst geringem Aufwand – zu finden, wurde hingegen bisher eher selten behandelt [Simon & Kadane (1975)].

Dem *Aufwand* für eine Suche können wir auch Kosten zuordnen. Diese *Kosten* für eine *Suche* sind von denjenigen Kosten, die einer **Lösung** zugeordnet werden, strikt zu unterscheiden. Es lassen sich dabei grundsätzlich zwei verschiedene Arten von Kosten unterscheiden, aus denen sich die *Gesamtkosten der Suche* zusammensetzen: *Kosten für Regel-Anwendungen* und *Kontrollkosten*. Ein sehr wesentlicher Aspekt im Hinblick auf die Gesamtkosten ist es, zwischen diesen beiden Kosten eine möglichst günstige *Balance* zu finden. Die Darstellung in Abb. 2.1 (sie entspricht der in [Nilsson (1980), Fig. 2.1]) soll dies illustrieren. (Interessanterweise scheint eine solche Beziehung zwischen Kosten ziemlich fundamental zu sein. So etwa wird im Zusammenhang mit Softwareentwicklung eine verblüffend ähnliche Darstellung für die Beziehung zwischen Kosten durch auftretende Fehler und Kosten für Qualitätssicherungsmaßnahmen angegeben.)

Wenn man etwa den einen Extremfall annimmt, daß das **Kontrollsystem** völlig zufällig die **Produktions-Regeln** auswählt, so ist natürlich folgendes zu erwarten: Die Kontrollkosten sind sehr gering, die Kosten für die Regel-Anwendung jedoch sind sehr hoch, da im allgemeinen sehr viele Regel-Anwendungen notwendig sein werden. Im anderen Extremfall – das **Kontrollsystem** sei vollständig informiert – sind aber ebenfalls sehr hohe Gesamtkosten für die Suche zu

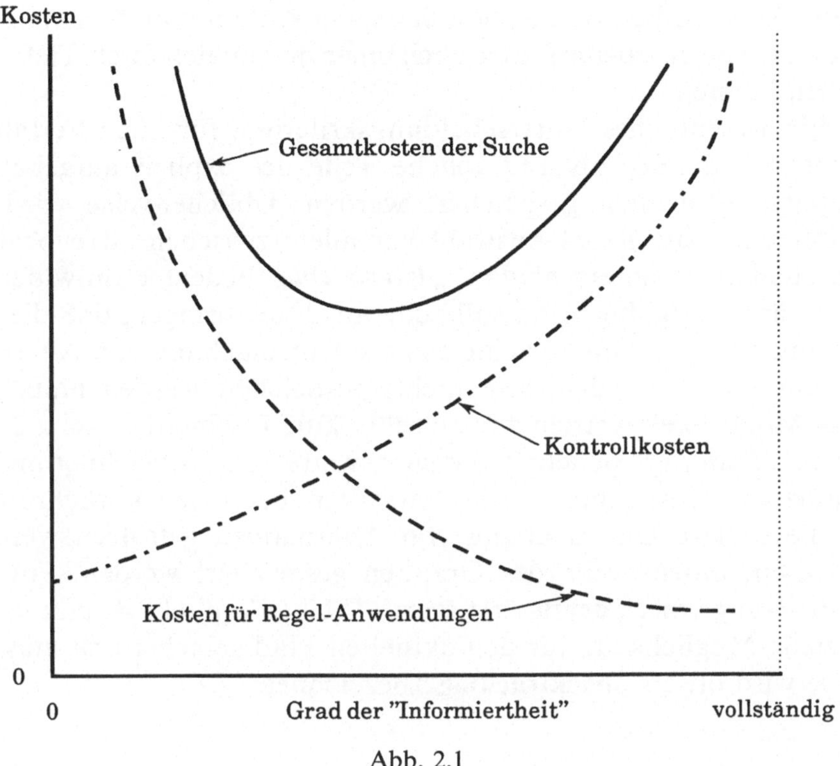

Abb. 2.1

erwarten: Zwar sind die Kosten für die Regel-Anwendungen sehr gering (da nur die **Lösung** selbst explizit gemacht werden muß), die vollständige Informiertheit kann sich jedoch in sehr hohen Kontrollkosten niederschlagen (etwa bezüglich des Speicherbedarfs). Normalerweise werden die minimalen Gesamtkosten zwischen diesen beiden Extremen zu erwarten sein. Allgemeiner betrachtet kann diese Beziehung als Hinweis auf die Bedeutung einer ausgewogenen Balance zwischen *Suche* und *Wissen* angesehen werden. Auch ein Zusammenhang mit der allgemeinen Beziehung zwischen *Rechenzeit* und *Speicherplatz* kann hier gesehen werden.

Bezüglich der ENDEBEDINGUNG in Prozedur 2.1 bleibt noch folgendes anzumerken: Sie sollte grundsätzlich zu der *Endebedingung* des **Produktionssystems** äquivalent sein, und zwar im Sinne des tatsächlichen Findens einer (oder mehrerer) **Lösung(en)**. Jedoch ist es aus pragmatischen Erwägungen sinnvoll, sie fallweise zu erweitern, und zwar im Hinblick auf die im Zusammenhang mit **Spielbäumen** bereits angedeutete Größe vieler implizit spezifizierter Graphen. Daher sollten für solche Fälle auch Kriterien in Abhängigkeit von Zeit, Speicherbedarf oder auch einer maximalen Such-Tiefe einfließen können.

Ein wesentliches Unterscheidungskriterium für Such-Verfahren ergibt sich daraus, ob und welche Teile des explizit aufgebauten Graphen tatsächlich gespeichert werden. Üblicherweise wird im Hinblick auf die Regel-Auswahl vor allem zwischen „irrevocable" und „tentative" unterschieden. *„Irrevocable"* bedeutet „unwiderruflich" oder „endgültig" und soll zum Ausdruck bringen, daß die Regeln ohne Vorkehrung für eine spätere Untersuchung von Alternativen ausgewählt werden, also nichts gespeichert werden muß. Auf diese Möglichkeit werden wir nur eher kurz in Unterkapitel 2.2 eingehen. *„Tentative"* bedeutet „versuchsweise" und bezeichnet im Gegensatz zu „irrevocable" solche Verfahren, bei denen Vorkehrungen für die spätere Untersuchung von Alternativen getroffen werden, und zwar, indem Teile des Graphen gespeichert werden. Für die Realisierung einer **„depth-first search"** (Unterkapitel 2.4) gibt es die spezielle Möglichkeit, nur den aktuellen Pfad speichern zu müssen. Diese wird oft als **„backtracking"** bezeichnet.

2.1.2 Ein Graph-Such-Verfahren

Prozedur 2.2 (GRAPH-SEARCH) zeigt das Schema eines Graph-Such-Verfahrens, das bereits etwas konkreter als Prozedur 2.1 angibt, wie eine **Suche** organisiert werden kann. Sie ist aber allgemein genug, um für alle unter „tentative" einzuordnenden Möglichkeiten für **gewöhnliche Produktionssysteme** grundsätzlich anwendbar zu sein, indem Alternativen gespeichert werden. OPEN und CLOSED verwalten im explizit aufgebauten Teil G_e des implizit definierten Graphen **G** die Knoten im Hinblick auf das **Expandieren**. (Diese Variablen werden meist als Listen aufgefaßt, wir wollen ihre exakte Struktur jedoch offen lassen und sie formal wie Mengen behandeln. Ebenso sind in Prozedur 2.2 genauere Angaben über die tatsächliche Darstellung des Graphen (etwa durch Zeiger) offengelassen, vor allem, um die Illustration so übersichtlich wie möglich zu halten.) Die Funktions-Prozedur GRAPH-SEARCH liefert als Ergebnis, ob ein **Lösungs-Pfad** gefunden wurde. (In einer praktischen Implementierung ist die **Lösung** selbst natürlich ebenfalls von Interesse, die programmiertechnische Realisierung deren Ermittlung wurde für unsere Darstellung aber als „Detail" weggelassen.)

```
fct GRAPH-SEARCH : bool;

    B := false;
    OPEN := {START};
    CLOSED := { };
    LOOP:
    while OPEN ≠ { } do
        N := SELECT-ELEM (OPEN);
        OPEN := OPEN \ {N};
        CLOSED := CLOSED ∪ {N};
        if ENDEBEDINGUNG (N) then
            B := true;
            exit LOOP;
        end if;
        S := EXPAND (N);
        OPEN := OPEN ∪ (S \ CLOSED);
    end while LOOP;
    GRAPH-SEARCH := B;
end fct GRAPH-SEARCH;
```

Prozedur 2.2

Im Gegensatz zu Prozedur 2.1 ist in GRAPH-SEARCH die Anwendung einer Regel nicht direkt angegeben (und somit auch nicht ein entsprechendes Auswählen unter Verwendung von SELECT-RULE). Stattdessen verwendet sie EXPAND (N), das ein **Expandieren** des Knotens N repräsentiert: Bei diesem Vorgang werden *alle* unmittelbaren Nachfolger des Knotens N **generiert** (und eventuell auch mittels einer **Bewertungsfunktion** bewertet). Obwohl ein solches Vorgehen meist etwas aufwendiger sein wird (da ja nicht unbedingt alle Nachfolger relevant sein werden), ist diese Art der Darstellung in der Literatur sehr gebräuchlich. Sie ist einfacher und dadurch leichter zu beschreiben und zu verstehen als eine solche, in der die Nachfolger einzeln **generiert** werden (dafür siehe etwa [Michie & Ross (1970)]).

Das **heuristische** *Wissen* für die Steuerung einer Suche wird üblicherweise in Form einer **Bewertungsfunktion** f bereitgestellt. Diese soll etwa die Kosten bis zu einem *Ziel abschätzen*. (Im Zusammenhang mit Entscheidungen aufgrund *begrenzter* Suche in Spielen (siehe Kapitel 3) soll sie hingegen bewerten, welcher der Spieler im

Vorteil ist und wie sehr.) Sei OPEN die Menge aller **generierten** Knoten, deren unmittelbare Nachfolger noch nicht alle **generiert** wurden. SELECT-ELEM wählt nach Konvention einen Knoten n aus OPEN mit minimalem Wert $f(n)$. Falls mehrere Knoten mit minimalem Wert vorliegen, wird – falls vorhanden – ein solcher vorgezogen, der die *Endebedingung* erfüllt, damit ohne weitere Untersuchung beendet werden kann.

Für den Fall, daß der implizit definierte Graph ein Baum ist, werden durch EXPAND immer nur „neue" Knoten **generiert** und zu OPEN hinzugefügt. Falls diese Einschränkung aber nicht erfüllt ist, müssen spezielle Vorkehrungen getroffen werden. Wir können sinnvollerweise fordern, daß zur Vermeidung von *Zyklen* EXPAND (N) keine Vorgänger von N **generiert**. Dadurch wird erreicht, daß G_e eine Halbordnung über seine Knoten bildet. Jedoch sind auch folgende Situationen möglich: Knoten in S sind bereits in OPEN oder in CLOSED enthalten, es werden also zusätzliche Pfade zu diesen Knoten gefunden, die wiederum mit geringeren Kosten verbunden sein können als die bisherigen. Entsprechende Maßnahmen für solche Situationen wollen wir in Übereinstimmung mit [Nilsson (1980)] vorsehen.

Zusätzlich zum Such-Graphen G_e soll ein Such-Baum **T** mit folgenden Eigenschaften verwaltet werden: **T** ist ein Teilgraph von G_e und beinhaltet diejenigen Pfade mit den jeweils geringsten Kosten zu jedem Knoten in G_e. Falls ein neuer Pfad mit geringeren Kosten entdeckt wird, muß **T** entsprechend geändert werden. Ein einfaches Beispiel soll diesen Vorgang illustrieren:

Beispiel 2.1:

Der Graph G_e in Abb. 2.2(a) hat vorerst den mittels fetter Linien gekennzeichneten Baum **T**. Die Knoten *Start* und *B* sind in CLOSED, *A* und *C* in OPEN. Die Zahlen neben den Kanten sind die zugeordneten Kosten.

Wenn nun Knoten *A* **expandiert** wird, sei *B* der einzige dabei **generierte** Knoten, wodurch die Kante (A, B) zu G_e hinzukommt. Da *B* bereits in G_e war (mit *Start* als Elternknoten in **T** und Kosten 4) und die Summenkosten des neues Pfades über *A* (2) geringer sind, muß **T** geändert werden. Statt der Kante (*Start*, B) wird (A, B) in **T** etabliert, also die neue Verbindung mit den geringeren Kosten. Außer dieser *direkten* Änderung sind grund-

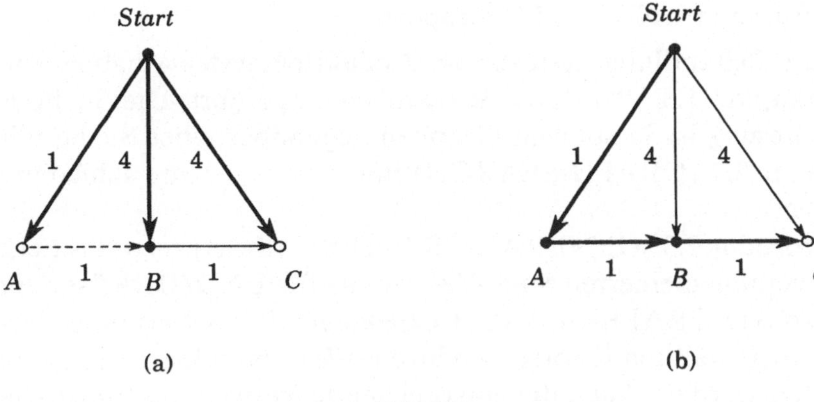

Abb. 2.2

sätzlich auch *indirekte* Änderungen erforderlich. Der Knoten C war auch schon vor dem **Expandieren** von A über B erreichbar, aber mit höheren Kosten als unmittelbar von *Start* aus. Durch den neuen Pfad zu B mit den reduzierten Kosten reduzieren sich auch die Kosten von C (dem Nachfolger von B). Somit wird in **T** auch (*Start*, C) durch (B, C) ersetzt. Das Resultat zeigt Abb. 2.2(*b*).

Allgemein bedeutet eine Änderung in **T** bezüglich eines Knotens n in CLOSED, daß die Reduktion der Kosten des Pfades zu n auch Änderungen in **T** bezüglich der Nachfolger von n auslösen kann usw. Aufgrund der Halbordnung und der Endlichkeit von G_e kann garantiert werden, daß ein solcher Vorgang terminiert.

Alternativ zu diesem Verfahren gibt es auch die Möglichkeit, solche Knoten von CLOSED zurück nach OPEN zu transferieren, die erneut **generiert** werden (siehe etwa [Nilsson (1971)]). Bei dieser Variante ist zwar nur die Verwaltung von **T** – nicht aber die von G_e – notwendig, dafür kann Aufwand für das neuerliche **Expandieren** erforderlich werden. Die beiden Möglichkeiten sind jedoch ähnlich genug, sodaß die folgenden Erörterungen zumeist für beide gelten.

Erwähnenswert ist noch, daß das *Erkennen* der Gleichheit mit bereits früher **generierten** Knoten sehr aufwendig sein kann, wodurch möglicherweise sogar die mehrfache Behandlung der Nachfolger gerechtfertigt wird. Dies hängt stark von den speziellen Gegebenheiten der jeweiligen Domäne und der Implementierung ab.

2.1.3 Suche in UND/ODER-Graphen

Zur Behandlung **zerlegbarer Produktionssysteme** haben wir im Unterkapitel 1.3 **UND/ODER-Graphen** eingeführt. Die Suche nach einer **Lösung** ist in solchen Graphen gegenüber einer Suche mittels Prozedur 2.2 (GRAPH-SEARCH) mit gewissen Unterschieden verbunden.

Prozedur 2.3 (GENERAL-GRAPH-SEARCH) zeigt das Schema eines verallgemeinerten Such-Verfahrens für **UND/ODER-Graphen**. Ebenso wie GRAPH-SEARCH **expandiert** dieses Verfahren jeweils *einen* ausgewählten Knoten, wodurch *alle* unmittelbaren Nachfolger **generiert** werden. Auch die entsprechende Verwaltung findet wieder mittels OPEN und CLOSED statt. Im folgenden werden wir uns primär auf die grundlegenden Unterschiede konzentrieren.

Wir sind zwar bei der verbalen Beschreibung von GRAPH-SEARCH von der Verwaltung des Graphen G_e *und* des Baums T

```
fct GENERAL-GRAPH-SEARCH : bool;

    B := false;
    OPEN := {START};
    CLOSED := {};
    Ge := G' := <START>;
    LOOP:
    while not UNSOLVABLE (START)
          and OPEN ≠ {} do
        if ENDEBEDINGUNG (G') then
            B := true;
            exit LOOP;
        end if;
        N := SELECT-ELEM (OPEN ∩ G');
        OPEN := OPEN \ {N};
        CLOSED := CLOSED ∪ {N};
        S := EXPAND (N);
        OPEN := OPEN ∪ (S \ CLOSED);
        BERECHNE (Ge, G');
    end while LOOP;
        GENERAL-GRAPH-SEARCH := B;
end fct GENERAL-GRAPH-SEARCH;
```

Prozedur 2.3

ausgegangen. Es sei jedoch noch einmal auf die alternative Möglichkeit hingewiesen, *nur* T zu verwalten (wodurch es für den Fall allgemeiner Graphen notwendig werden kann, Knoten von CLOSED zurück nach OPEN zu transferieren). Die üblicherweise verwendeten **Bewertungsfunktionen** haben die Eigenschaft, daß die Einschätzung von Pfaden durch deren etwaige gemeinsame Erweiterung nicht mehr revidiert werden kann. (Im Zusammenhang mit **BF*** wird dies noch genauer behandelt.) Für solche Funktionen genügt es auch, nur die Kante zum jeweils bisher besten Elternknoten (in T) zu speichern und die anderen zu „vergessen". Wenn ein solcher Pfad zu einem **Lösungs-Pfad** erweitert werden kann, können es ohnehin die anderen auch. Bei der Suche in **UND/ODER-Graphen** ist dies eher selten gewährleistet: Hier kann durchaus ein Elternknoten Teil eines **Lösungs-Graphen** sein, ein anderer jedoch nicht. Somit sollte in GENERAL-GRAPH-SEARCH unbedingt G_e mitgeführt werden. Deshalb ist G_e in Prozedur 2.3 explizit angegeben. (Die Schreibweise <START> bezeichnet den Graphen mit dem Knoten START.)

Eine wichtige Erweiterung gegenüber Prozedur 2.2 stellt der Graph G' dar. Wir wollen ihn als **vielversprechendsten partiellen Lösungs-Graphen** bezeichnen. Zur genaueren Beschreibung dient die folgende Definition.

Definition 2.3:

> Ein **partieller Lösungs-Graph** ist ein Teilgraph G_p von G_e, der die folgenden Bedingungen erfüllt:
> (1) *Start* ist in G_p enthalten.
> (2) Wenn ein Knoten in G_p bereits **expandiert** ist, dann gibt es genau einen von diesem Knoten ausgehenden **Konnektor**, dessen Kanten *alle* zu Knoten führen, die ebenfalls in G_p sind.
> (3) Kein Knoten in G_p ist (bis zu diesem Zeitpunkt der Suche) als **„unsolvable"** bekannt.

Es bleibt noch zu klären, was **„unsolvable"** bedeutet bzw. wie es berechnet wird.

Definition 2.4:

Ein Knoten *n* kann nach folgenden Kriterien als **„solved"** bzw. **„unsolvable"** bezeichnet werden:

(1) Wenn *n* die *Endebedingung* erfüllt, ist *n* „solved".
(2) Wenn *n* *nicht* die *Endebedingung* erfüllt *und*
   (a) es in **G** *einen* von *n* ausgehenden **Konnektor** gibt, dessen Kanten *alle* zu Knoten führen, die „solved" sind, so ist *n* „solved";
   (b) es in **G** *keinen* solchen **Konnektor** (wie in (a)) gibt, so ist *n* „unsolvable".

Der Fall (2b) inkludiert den Sonderfall, daß *n* überhaupt keine Nachfolger besitzt, aber nicht die *Endebedingung* erfüllt. Während der Suche ist oft (noch) nicht bekannt, welcher Fall vorliegt, da in G_e noch nicht genügend Information vorhanden ist.

Diese Kriterien werden in BERECHNE (G_e, G') verwendet, um die **partiellen Lösungs-Graphen** zu ermitteln. Dabei kann natürlich immer die Untersuchung eines **Konnektors** unmittelbar beendet werden, wenn *eine* Kante davon zu einem Knoten gefunden wird, der „unsolvable" ist. Das in Prozedur 2.3 verwendete UNSOLVABLE (START) wertet nur aus, ob durch BERECHNE der *Start*-Knoten als „unsolvable" gekennzeichnet wurde. (Ein Versuch, unmittelbar herauszufinden, ob dieser „unsolvable" *ist*, würde ja selbst wieder eine Suche erfordern.)

In BERECHNE wird zusätzlich von allen zu diesem Zeitpunkt bekannten **partiellen Lösungs-Graphen** der „vielversprechendste" (G') ermittelt. Dies erfolgt mittels einer **Bewertungsfunktion**, die solchen *Graphen* G_p Werte zuordnet. Im Sinne einer „best-first search" sollte diese mittels **Heuristik** Eigenschaften derjenigen **Lösungs-Graphen** schätzen, die im jeweiligen G_p ihre „Basis" haben.

SELECT-ELEM wählt in GENERAL-GRAPH-SEARCH einen Knoten aus, der in OPEN *und* in G' ist. Diese Auswahl könnte durch eine weitere **Bewertungsfunktion** erfolgen. Diese ordnet *Knoten* Werte zu, und zwar mit der folgenden Zielsetzung: Es sollte durch die nachfolgende **Expansion** ein Maximum an Information darüber gewonnen werden, inwieweit der jeweilige Graph G' tatsächlich am „vielversprechendsten" ist. Sollte G' zu einer gewünschten **Lösung** ausgebaut werden können, so müssen ohnehin *alle* Knoten im Durchschnitt von G' und OPEN **expandiert** werden. Andernfalls aber sollte möglichst früh zu einem anderen **partiellen Lösungs-Graphen** gewechselt werden.

ENDEBEDINGUNG hat in Prozedur 2.3 den Graphen G' als Parameter. Dies steht damit im Zusammenhang, daß die *Endebedin-*

gung eines **zerlegbaren Produktionssystems** ebenfalls zerlegbar sein muß. Sie wird hier gemäß Definition 2.4 auf die von einzelnen Knoten zurückgeführt. ENDEBEDINGUNG (G') liefert „true", wenn START mit **G'** als **Lösungs-Graph** „**solved**" ist.

Im Zusammenhang mit **ODER-Graphen** ist die Angabe einer *Kostenfunktion* erforderlich, die spezifiziert, wie sich die Kosten eines Pfades aus den Kosten der ihn bildenden Kanten errechnen. (Wie bereits erwähnt wurde, wird dafür üblicherweise die Addition verwendet.) Bei der Behandlung von **UND/ODER-Graphen** stellt sich allgemeiner die Frage, wie die *Kosten eines Graphen* aus denen der darin enthaltenen Kanten zu berechnen sind. In den üblichen Ansätzen läßt sich diese Funktion unter Verwendung von Kosten für **Konnektoren** *rekursiv* berechnen. Dabei muß auch spezifiziert sein, wie sich die Kosten eines **Konnektors** aus denen seiner Kanten errechnen lassen. Auch hier wird zumeist die *Summe* genommen. Je nach den Besonderheiten der modellierten Domäne sind grundsätzlich auch beliebige, andere Funktionen denkbar. Zusätzlich zu den Summenkosten werden in [Nilsson (1971)] auch *Maximumkosten* für **Konnektoren** angegeben. Sie basieren darauf, den Pfad mit maximalen Kosten innerhalb eines **Lösungs-Graphen** als Maß zu nehmen. Ein Beispiel-**Problem**, in dem eine solche Berechnung der Kosten sinnvoll ist, findet sich in [Pearl (1984)]: Dabei geht es um das Finden einer „Strategie", mittels der aus zwölf Münzen eine gefälschte herausgefunden werden kann, indem durch maximal dreimaliges Abwägen jeweils zwei Mengen von Münzen verglichen werden.

Die **heuristischen** *Schätzungen der Kosten* durch die **Bewertungsfunktionen** können im allgemeinen ebenfalls beliebig errechnet werden. Zumeist geht man dabei jedoch so vor, als würden die Schätzungen bereits die tatsächlichen Werte darstellen. Somit ist auch hier die Addition die üblichste Funktion zur Kombination von Werten.

Es dürfte nicht verwundern, daß **UND/ODER-Graphen**, die nicht Bäume sind, noch problematischer zu behandeln sind als allgemeine **ODER-Graphen**. Tatsächlich beschränken sich [Nilsson (1971)] und darauf aufbauend [Barr & Feigenbaum (1981)] auf Verfahren für **UND/ODER-Bäume**. Insbesondere *Zyklen* in den Graphen sind hier wieder von Bedeutung. Deshalb setzen wir in Anlehnung an [Nilsson (1980)] *Azyklizität* der **UND/ODER-Graphen** voraus. Es sei noch darauf hingewiesen, daß die Voraussetzung bezüglich der **ODER-Graphen** – EXPAND **generiert** keine Vorgänger –

hier nicht ausreichend wäre. Falls **G** Zyklen enthält, diese beim Aufbau von $\mathbf{G_e}$ jedoch vermieden werden, können **Lösungen** von **G** unter Umständen nicht gefunden werden ([Nilsson (1971), Fig. 5-6] zeigt ein Beispiel dafür).

Aus der Sicht der grundsätzlichen Steuerung einer Suche sind Verfahren für **UND/ODER-Graphen** analog denen für **ODER-Graphen**. Daher werden wir im folgenden zumeist nicht explizit auf die Behandlung von **UND/ODER-Graphen** eingehen. Nur in Unterkapitel 2.5 werden im Zusammenhang mit **„best-first search"** einige Besonderheiten erörtert.

2.2 „Irrevocable Control"

Wie bereits erwähnt wurde, handelt es sich hier um **Kontrollsysteme**, die „unwiderrufliche" Entscheidungen bei der Auswahl von **Produktions-Regeln** fällen. Es werden keine Vorkehrungen für eine spätere Untersuchung von Alternativen getroffen. Daher ist es auch nicht notwendig, den explizit aufgebauten Graphen (oder auch nur Teile davon) zu speichern. Intuitiv können wir uns ein solches Vorgehen so vorstellen, daß die „Vergangenheit" der bisherigen Suche unmittelbar vergessen wird.

2.2.1 Kommutativität

Natürlich stellt sich die Frage, wofür ein solches Vorgehen sinnvoll ist. Die Suche sollte doch gerade durch das „Ausprobieren" von Möglichkeiten **Lösungen** finden. Wir werden auch hauptsächlich **Kontrollsysteme** mit „tentative control" behandeln. Jedoch soll im Zusammenhang mit „irrevocable control" auf **kommutative Produktionssysteme** hingewiesen werden (siehe Definition 1.3). Deren Eigenschaften garantieren (wie bereits erwähnt), daß die Auswahl unzweckmäßiger Regeln zwar eine erfolgreiche Beendigung verzögern, aber nicht verhindern kann. Daher sind „unwiderrufliche" Entscheidungen bei solchen Systemen durchaus passend.

Falls die Kommutativität nicht erfüllt ist, ist offensichtlich die Gefahr einer unwiderruflichen Fehlentscheidung gegeben: Eine einzige falsche Auswahl kann in einen Teil des Such-Raums führen, der überhaupt *keine* **Lösung** enthält. Somit wäre ein vollständig informiertes **Kontrollsystem** erforderlich, bei dem wir sehr hohe *Kontrollkosten* erwarten müssen (und im allgemeinen keine günstige *Balance*

mit den *Kosten für Regel-Anwendungen*). Es sei jedoch darauf hingewiesen, daß „nur" *lokales Wissen* perfekt vorhanden sein muß und
nicht bereits die vollständige **Lösung** selbst, also *globales Wissen.*
Das *lokale Wissen* kann dazu verwendet werden, die **Lösung** *explizit*
zu machen.

2.2.2 „Hill-Climbing"

Das bekannteste Verfahren, das „irrevocable control" realisiert,
heißt „hill-climbing". Es versucht, das Maximum einer gegebenen
Funktion (**Bewertungsfunktion**) zu ermitteln. Das Vorgehen dabei
kann in unserer Terminologie folgendermaßen skizziert werden:

Expandiere den jeweils aktuellen Knoten; bewerte alle seine
Nachfolger mittels der **Bewertungsfunktion**; vergiß alle Nachfolger
bis auf den mit dem besten Wert; falls dieser die *Endebedingung* erfüllt, terminiere; ansonsten **expandiere** diesen Knoten usw.

Dieses Vorgehen ist sehr ähnlich dem der sogenannten *Gradien-
ten-Verfahren.* (Bei diesen ist allerdings eine analytisch angebbare
Funktion mit bestimmten Eigenschaften erforderlich.) Ebenso wie
diese hat „hill-climbing" Nachteile bei Funktionen mit lokalen
Maxima oder „Plateaus". Z. B. in Abb. 2.3 führt der Pfeil in Richtung des lokalen Maximums nach rechts, das absolute Maximum
liegt aber ganz links.

2.3 „Breadth-First Search"

Im folgenden werden wir uns mit „tentative control" auseinandersetzen, d. h. mit solchen Verfahren, die die Regel-Auswahl „versuchsweise" durchführen und durch entsprechendes Abspeichern
Vorkehrungen für die spätere Untersuchung von Alternativen treffen. Als allgemeines Schema soll uns Prozedur 2.2 (GRAPH-
SEARCH) dienen. Obwohl gerade die Steuerung durch **Heuristik** im

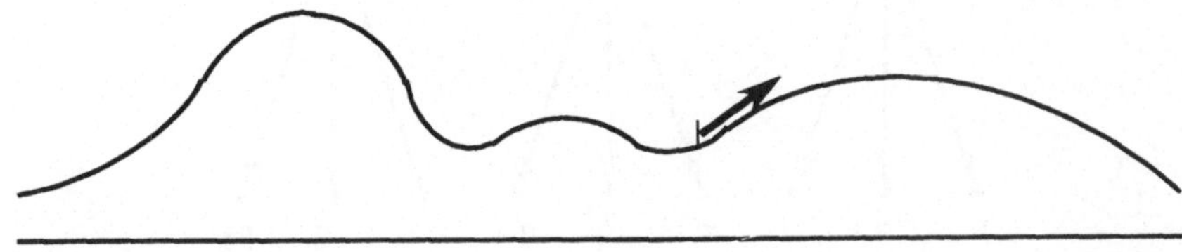

Abb. 2.3

Rahmen der AI von primärem Interesse ist, wollen wir der Vollständigkeit halber und als Vergleichsmöglichkeit zuerst ein oft als „blind" oder „uninformiert" bezeichnetes Verfahren namens „breadth-first search" betrachten.

2.3.1 Vorgangsweise

Die Numerierung der Knoten in Abb. 2.4 gibt die Reihenfolge der Untersuchung (**Generierung** oder **Expansion**) an. Dieses Verfahren arbeitet nach dem Prinzip „Breite zuerst" und schreitet in „Schichten" gleicher Tiefe voran. Eine Realisierung im Rahmen von GRAPH-SEARCH kann einfach so erfolgen: OPEN wird als „Queue" verwaltet, d. h. der Knoten, der sich am längsten in OPEN befindet, wird von SELECT-ELEM als erster ausgewählt. Eine solche Behandlung wird oft als FIFO (first-in-first-out) bezeichnet. Man beachte, daß dafür überhaupt kein **heuristisches** *Wissen* über die konkrete Domäne erforderlich ist. Zur Unterscheidung „gleich alter" Knoten könnte solches zwar verwendet werden, dies würde bei diesem Verfahren aber kaum von großem Nutzen sein.

Es sollte intuitiv klar sein, daß eine „breadth-first search" eine **Lösung** mit *minimaler Länge* findet (eine **optimale**, wenn Einheitskosten vorliegen). Ein Beweis dafür kann als Nebenprodukt eines Beweises bezüglich eines bestimmten Verfahrens (**A***) für **„best-first search"** erhalten werden, den wir in Unterkapitel 2.5 behandeln wer-

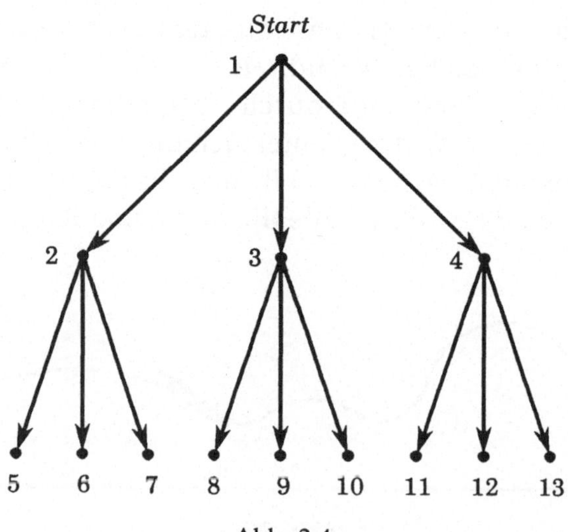

Abb. 2.4

den. Wie sieht es nun mit dem Zeit- und Speicherbedarf einer „breadth-first search" aus?

2.3.2 Komplexität

Für eine Analyse, die nicht von einer konkreten Implementierung ausgehen soll, müssen wir gewisse *Annahmen* treffen: So etwa kann man davon ausgehen, daß sich der *Zeitbedarf* proportional zur Anzahl untersuchter Knoten verhält. Den *Speicherbedarf* wollen wir als proportional zur Anzahl der Knoten annehmen, die gespeichert werden müssen. Zusätzlich ist es notwendig, *Modellannahmen* über den implizit definierten (und während der Suche explizit aufzubauenden) Graphen zu treffen: Üblicherweise geht man bei derartigen Analysen davon aus, daß die Anzahl b von unmittelbaren Nachfolgern eines Knotens konstant ist. Die Länge einer **optimalen Lösung** sei d.

Wollen wir mit einer Analyse der *asymptotischen Komplexität* des *Zeitbedarfs* beginnen. Im schlechtesten Fall (englisch: worst case) muß eine „breadth-first search" alle Knoten bis zur Tiefe d untersuchen: $b + b^2 + ... + b^d$. Diese Summe ist von der Ordnung $O(b^d)$. Im Schnitt können wir annehmen, daß die Hälfte der Knoten in Tiefe d untersucht werden muß, weshalb auch die durchschnittliche Komplexität des Zeitbedarfs $O(b^d)$ ist.

Bezüglich des *Speicherbedarfs* ist leicht einzusehen, daß zumindest alle Knoten in Tiefe $d - 1$ gespeichert werden müssen, um die Knoten in der Tiefe d untersuchen zu können. Somit müssen im Minimum b^{d-1} Knoten gespeichert werden, was ebenfalls exponentielles Wachstum bedeutet.

2.3.3 „Uniform-Cost Search"

Eine einfache Verallgemeinerung der „breadth-first search" führt uns zur „uniform-cost search": Diese schreitet in „Schichten" gleicher Kosten voran. Für eine Realisierung im Rahmen von GRAPH-SEARCH wollen wir die Kosten des „billigsten" bis zu diesem Zeitpunkt gefundenen Pfades vom *Start* bis zu einem Knoten n mit $g(n)$ bezeichnen. Die Kosten eines Pfades werden üblicherweise und somit auch hier als Summe der Kosten der Kanten auf diesem Pfad berechnet. SELECT-ELEM wählt immer einen Knoten n aus OPEN mit minimalem Wert $g(n)$. Falls mehrere Knoten mit minimalem Wert vorliegen, wird – falls vorhanden – ein solcher vorgezogen, der die *Endebedingung* erfüllt, damit ohne weitere Untersuchung beendet werden kann. Dieses Verfahren ist geeignet, **Lösungen** mit *minimalen Kosten* zu finden. Auch ein Beweis dafür kann als Nebenprodukt eines Beweises für **A*** erhalten werden.

Solche Verfahren *ohne Verwendung* von **heuristischem** *Wissen* wurden in anderer Formulierung bereits vielfach „außerhalb der AI" behandelt. Eine der frühesten und bekanntesten Prozeduren mit der gleichen Grundidee ist die in [Dijkstra (1959), S. 270]: Die dort mit A bezeichnete Menge von Knoten – für die bereits ein Pfad mit minimaler Länge bekannt ist – entspricht unserem CLOSED; die dort mit B bezeichnete Menge von Knoten – die jeweils direkt zumindest mit einem Knoten aus A verbunden sind, aber A selbst nicht angehören – entspricht unserem OPEN; der dort beschriebene Schritt des Auswählens eines Knotens aus B – einem mit minimaler Distanz, der daraufhin nach A transferiert wird – entspricht unserem SELECT-ELEM zur Auswahl für EXPAND. (Die Tatsache, daß bei einer „uniform-cost" und auch einer „breadth-first search" für alle Knoten in CLOSED bereits ein optimaler Pfad bekannt ist, folgt als Nebenprodukt eines Beweises für **A***.) Die wesentlichen Unterschiede liegen darin, daß die Prozedur GRAPH-SEARCH allgemein genug ist, zusätzlich **heuristisches** *Wissen* einzubeziehen, und daß sie von einem implizit spezifizierten Graphen ausgeht.

Auch die mathematisch orientierte Methodik der *Dynamischen Optimierung* („dynamic programming") basiert auf sehr ähnlichen Ideen [Bellman (1957)]. Bezüglich konkreter Beispiele, wie das Problem „kürzester Pfade" mit diesem Formalismus behandelt werden kann, siehe [Dreyfus & Law (1977)]. Z. B. ist dort auch Dijkstras Prozedur in einer „dynamic-programming formulation" zu finden.

2.4 „Depth-First Search"

Eine andere, recht naheliegende Möglichkeit ist die, nach dem Prinzip „Tiefe zuerst" vorzugehen. Falls ein Verfahren ausschließlich nach diesem Prinzip vorgeht und kein **heuristisches** *Wissen* über die Domäne zur Auswahl gleich tiefer Knoten einfließt, ist die Bezeichnung „blind" oder „uninformiert" dafür gerechtfertigt. Jedoch ist bei einer „depth-first search" die Einbeziehung solchen *Wissens* von wesentlich größerer Bedeutung als bei einer **„breadth-first search"**, weshalb wir auf diesen Aspekt im folgenden noch näher eingehen werden.

2.4.1 Vorgangsweise

Die Numerierung der Knoten in Abb. 2.5 zeigt uns die Reihenfolge der Untersuchung an einem Beispiel, wobei als *maximale Tiefe* 2 vorgegeben ist. Solange diese nicht·erreicht ist, wird von den bisher noch nicht untersuchten Knoten jeweils einer der tiefsten zur Untersuchung ausgewählt. Eine Realisierung im Rahmen von GRAPH-SEARCH kann so erfolgen: OPEN wird als „Stack" verwaltet, d. h. der Knoten, der sich am kürzesten in OPEN befindet, wird von SELECT-ELEM als erstes ausgewählt. Eine solche Behandlung wird oft als LIFO (last-in-first-out) bezeichnet. Eine Unterscheidung „gleich alter" Knoten könnte (und sollte) mittels **heuristischen** *Wissens* durchgeführt werden, und zwar entweder durch eine Anpassung der eben beschriebenen Vorgangsweise für SELECT-ELEM oder aber im Zusammenhang mit EXPAND (im Sinne eines „Vorsortierens").

Zur Vermeidung allzu tiefer oder gar potentiell unendlicher Pfade in einer Richtung sollte EXPAND keine Knoten **generieren**, falls eine vorgegebene *maximale Tiefe* bereits erreicht ist.

2.4.2 „Backtracking"

Auf die in 2.4.1 skizzierte Art kann eine „depth-first search" als eine spezielle Variante von GRAPH-SEARCH realisiert werden. Die spezielle Art des Vorgehens nach dem Prinzip „Tiefe zuerst" er-

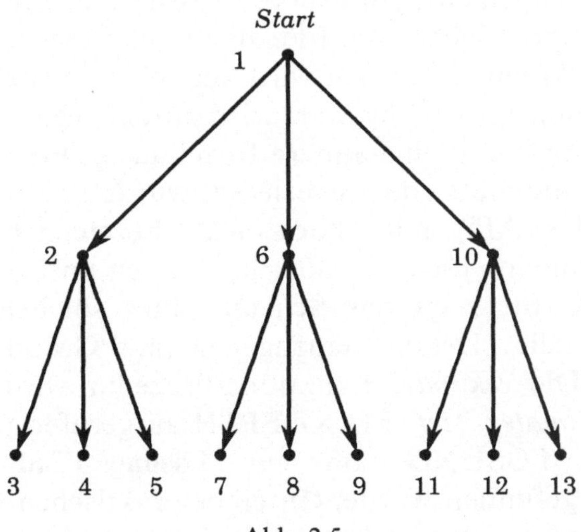

Abb. 2.5

```
fct BACKTRACK (NODE, DEPTH) : bool;

    if ENDEBEDINGUNG (NODE) then
        B := true;
    else
        B := false;
        if DEPTH > 0 then
            R := SELECT-RULE (NODE);
            LOOP:
            while R ≠ null do
                B := BACKTRACK (R (NODE), DEPTH – 1);
                if B then
                    exit LOOP;
                end if;
                R := SELECT-RULE (NODE);
            end while LOOP;
        end if;
    end if;
    BACKTRACK := B;
end fct BACKTRACK;


LÖSUNG := BACKTRACK (START, MAXDEPTH);
```

Prozedur 2.4

möglicht jedoch auch eine einfachere Realisierung, die direkt darauf aufbaut. Die zugrundeliegende Idee heißt „backtracking" und sieht folgendes vor: Wenn festgestellt wird, daß eine versuchsweise angewandte Regel unzweckmäßig war, wird zurückgegangen (zu einem „backtrack point") und eine andere Regel ausprobiert.

Verfahren, die diese Idee realisieren, wurden deshalb historisch („außerhalb der AI") mit „backtrack" bezeichnet (siehe etwa [Golomb & Baumert (1965)]). Daher heißt auch unsere Prozedur 2.4 BACKTRACK. Sie zeigt das Schema eines solchen Verfahrens, ohne aber auf alle „Details" einzugehen (aus Gründen der Übersichtlichkeit). Die *rekursive* Funktions-Prozedur wird mit START und einer *maximalen Tiefe* MAXDEPTH aufgerufen und liefert als Ergebnis für LÖSUNG, ob ein **Lösungs-Pfad** der Länge MAXDEPTH gefunden wurde. (In einer praktischen Implementierung ist die **Lösung** selbst natürlich ebenfalls von Interesse, die Realisierung ihrer Ermittlung wurde aber analog zu Prozedur 2.2 hier als „Detail" weggelassen.) Diese Realisierung einer „depth-first search" stimmt mit der vorher beschriebenen insofern nicht völlig überein, als BACKTRACK im Gegensatz zu GRAPH-SEARCH nicht alle Knoten auf einmal mittels EXPAND **expandiert** sondern sie einzeln **generiert**: Dies erfolgt im Zusammenhang mit der Anwendung der **Produktions-Regel** R beim rekursiven Aufruf von BACKTRACK. (An dieser Stelle wird programmiertechnisch auch DEPTH entsprechend behandelt.)

Worin liegt die mögliche Speicherersparnis einer „depth-first search" gegenüber einer allgemein auf GRAPH-SEARCH basierenden Suche? BACKTRACK „merkt" sich immer *nur den jeweils aktuellen Pfad* (und eventuell die **Lösung**). In dieser rekursiven Formulierung ist sogar nicht einmal dieser Pfad explizit in einer Variablen gespeichert, sondern implizit im „run-time stack" (der automatisch von der Laufzeitkomponente des jeweiligen Sprachprozessors verwaltet wird). Diese (oft sehr große) Einsparung wird jedoch mit einem Verlust an „Freiheit" bezüglich der Auswahlmöglichkeiten der Suche bezahlt. Im Vergleich zum allgemeinen Schema in Prozedur 2.1 (SEARCH) ist zwar SELECT-RULE zu finden, nicht hingegen SELECT-ELEM. Die Auswahl der als nächstes zu behandelnden Elemente der **globalen Datenbasis** ist bereits durch das Prinzip „Tiefe zuerst" vorgegeben. Falls ohnehin „blind" gesucht wird und der Graph nicht explizit gespeichert vorliegt, ist die Einsparung an Speicherbedarf in den meisten Fällen sicherlich höher einzuschätzen als die uneingeschränkte Auswahlmöglichkeit. (Allerdings gibt es auch Schwierigkeiten, falls die Länge einer (**optimalen**) **Lösung** *a priori* nicht bekannt ist. Dafür wird das in Unterkapitel 2.6 erörterte iterative Vorgehen empfohlen.)

Zur Vermeidung allzu vielen „Probierens" kann (und soll) die „lokale" Auswahl durch SELECT-RULE unter Einbeziehung **heuristischen** *Wissens* erfolgen. Geschieht dies entsprechend, ist die dadurch realisierte „depth-first search" jedoch nicht „blind", sondern sie kann als *„lokal geordnet"* bezeichnet werden. Die Bereitstellung und Einbeziehung solchen *Wissens* erfolgt üblicherweise mittels einer **Bewertungsfunktion**. Dabei ist zu beachten, daß diese die Regeln selbst bewertet, da die resultierenden Knoten erst nachher **generiert** werden. Im Vergleich zu **„hill-climbing"** ist eine Fehlentscheidung bei der Auswahl hier nicht so problematisch, da für den relativ geringen Preis, den aktuellen Pfad zu speichern, eine solche Entscheidung durch Zurückgehen in diesem Pfad wieder rückgängig gemacht werden kann.

Für den in BACKTRACK formulierten Fall, daß bereits nach dem Auffinden einer einzigen **Lösung** die Suche beendet wird, ist vor allem dieses Ordnen der Regeln von Bedeutung. (Im Extremfall kann als erste immer eine bereits zu einer **Lösung** gehörige Regel ausgewählt und dadurch überhaupt das „backtracking" vermieden werden.) Falls aber *alle* **Lösungen** gewünscht sind, würde die modifizierte Prozedur (unabhängig von der Anordnung der Regeln) eine vollständige Enumeration durchführen. Eine solche Modifikation kann durch Streichen der Anweisung „if B then exit LOOP; end if;" (und eventuelles Einfügen von Anweisungen zum Speichern oder Ausdrucken der eben gefundenen **Lösung**) erfolgen. Somit ist es bei einer solchen Aufgabenstellung sinnvoller, *Wissen* der Form einfließen zu lassen, ob ein Pfad überhaupt noch Teil einer **Lösung** sein kann oder eine solche bereits ausschließt (also in eine „Sackgasse" führt). Eine entsprechende Abfrage kann in BACKTRACK etwa nach „if DEPTH > 0" eingebracht werden. (Diese Methode des frühzeitigen Abbrechens der Suche eines Teilbaums kann natürlich auch nützlich sein, wenn nur *eine* **Lösung** gewünscht ist.)

In dieser Form stellt „backtracking" einen Standardansatz für **„constraint satisfaction" Probleme** dar. Bei endlichen diskreten Domänen für die zu belegenden Variablen wäre es zwar denkbar, alle möglichen Belegungen auszuprobieren und zu überprüfen, ob die vorgegebenen Bedingungen erfüllt sind („generate-and-test"). Dies ist jedoch äußerst aufwendig und auch gar nicht notwendig. Da die Bedingungen konjunktiv verknüpft sind, kann bereits abgebrochen werden, wenn auch nur eine davon als nicht-erfüllt erkannt wird. Wenn nun mittels „backtracking" schrittweise eine Variable nach der anderen belegt wird, können die betroffenen Bedingungen jeweils unmittelbar überprüft werden. Eine einzige nicht-erfüllte zeigt bereits eine unzulässige Belegungskombination („Sackgasse") an, wodurch möglicherweise sehr große Teilbäume nicht mehr untersucht werden müssen.

Das „backtracking" (im engeren Sinn) erfolgt normalerweise so, daß *eine* Stufe zurückgegegangen und dort erneut durch Anwendung einer anderen Regel weitergesucht wird. Unter Verwendung von speziellem *Wissen* kann bei Erkennen einer „Sackgasse" unter Umständen festgestellt werden, daß der Grund für diese bereits *mehrere* Stufen zurückliegt. Somit wäre die weitere Suche in den dazwischen liegenden Stufen ohnehin sinnlos, weshalb unmittelbar zu jener zurückgegangen wird (siehe die Prozedur BACKJUMP in [Gaschnig (1979)]).

Während auf diese Art allgemein Teilbäume weggelassen werden können, kann bei **„constraint satisfaction" Problemen** auch noch das wiederholte, bereits redundante Überprüfen von Bedingungen reduziert werden. Dazu ist es allerdings notwendig, gewisse Informationen über bereits durchgeführte Überprüfungen abzuspeichern (siehe die Prozedur BACKMARK in [Gaschnig (1979)]).

Es sei kurz angemerkt, daß es auch grundsätzlich andere Ansätze zum Lösen von **„constraint satisfaction" Problemen** gibt (siehe etwa [Fikes (1970)], [Waltz (1975)], [Mackworth (1977)] und [Gaschnig (1979)]). Diese arbeiten nicht im Problemraum (wo Zuordnungen als Variablenbelegungen ausprobiert werden), sondern im Raum der Bedingungen: Dort wird versucht, durch Einschränken der Wertebereiche „Konsistenz" zu erreichen (unter Zuhilferahme von Netzen, die die Abhängigkeiten repräsentieren). Diese Verfahren und „backtracking" können auch als komplementär angesehen werden, indem sie kombiniert eingesetzt werden können. So etwa kann zuerst nur eine „teilweise Konsistenz" angestrebt werden, die für ein nachfolgendes „backtracking" aber bereits eine günstigere Ausgangssituation mit sich bringt.

Bei Verwendung von „backtracking" zum *Optimieren* von Werten gibt es noch einen interessanten Aspekt zur Einsparung bei der Suche, der im Zusammenhang mit *„Branch-and-Bound"-Verfahren* behandelt wurde: Nehmen wir an, daß (z. B. beim *„Traveling Salesman Problem"*) bereits *irgendeine* **Lösung** gefunden wurde. Mit deren *Kosten* können im folgenden die Kosten des jeweils untersuchten Pfades verglichen werden. Wenn diese (z. B. von einer noch unvollständigen Tour des Handlungsreisenden) bereits gleich hoch oder sogar höher sind als die der bereits gefundenen **Lösung** (einer vollständigen Tour), dann ergibt es keinen Sinn mehr, diesen Pfad weiter zu verfolgen. (Aufgrund unserer Voraussetzung, daß die Kosten von Kanten immer größer als ein positives δ sind, kann er nur noch zu einer **Lösung** mit höheren Kosten führen.) Sinnvollerweise werden für diese Vergleiche die Kosten der bisher besten von den bereits gefundenen **Lösungen** als *Schranke* mitgeführt.

Für den Fall von Graphen, die *keine Bäume* sind, gibt es im Zusammenhang mit BACKTRACK noch gewisse Aspekte zu beachten. So etwa sollten (trotz Vorgabe einer maximalen Tiefe) *Zyklen* direkt vermieden werden. Zu diesem Zweck müssen neu **generierte** Knoten mit den bereits auf dem aktuellen Pfad befindlichen verglichen werden. (Genau genommen ist dafür allerdings die *explizite* Speicherung des *Stacks* nötig.) Falls auch die neuerliche Suche ausgehend von bereits behandelten Knoten vermieden werden soll, die nicht auf diesem Pfad liegen, ist folgendes zu erwähnen: Es ist nicht nur der Aufwand für das Erkennen der Gleichheit einzubeziehen, sondern auch Speicherplatz für das Merken des bereits behandelten Teils des Graphen.

2.4.3 Komplexität

Für die Analyse der *asymptotischen Komplexität* wollen wir zur Vereinfachung von Bäumen, Einheitskosten und „blinder" Suche ausgehen. Der *Speicherbedarf* von BACKTRACK ist von der Ordnung $O(d)$, wenn die Länge einer **optimalen Lösung** d bereits vorher bekannt ist (und somit als MAXDEPTH vorgegeben werden kann). Unter dieser Bedingung findet BACKTRACK eine solche auch, wohingegen bei zu hohem Wert für MAXDEPTH (mit viel unnötigem Aufwand) auch eine *nicht*-**optimale** und bei zu niedriger Vorgabe für die Tiefe *gar keine* **Lösung** gefunden werden kann. Der *Zeitbedarf* ist unter diesen Voraussetzungen (Baum, d bekannt und „blinde" Suche) von der Ordnung $O(b^d)$. Es sei noch angemerkt, daß in allgemeinen Graphen (nicht Bäumen) durchaus auch mehrere Kanten zu einem Nachfolger führen können, den BACKTRACK ohne zusätzliche Vorrichtungen (vor allem Speicher) mehrfach behandeln müßte.

2.5 „Best-First Search"

Nachdem wir im Zusammenhang mit **„depth-first search"** bereits ein *„lokales"* Ordnen der Knotenauswahl für die Suche mittels **heuristischen** *Wissens* erörtert haben, wollen wir nun ein *„globales"* Ordnen untersuchen. Solche Verfahren arbeiten nach dem Prinzip „das Beste zuerst", d. h. sie untersuchen jenen Knoten zuerst, der für den Erfolg der Suche am „vielversprechendsten" erscheint. Dessen **Expansion** soll (gemäß Schätzung) dazu führen, daß der geringste Aufwand zum Erreichen eines *Ziels* notwendig ist (im Sinne einer minimalen Anzahl noch zusätzlich notwendiger **Expansionen**). Dabei sind allerdings auch die Kosten einer **Lösung** einzubeziehen. Die Schätzung dessen, was als „vielversprechend" erachtet wird, erfolgt üblicherweise im Rahmen einer **Bewertungsfunktion**, wobei „global" *alle* Knoten in OPEN bewertet werden.

Im Bereich der AI wurden solche Verfahren in recht ähnlicher Form von verschiedenen Forschern eingeführt, siehe [Doran & Michie (1966), „Graph Traverser"], [Hart *et al.* (1968), **A***] und [Pohl (1970), „Heuristic Path Algorithm (HPA)"]. Da von diesen **A*** das am häufigsten in der Literatur behandelte Verfahren ist und in [Hart *et al.* (1968)] der Grundstein für eine formale Theorie solcher Verfahren gelegt wurde, wollen wir die meisten Aspekte am Beispiel von **A*** erörtern.

2.5.1 Bewertungsfunktion von A*

Wie sieht nun so eine **Bewertungsfunktion** tatsächlich aus? Üblicherweise ist es eine Funktion $f(n)$, wobei n einen Knoten im explizit aufgebauten Such-Graphen G_e bezeichnet. Genau genommen bewertet f nicht nur diesen Knoten als Element von G_e, sondern vielmehr das diesem entsprechende Element der **globalen Datenbasis** (noch genauer dessen interne Darstellung). Außerdem kann (und soll) f auch von der gegebenen *Endebedingung* abhängen und mittels *Wissen* über die Domäne geeignete Schätzungen ermitteln. Diese Kriterien geben noch keine *Struktur* für eine **Bewertungsfunktion** vor. Wir wollen uns hier hauptsächlich mit jener intuitiv recht einleuchtenden beschäftigen, die die Verfahren mit der Bezeichnung **A*** auszeichnet.

Die Grundidee dabei ist, die Kosten eines optimalen Pfades durch n als Summe jener vom *Start* zu n und jener von n zu einem *Ziel* darzustellen:

$g^*(n) \ldots$ Kosten eines *optimalen* Pfades vom *Start* zu n (optimal im Sinne minimaler Kosten bezüglich aller solcher Pfade)

$h^*(n) \ldots$ Kosten eines *optimalen* Pfades von n zu einem Knoten, der die *Endebedingung* erfüllt

$f^*(n) \ldots$ Kosten eines *optimalen* Pfades vom *Start* zu einem Knoten, der die *Endebedingung* erfüllt, wobei dieser Pfad durch n führen muß

$$f^*(n) = g^*(n) + h^*(n)$$

Normalerweise wird es allerdings während der Suche nicht möglich sein, solche Kosten von *optimalen* Pfaden zur Verwendung in einer **Bewertungsfunktion** zu berechnen. (Sicherlich wäre es denkbar, sie durch eine Suche zu ermitteln, was aber offensichtlich die Problematik nur verlagern würde, da wir sie ja selbst zur Steuerung einer Suche verwenden wollen.) Somit ist es notwendig, g^* und h^* zu *schätzen*:

$g(n)$ ... Kosten des „billigsten" bis zu diesem Zeitpunkt gefundenen Pfades vom *Start* zu n

$h(n)$ ... eine Schätzung von $h^*(n)$ unter Verwendung von **heuristischem** *Wissen* der Domäne (Wir nehmen an: $h(n) \geq 0$ für alle $n \in \mathbf{G}$.)

$f(n)$ ... **Bewertungsfunktion**

$f(n) = g(n) + h(n)$

Wenn die **Bewertungsfunktion** derart aufgebaut ist, wird ein Such-Verfahren, das sie verwendet, zumeist mit **A*** bezeichnet. ([Nilsson (1980)] nennt es **A** und nur, wenn h eine untere Schranke von h^* ist, **A***.) Die Funktion $g(n)$ ist leicht zu berechnen, und zwar, indem die Kosten des im aktuellen Such-Baum **T** gespeicherten Pfades von *Start* zu n ermittelt werden (im Fall von *Einheitskosten* die Tiefe von n). Die Kosten eines Pfades seien wieder als *Summenkosten* angenommen. Falls der Graph **G** selbst ein Baum ist, gilt $g(n) = g^*(n)$. Sonst kann im allgemeinen noch ein Pfad mit geringeren Kosten gefunden werden, g also kleiner werden. Daher gilt allgemein $g(n) \geq g^*(n)$ für alle $n \in \mathbf{G}$.

2.5.2 Die heuristische Komponente: Ermittlung und Anwendung

Die Funktion $h(n)$ hingegen kann je nach Domäne sehr unterschiedlich sein und bereitet sowohl bezüglich der Formulierung als auch der Berechnung während der Suche den größeren Aufwand. Ähnlich wie der Vorgang der **Problemdarstellung** hat auch der der Erstellung einer solchen Funktion heute noch viel mit „Kunst" und Intuition zu tun. Deshalb werden wir auch hier auf das Vermitteln von Ideen anhand von Beispielen zurückgreifen.

Beispiel 2.1:

Das in Beispiel 1.2 erörterte *8-Puzzle* eignet sich dafür recht gut. Die Darstellung als **Produktionssystem** nehmen wir so an, wie sie

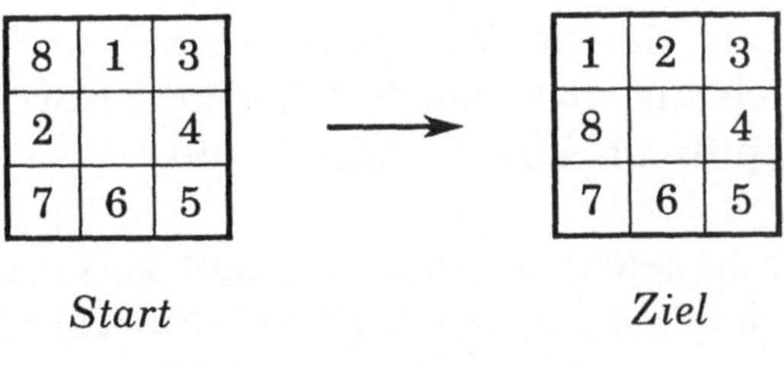

Start   Ziel

Abb. 2.6

dort beschrieben ist. Die Kosten einer Regel-Anwendung (eines Zugs) seien für alle **Produktions-Regeln** gleich (Annahme von Einheitskosten). Abb. 2.6 zeigt ein konkretes **Problem**, bei dem die *Start-* in die *Ziel*-Konfiguration übergeführt werden soll.

Wie können die Kosten eines optimalen Pfades geeignet geschätzt werden? Die Züge bei diesem Puzzle sind innerhalb des 2-dimensionalen Rahmens so eingeschränkt, daß beim Überführen eines Teilchens in seine Zielposition auch andere Teilchen involviert sind. Etwa in Abb. 2.6 muß Teilchen 8 erst „Platz machen", damit Teilchen 1 an seine Zielposition gelangen kann. Damit 8 überhaupt „Platz machen" kann, muß aber wiederum 2 (oder auch 1) „einen Weg freigeben". Selbst bei diesem einfachen Spiel-**Problem** ist also das *statische* Schätzen solcher Kosten mit Schwierigkeiten verbunden. Diese stammen zum Großteil daher, daß die Überführungen der einzelnen Teilchen *nicht unabhängig* voneinander sind. (Auf diese grundlegende Problematik stößt man auch im Zusammenhang mit *Planen*.)

Nehmen wir einmal ein *vereinfachtes Modell* eines solchen Puzzles an, bei dem keine solchen Abhängigkeiten existieren: Es sei möglich, jedes beliebige Teilchen zu nehmen und direkt in jede beliebige Zelle zu übertragen. (Unter diesen Voraussetzungen wäre eine Darstellung mittels eines **zerlegbaren Produktionssystems** naheliegend.) Man kann sich die Vereinfachung auch folgendermaßen vorstellen: Die *Vorbedingung* für einen Zug des Teilchens x von y nach z sei, daß x sich an der Stelle y befindet *und z* benachbart zu y ist *und* sich die leere Zelle in z befindet. Durch Weglassen der beiden letzten mit „und" verknüpften Bedingungen ergibt sich dieses vereinfachte Modell. Die Ermittlung der Kosten eines optimalen Pfades ist hier wesentlich einfacher, da die erschwerenden Einschränkungen wegfallen:

$H_1(n)$ ... Anzahl der im Vergleich mit der *Ziel*-Konfiguration falsch angeordneten Teilchen in der durch den Knoten n repräsentierten Konfiguration

Obwohl sehr leicht zu sehen ist, daß H_1 im allgemeinen h^* für das ursprüngliche Puzzle (*mit* den Einschränkungen) nicht sehr exakt schätzt, kann H_1 in einer **Bewertungsfunktion** für **A*** Verwendung finden. Da H_1 einem solcherart vereinfachten Modell entstammt, dürfte es einleuchtend sein, daß die Kosten eher unterschätzt werden. (Jedes falsch angeordnete Teilchen muß *zumindest* einmal die Zelle wechseln.) Wir haben es also mit einer *optimistischen Schätzung* zu tun, formal angeschrieben: $H_1(n) \leq h^*(n)$ für alle $n \in \mathbf{G}$.

Wie geht nun unser derart festgelegtes Such-Verfahren mit der Bezeichnung **A*** beim Lösen des in Abb. 2.6 dargestellten **Problems** vor? Abb. 2.7 zeigt den Such-Graphen, der dabei explizit aufgebaut wird. Die jeweils falsch angeordneten Teilchen sind durch Unterstreichen der Zahl gekennzeichnet. Die Werte der **Bewertungsfunktion** f sind links unten (fett geschrieben) angegeben, die der Komponenten g und h darüber (der **heuristische** Wert ist kursiv geschrieben). So etwa sind in dem mit *Start* gekennzeichneten Knoten die Teilchen 1, 2 und 8 falsch angeordnet (im Vergleich zum *Ziel*). Daher nimmt $h = H_1$ den Wert 3 an, und da die Wurzel die Tiefe 0 hat ($g = 0$), ergibt sich für f der Wert 3. Die Reihenfolge des **Expandierens** wird durch die oben angeschriebene Zahl zum Ausdruck gebracht.

Als erstes wird klarerweise *Start* **expandiert**, wobei vier Nachfolger **generiert** werden. Von diesen gibt es zwei, die den (zu diesem Zeitpunkt) minimalen Wert von $f = 4$ für alle Knoten in OPEN zugeordnet erhalten. Nehmen wir an, es wird mangels eines zusätzlichen Auswahlkriteriums (zufällig) der am weitesten links dargestellte Knoten als nächstes ausgewählt. Bei dieser **Expansion** wird der Nachfolger, der mit *Start* identisch wäre, zur Vermeidung eines (sinnlosen) Zyklus *nicht* **generiert**. Die beiden **generierten** Nachfolger haben aber höhere f-Werte als der eine von vorhin noch in OPEN verbliebene Knoten. Daher wechselt die Suche „global" ihre Fortsetzung und **expandiert** diesen als dritten. Auf diese Art wird solange die Suche fortgesetzt, bis der mit *Ziel* gekennzeichnete Knoten von SELECT-ELEM ausgewählt wird. Da dieser die ENDEBEDINGUNG erfüllt, ist

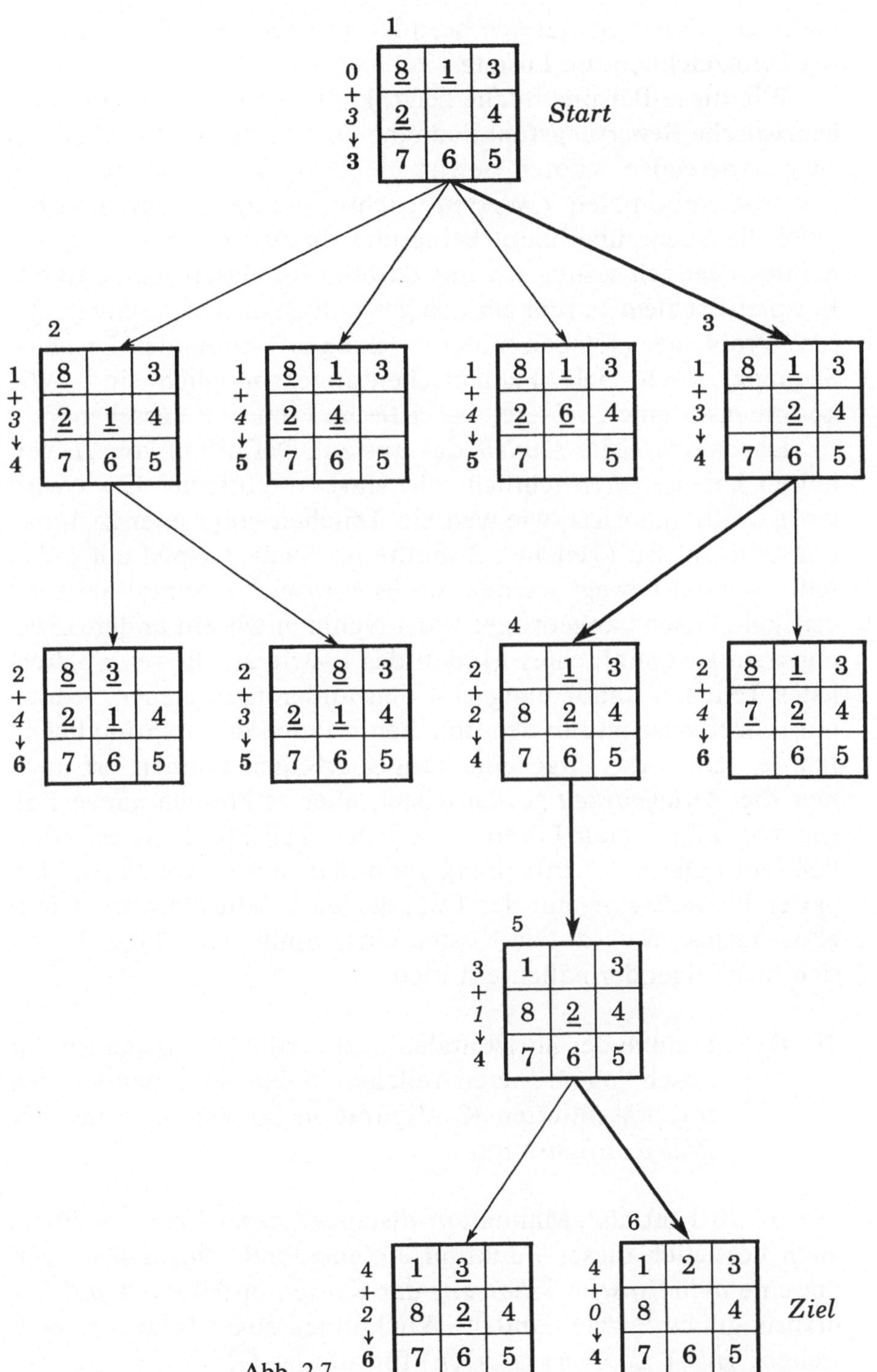

Abb. 2.7

die Suche damit erfolgreich beendet. Die fett gezeichneten Kanten kennzeichnen die **Lösung**.

Wie diese Beispiel-Suche zeigt, kann sogar so eine einfache **heuristische Bewertungsfunktion** eine gute Auswahl des nächsten zu **generierenden** Knoten bewirken. (Falls in der Situation mit den zwei minimalen f-Werten „richtig geraten" worden wäre, hätte die Suche überhaupt keine überflüssige **Expansion** durchgeführt.) Jedoch sollten wir uns darüber im klaren sein, daß das Beispiel-**Problem** extrem einfach gewählt ist und bei „schwierigeren" **Problemen** (solchen mit einer „langen" minimalen **Lösungs**-Sequenz) doch viele Fehlentscheidungen möglich sind. Wie könnte etwa eine „bessere" **heuristische** Funktion aussehen?

Das *vereinfachte Modell,* das uns zur Definition von H_1 verholfen hat, ist offensichtlich sehr stark vereinfacht. Etwa wird darin völlig ignoriert, wie weit ein Teilchen von seiner Zielposition entfernt ist. (Teilchen 2 mußte im Such-Beispiel auf jeden Fall zweimal bewegt werden, da es sowohl horizontal als auch vertikal „falsch" angeordnet war.) Nehmen wir ein anderes, weniger stark vereinfachtes Modell des Puzzle an: Es sei möglich, jedes Teilchen unabhängig von den anderen zu ziehen, jedoch nur schrittweise und in den üblichen Bahnen des ursprünglichen Puzzle. (Da diese Züge unabhängig erfolgen können, ist auch hier die *Zerlegbarkeit* gewährleistet, aber es können ganze Folgen von Zügen zum Lösen eines jeden Teil-Problems erforderlich sein.) Diese Vereinfachung kann man sich so vorstellen, daß in der *Vorbedingung* nur der Teil „die leere Zelle befindet sich in z" weggelassen wird. Die Kosten eines optimalen Pfades lassen sich hier folgendermaßen ermitteln:

$H_2(n) \ldots$ Summe der horizontalen und vertikalen Distanzen der falsch angeordneten Teilchen in der durch den Knoten n repräsentierten Konfiguration im Vergleich mit der *Ziel*-Konfiguration

H_2 wird oft als „Manhattan distance" bezeichnet. Es dürfte auch bezüglich dieser Funktion einleuchtend sein, daß es sich um eine *optimistische Schätzung* der Kosten im Hinblick auf das ursprüngliche Puzzle handelt. Wir können sogar folgendes feststellen: $H_1(n) \leq H_2(n) \leq h^*(n)$ für alle $n \in \mathbf{G}$.

Wie geht nun **A*** mit der **heuristischen** Komponente H_2 beim

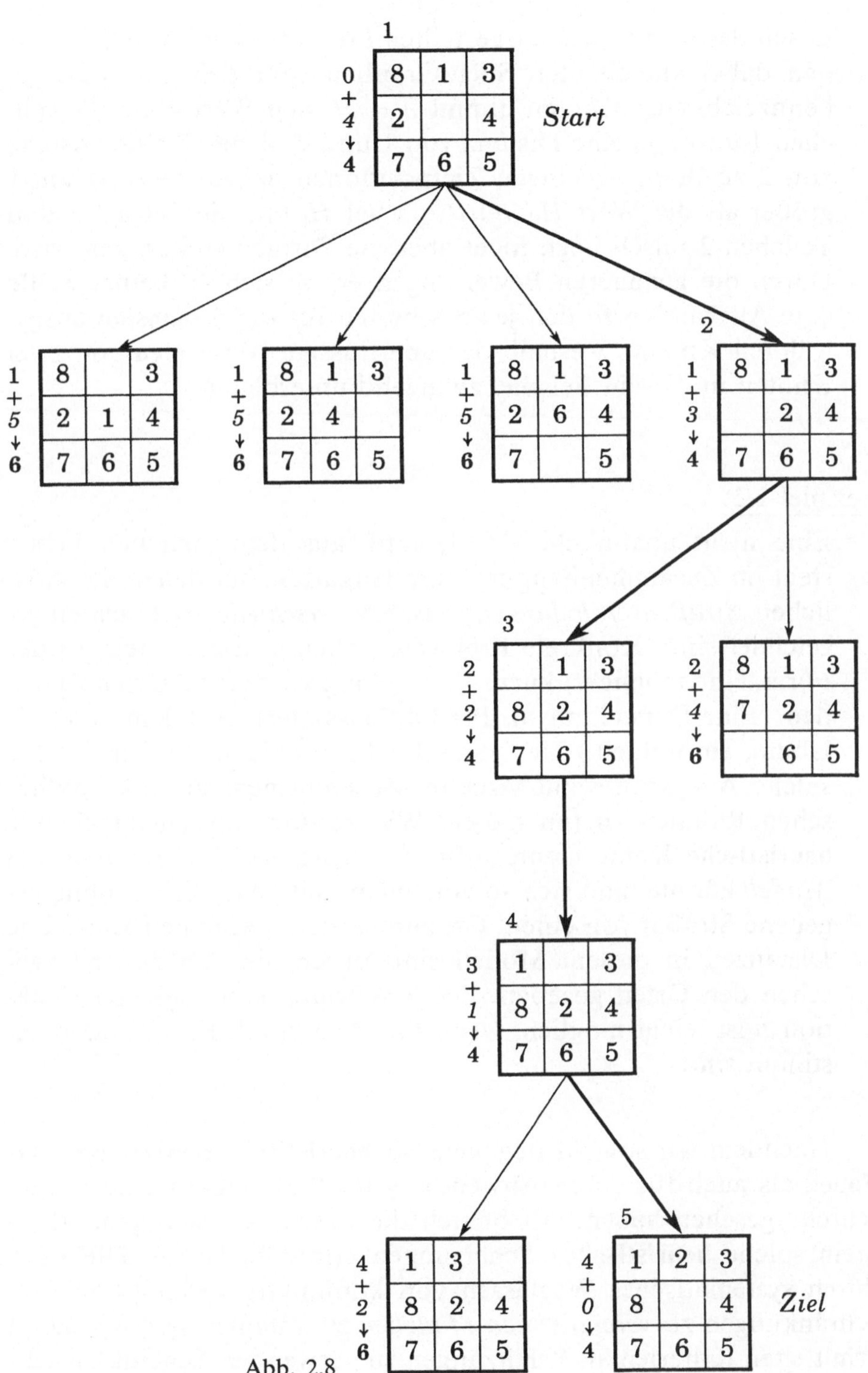

Abb. 2.8

Lösen des in Abb. 2.6 dargestellten Problems vor? Abb. 2.8 zeigt den dabei aufgebauten Such-Graphen: Für den mit *Start* gekennzeichneten Knoten nimmt $h = H_2$ den Wert 4 an, da Teilchen 1 und 8 je eine Distanz von 1 und Teilchen 2 eine Distanz von 2 zu ihren jeweiligen Zielpositionen haben. Dies ist um 1 größer als der Wert $H_1(Start)$, da bei H_1 nur die Tatsache, daß Teilchen 2 falsch liegt, nicht aber die Distanz einbezogen wird. Durch die genaueren Bewertungen ergibt sich an keiner Stelle eine Alternative zu den jeweils besten für die **Expansion** ausgewählten Knoten, weshalb das überflüssige **Generieren** von zwei Knoten in diesem Beispiel zwingend unterbleibt.

Beispiel 2.2:

Eine nicht unähnliche Problematik aus dem täglichen Leben steht im Zusammenhang mit Straßenkarten, auf denen die möglichen *Straßenverbindungen zwischen verschiedenen Orten* eingezeichnet sind. Konkrete **Probleme** stellen sich hier meist in der Form, eine möglichst kurze Verbindung zwischen 2 Orten zu finden. (Eine Darstellung als **Produktionssystem** wird dem Leser als Übung empfohlen.) Der menschliche Problemlöser benutzt für solche Aufgaben wohl visuelle Mechanismen, die mit euklidischen Räumen zu tun haben. Wie könnte eine entsprechende **heuristische** Komponente h für **A*** aussehen? Ein *vereinfachtes Modell* könnte man sich so vorstellen, daß man direkt (ohne gegebene Straße) von einem Ort zum anderen kommen kann. Die Distanzen in diesem Modell sind durch die „Luftlinien" zwischen den Orten gegeben. Die Ermittlung einer solchen Funktion h ist leicht möglich, wenn die Orte durch Koordinaten bestimmt sind.

Nachdem wir sowohl Beispiele für **heuristische Bewertungsfunktionen** als auch für deren Anwendung im Rahmen einer „best-first search" gesehen haben, erhebt sich die Frage, wie sich ganz allgemein solche **heuristischen** Schätzungen ermitteln lassen. Die Idee, durch systematisches Weglassen von konjunktiv verknüpften Einschränkungen zu *vereinfachten Modellen* zu kommen und die damit ermittelten Kriterien als Schätzungen zu verwenden, scheint ein sehr nützlicher „Wegweiser" zu sein. Im Bereich *Operations Research* dient sie zum Ermitteln von „Bounding Problems" für *„Branch-and-Bound"-Verfahren*. Etwa ist es beim *„Traveling Salesman Problem"* (siehe Beispiel 1.4) möglich, die Einschränkung wegzulassen, daß ein *Pfad* gefunden werden muß. Dies führt zur **Heuristik**, „Minimum Spanning Trees" zur Schätzung heranzuziehen [Held & Karp (1970)]. Die Verwendung in *„Branch-and-Bound"-Verfahren* ist rein technisch zwar meist anders als bei **A***, prinzipiell ist eine solche **Heuristik** aber gleichermaßen nützlich (siehe [Pohl (1977)] bezüglich der Verwendung in HPA, die zu der in **A*** analog ist). Auch bei *Ganzzahliger Optimierung* (englisch: integer programming) ist es oft nützlich, eine geeignete Schätzung dadurch zu bekommen, daß vorerst im Bereich reeller Zahlen optimiert wird. In [Pearl (1984), Chapter 4] ist eine Zusammenstellung von Ansätzen zu finden, die **Heuristik** im Zusammenhang mit vereinfachten Modellen behandeln. Wir werden auch noch darauf eingehen, daß solcherart ermittelte Funktionen sehr günstige Eigenschaften haben.

2.5.3 Zulässigkeit

Bezüglich **A*** gibt es eine recht umfassende formale Theorie. So etwa sind bestimmte Eigenschaften solcher Such-Verfahren nachgewiesen, wenn die **Bewertungsfunktion** – insbesondere der **heuristische** Anteil h – bestimmten Bedingungen genügt. Aufgrund der Bedeutung, die dieser Theorie üblicherweise in der Literatur beigemessen wird, wollen wir uns ebenfalls mit den wichtigsten Resultaten auseinandersetzen und teilweise auch Beweise angeben. Der theoretisch weniger interessierte Leser kann diesen Abschnitt natürlich überspringen, es wird aber empfohlen, sich zumindest intuitiv mit den wichtigsten Grundideen auseinanderzusetzen.

Beginnen wir mit dem Teil, der bereits in dem klassischen Artikel von [Hart *et al.* (1968)] behandelt und nachgewiesen wurde. Er ist auch in vielen Büchern in ähnlicher Form zu finden, etwa in [Nilsson (1971)], [Nilsson (1980)] und [Pearl (1984)]. Die im folgenden gewählte und zum Teil informale Darstellung wurde vor allem nach didaktischen Gesichtspunkten zusammengestellt.

Definition 2.3:

Ein Such-Verfahren ist <u>zulässig</u> (englisch: admissible), wenn es unter Garantie immer mit einer **optimalen Lösung** terminiert, falls eine **Lösung** existiert.

Im folgenden werden wir nachweisen, daß **A*** **zulässig** ist, falls *h* eine *optimistische Schätzung* von *h** in dem Sinne ist, daß die Kosten eines optimalen Pfades nie höher eingeschätzt werden, als sie es tatsächlich sind. (Die Funktionen H_1 und H_2 in unserem Beispiel erfüllen diese Bedingung, da sie – wie bereits erörtert – vereinfachten Modellen entstammen.) Für endliche Graphen ist es etwa leicht einzusehen, daß **A*** terminiert. Schließlich kommt in jedem Zyklus der Schleife (LOOP in Prozedur 2.2) ein Knoten von OPEN nach CLOSED, wo er in der von uns gewählten Darstellung verbleibt. Somit ist OPEN aufgrund der Endlichkeit des Graphen irgendwann leer, falls nicht ohnehin schon vorher ein Knoten die *Endebedingung* erfüllt hat. (Bei der Darstellung des Verfahrens mit der Möglichkeit, Knoten von CLOSED nach OPEN zurückzuversetzen, kann die Argumentation auf der Endlichkeit der Anzahl immer neuer Pfade mit geringeren Kosten aufsetzen.) Für den allgemeinen Fall unendlicher Graphen ist die Beweisführung doch schon komplizierter, weshalb das folgende Zwischenresultat sehr nützlich ist.

Lemma 2.1:

> Falls $h(n) \leq h^*(n)$ für alle Knoten $n \in$ **G** gilt und es eine **Lösung** gibt, so existiert vor der Terminierung von **A*** in OPEN immer ein Knoten n', der in einer **optimalen Lösung** enthalten ist und für den gilt: $f(n') \leq f^*(Start)$.

Beweis:

Sei ($Start = n_0, n_1, \ldots, n_k$) eine **optimale Lösung**, wobei n_k die *Endebedingung* erfüllt. Zu einem beliebigen Zeitpunkt vor der Terminierung von **A*** sei n' derjenige Knoten mit kleinstem Index in dieser **Lösung**, der sich auch in OPEN befindet. (Es muß zumindest einen solchen Knoten geben, da zu Beginn *Start* in OPEN ist und n_k bis zur Terminierung nicht in CLOSED ist.) Da alle Vorgänger von n' in dieser **Lösung** in CLOSED sind und n' einer **optimalen Lösung** angehört, hat **A*** bereits einen optimalen Pfad bis zu n' gefunden, woraus folgt: $g(n') = g^*(n')$. Somit erhalten wir folgendes:

$$
\begin{aligned}
f(n') &= g(n') + h(n') && \textit{per definitionem} \\
&= g^*(n') + h(n') && g(n') = g^*(n') \\
&\leq g^*(n') + h^*(n') && \text{wegen Voraussetzung} \\
&= f^*(n') && \textit{per definitionem}
\end{aligned}
$$

Da außerdem für alle Knoten in einer **optimalen Lösung** gilt, daß ihr Wert von f^* gleich ist (und zwar gleich den minimalen Kosten), können wir schließen:

$$f(n') \leq f^*(Start) \qquad \blacksquare$$

Als erstes werden wir Lemma 2.1 verwenden um zu zeigen, daß **A*** auch für unendliche Graphen terminiert. Es soll noch auf die folgenden *Voraussetzungen* im Unterkapitel 1.2 hingewiesen werden: Jeder Knoten hat nur eine *endliche Anzahl von unmittelbaren Nachfolgern*, und die den Kanten zugeordneten *Kosten* sind immer größer als eine beliebig klein wählbare positive Zahl δ. (Statt dieser Voraussetzung würde es auch genügen, wie in [vanderBrug (1976)] anzunehmen, daß es keinen unendlichen Pfad gibt, dessen Kosten von oben beschränkt sind.) *Zusätzlich setzen wir noch voraus, daß* $h(n) \geq 0$ für alle $n \in G$. Dies ist im Zusammenhang mit ausschließlich positiven Kosten keine echte Einschränkung. Außerdem läßt sich das Nicht-Verwenden von **heuristischem** *Wissen* in einer „**uniform-cost search**" (siehe Unterkapitel 2.2) als Sonderfall von **A*** mit $h \equiv 0$ ansehen.

Lemma 2.2:

Falls $h(n) \leq h^*(n)$ für alle Knoten $n \in G$ gilt und es eine **Lösung** gibt, so terminiert **A***.

Beweis:

Nehmen wir an, daß **A*** *nicht* terminiert. Dies würde bedeuten, daß OPEN nie leer werden dürfte, also immer wieder neue Knoten hinzugefügt werden müßten. Für jeden beliebigen Knoten n, insbesondere auch für solche n aus OPEN gilt aber folgendes ($l^*(n)$ sei die Länge des kürzesten Pfades von *Start* nach n in T):

$$
\begin{aligned}
f(n) &= g(n) + h(n) && \textit{per definitionem} \\
&\geq g(n) && h(n) \geq 0 \\
&\geq g^*(n) && \text{folgt unmittelbar aus den Definitionen} \\
&> \delta l^*(n) && \text{Kosten} > \delta
\end{aligned}
$$

Würde **A*** also nicht terminieren, hieße das für die Knoten in
OPEN, daß die Werte für l^* und somit auch für f beliebig groß
würden. Dies steht jedoch im Widerspruch zu Lemma 2.1.   ∎

Nachdem wir nachgewiesen haben, daß **A*** (unter den gegebenen Bedingungen) terminiert, bleibt noch zu zeigen, daß dies mit
einer **Lösung** und sogar einer **optimalen Lösung** erfolgt. Auch dafür
kann Lemma 2.1 herangezogen werden.

Lemma 2.3:

Falls $h(n) \leq h^*(n)$ für alle Knoten $n \in G$ gilt und es eine
Lösung gibt, terminiert **A*** mit einer **Lösung**.

Beweis:

Nehmen wir an, **A*** würde zwar gemäß Lemma 2.2 terminieren,
aber *ohne* **Lösung**. Dies wäre nur möglich, wenn OPEN leer
würde, ohne daß unmittelbar eine Terminierung mit **Lösung** erfolgt. Gemäß Lemma 2.1 gibt es jedoch vor der Terminierung
immer einen Knoten in OPEN, der auch in einer **Lösung** enthalten ist.   ∎

Theorem 2.1:

Falls $h(n) \leq h^*(n)$ für alle Knoten $n \in G$ gilt, ist **A*** **zulässig**.

Beweis:

Zusätzlich zu den Ergebnissen von Lemma 2.2 und 2.3 bleibt
noch zu zeigen, daß **A*** nur mit einer **optimalen Lösung** terminiert, falls eine **Lösung** existiert.

Nehmen wir an, daß **A*** terminiert, aber mit einer *nicht*-**optimalen Lösung** und mit t als *Ziel*. Daraus folgt:

$$f(t) = g(t) > f^*(Start)$$

Vor der Terminierung hätte **A*** jedoch einen Knoten n' selektiert, der gemäß Lemma 2.1 in OPEN und in einer **Lösung** enthalten wäre, und zwar mit folgendem Wert:

$$f(n') \leq f^*(Start) < f(t)$$

Somit hätte **A*** *n' vor t* selektiert. Da außerdem **A*** erst überprüft, ob ein Knoten die *Endebedingung* erfüllt, *nachdem* dieser
selektiert wurde, kann nicht schon vor Selektion von *n'* mit einer
nicht-**optimalen Lösung** (mit *Ziel*-Knoten *t*) terminiert worden
sein. Damit ergibt sich ein Widerspruch zur Annahme.   ■

2.5.4 Geometrische Darstellung

Diese algebraisch basierte Art der Beweisführung solcher Resultate ist in der einschlägigen Literatur am meisten verbreitet und hat
fast schon klassischen Charakter. In [vanderBrug (1976)] wird eine
geometrische Darstellungsform als Basis gewählt, die das intuitive
Verstehen möglicherweise besser unterstützt. Deshalb wollen wir
uns diese ebenfalls ansehen.

Jedem Knoten *n* haben wir Werte $h(n)$ und $g(n)$ zugeordnet. Ein
zweidimensionales Koordinatensystem sei durch die Achsen *h* und *g*
aufgespannt. Folglich können wir jeden Knoten *n* mit dem Punkt
$(h(n), g(n))$ in diesem Koordinatensystem darstellen. Entsprechend
unserer Voraussetzungen sind alle *g*- und *h*-Werte nicht-negativ,
weshalb der gesamte Such-Raum im ersten Quadranten dargestellt
ist. Zu Beginn einer Suche ist $g = 0$, und wir können ohne Beschränkung der Allgemeinheit annehmen, daß *h* für alle *Ziel*-
Knoten den Wert 0 annimmt. Abb. 2.9(*a*) zeigt in dieser Darstellung
eine **A***-Suche. Alle Knoten, die auf der gleichen Diagonale liegen,
nehmen den gleichen Wert der **Bewertungsfunktion** *f* an. Die einge-
tragenen Knoten entsprechen den im Beispiel 2.1 mit $h = H_1$ **expandierten**. Klarerweise können auch mehrere Knoten auf einen Punkt
abgebildet werden (etwa im Beispiel die als 2. und 3. **expandierten**
auf (3,1)).

2.5.5 Gewichtete Bewertungsfunktionen

Bisher haben wir uns nur mit solchen **Bewertungsfunktionen** (für
A*) auseinandergesetzt, die *g* und *h* einfach addieren. (Für solche
Funktionen ergeben sich genau die Diagonalen in der geometri-
schen Darstellung.) Diese Addition mit den geschätzten Werten er-
folgt dabei genau so wie mit den tatsächlichen Werten g^* und h^*.
Insbesondere *h* schätzt h^* aber nicht immer sehr genau. Somit kann
man sich auch überlegen, eine bestimmte Balance zwischen diesen
Komponenten herzustellen. Die folgende, von [Pohl (1970)] im Zu-

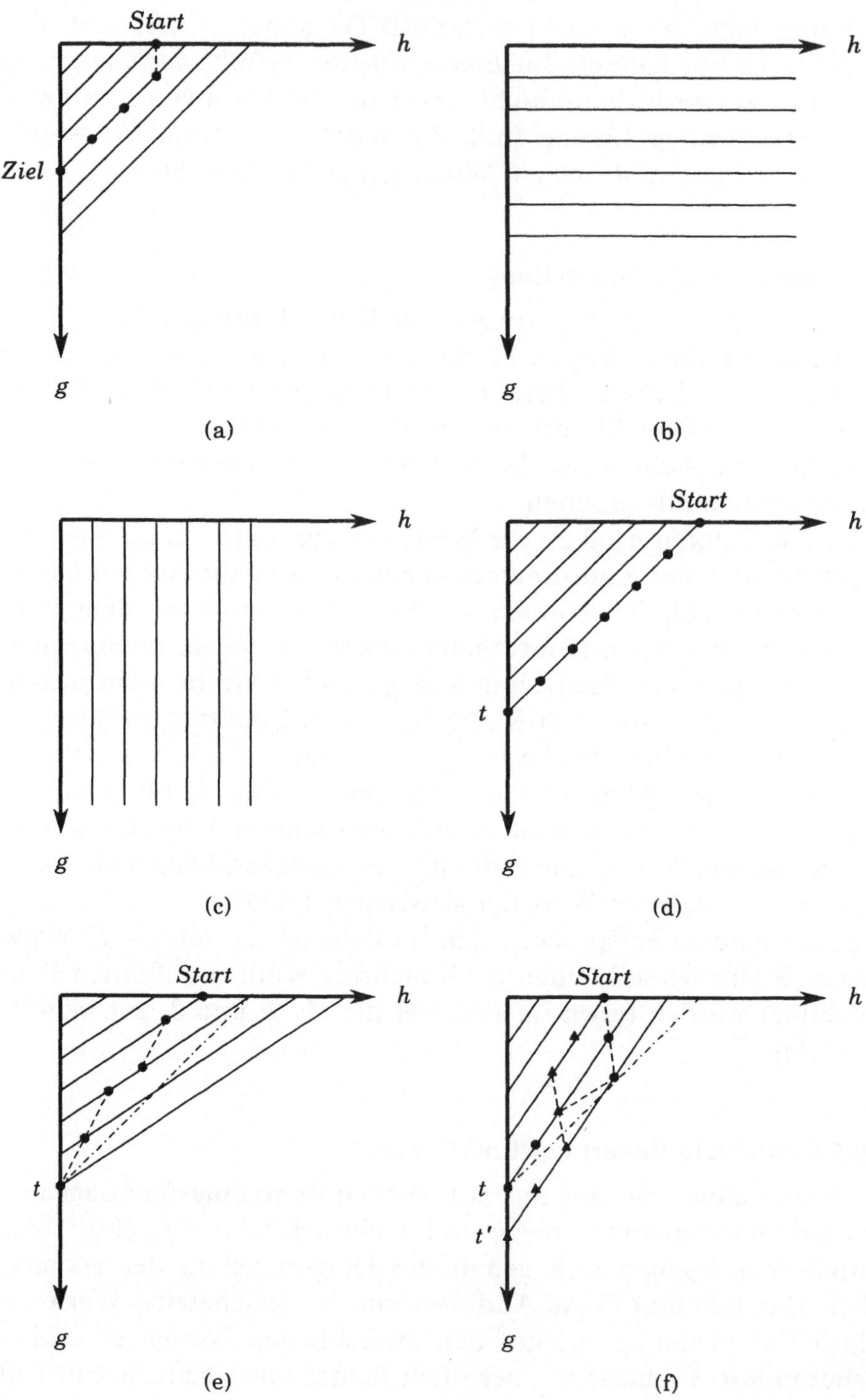

Abb. 2.9

sammenhang mit HPA vorgeschlagene Form einer **gewichteten Bewertungsfunktion** kann dazu verwendet werden:

$$f_w(n) = (1-w)g(n) + wh(n) \qquad \text{für } w \in [0,1] \text{ konstant}$$

Einige spezielle Werte von w resultieren in erwähnenswerten Sonderfällen:

Der Fall $w = 0$ ignoriert die **heuristische** Komponente h und ergibt somit die bereits erörterte **„uniform-cost search"** bzw. als deren Spezialfall die **„breadth-first search"**. Abb. 2.9(b) zeigt die geometrische Darstellung.

Der Fall $w = \frac{1}{2}$ gewichtet g und h gleich stark und entspricht somit **A***. (Für die Selektion der Knoten sind nur deren relative Bewertungen relevant.)

Der Fall $w = 1$ ignoriert g und entspricht somit $f = h$, einem Sonderfall, auf den wir noch eingehen werden. (Er entspricht dem „Graph Traverser" von [Doran & Michie (1966)].) Abb. 2.9(c) zeigt die geometrische Darstellung.

Wollen wir uns nun anhand der geometrischen Darstellung ansehen, wie sich die bisher für **A*** bewiesenen Resultate auf Verfahren mit f_w verallgemeinern lassen. Lemma 2.2 und Lemma 2 3 sagen aus, daß **A*** unter den gegebenen Voraussetzungen terminiert, und zwar mit einer **Lösung**. Für $w < 1$ kann man sich durch Nachvollziehen der gegebenen Beweise leicht davon überzeugen, daß sich diese Resultate verallgemeinern lassen. Betrachten wir nun den Fall $w = 1$ (siehe Abb. 2.9(c)): Hier ist es möglich, daß ein unendlicher Pfad von der Suche verfolgt wird, ohne daß dabei jemals alle Knoten eines **Lösungs-Pfades expandiert** würden. Da ja g nicht inkludiert ist, müssen die Werte der **Bewertungsfunktion** nicht beliebig groß werden (vgl. Beweis von Lemma 2.2). Somit gelten die Resultate von Lemma 2.2 und Lemma 2.3 für $w \in [0, 1)$.

Für welche Werte von w läßt sich Theorem 2.1 verallgemeinern? Für $w = \frac{1}{2}$ gilt es, und wenn der Einfluß von h durch $w < \frac{1}{2}$ weiter eingeschränkt wird, so wird die so resultierende Komponente auch nicht größer werden als h^*, wenn $h \leq h^*$ gilt (Voraussetzung für das Theorem). $w = 0$ entspricht der **„uniform-cost search"**, die man auch als Sonderfall von **A*** mit $h \equiv 0$ erhält. Somit ist es naheliegend, daß das Resultat von Theorem 2.1 für $w \in [0, \frac{1}{2}]$ gilt. Wollen wir uns dies mittels der geometrischen Darstellung noch genauer vor Augen führen.

Abb. 2.9(d) soll den Grenzfall der perfekten Bewertung h^* mit $w = \frac{1}{2}$ zeigen. Ein **optimaler Lösungs-Pfad** muß in seiner Gesamtheit auf der Diagonale liegen, die den minimalen Kosten entspricht. Alle Knoten außerhalb des dreieckigen Bereichs, der durch diese Diagonale bestimmt wird, haben größere Kosten zugeordnet. Für $h \le h^*$ können Knoten im optimalen Pfad in das Dreieck „hineingezogen" werden. Dies gilt auch für $w \le \frac{1}{2}$ (siehe etwa Abb. 2.9(e)). Diese müssen bereits **expandiert** worden sein, wenn der Punkt des zu diesem Pfad gehörigen *Ziel*-Knotens t (mit minimalem Wert) erreicht wird. Somit wird t **expandiert** (und mit einer **optimalen Lösung** terminiert), *bevor* ein anderer *Ziel*-Knoten mit größeren Kosten selektiert werden könnte. Es kann also gar keine *nicht*-**optimale Lösung** (außerhalb des obigen Bereichs) gefunden werden, wenn optimistisch geschätzt wird.

Wie sehen die Fälle mit $w > \frac{1}{2}$ aus? (Siehe etwa Abb. 2.9(f).) Der Bereich, der durch eine solche Suche abgedeckt wird, kann alle Knoten einer *nicht*-**optimalen Lösung**, wie etwa $(Start, \ldots, t')$ enthalten, bevor er alle Knoten einer **optimalen**, wie etwa $(Start, \ldots, t)$ enthält. Somit kann sie mit einer *nicht*-**optimalen Lösung** terminieren, bevor alle Knoten der **optimalen expandiert** würden. Für $w > \frac{1}{2}$ gilt das Resultat von Theorem 2.1 also nicht, sondern nur für $w \in [0, \frac{1}{2}]$.

2.5.6 Vergleich von Bewertungsfunktionen für A*

Es gibt auch noch weitere beweisbare Resultate bezüglich solcher Such-Verfahren. Eine interessante Frage stellt sich etwa im Zusammenhang mit verschieden guten Schätzungen von h^*: Wie wirkt sich deren Unterschied auf die Anzahl **expandierter** Knoten aus? Etwa die Funktionen H_1 und H_2 in unserem Beispiel haben (wie bereits erörtert) die Eigenschaft, daß H_2 im allgemeinen größere Werte als H_1 liefert, jedenfalls aber nie kleinere. Das folgende Theorem trifft eine Aussage in dieser Richtung.

Theorem 2.2:

> A_1^* und A_2^* seien zwei Versionen von **A*** mit $h_1(n) \le h^*(n)$ und $h_2(n) \le h^*(n)$ für alle Knoten $n \in G$ und mit $h_1(n) < h_2(n)$ für alle Knoten $n \in G \setminus \{t \mid t$ erfüllt die *Endebedingung*\}. (A_2^* sei „*besser informiert*" als A_1^*.) Falls es eine **Lösung** gibt, so wird bis zur Terminierung jeder von A_2^* **expandierte** Knoten auch von A_1^* **expandiert**. (A_2^* „*dominiert*" A_1^*.)

<u>Beweis:</u> (in Anlehnung an [vanderBrug (1976)])

Betrachten wir nochmals Abb. 2.9(d). Da sowohl h_1 als auch h_2 kleinere Werte als h^* liefern können und h_1 kleinere als h_2 liefert, werden alle Knoten, die von h_2 in den dreieckigen Bereich „hineingezogen" werden, auch von h_1 „hineingezogen". Von den Knoten im Dreieck werden zwar nicht alle **expandiert**, sondern nur die, die durch einen Pfad mit *Start* verbunden sind, der in seiner Gesamtheit im Dreieck liegt. Jedoch werden jene Pfade zurück zum *Start*, deren Knoten durch h_2 „hineingezogen" werden, nach obigem Argument auch durch h_1 „hineingezogen". Folglich werden alle Knoten, die von A_2^* **expandiert** werden, auch von A_1^* **expandiert**.   ∎

Dieses Resultat gilt allgemeiner auch für Such-Verfahren, die f_w mit $w \in [0, \frac{1}{2}]$ als **Bewertungsfunktion** verwenden. Die Begründung ist analog, jedoch mit einem dreieckigen Bereich wie dem in Abb. 2.9(e) dargestellten.

Dem aufmerksamen Leser wird nicht entgangen sein, daß Theorem 2.2 $h_1 < h_2$ fordert, während unsere Beispielfunktionen nur $H_1 \leq H_2$ erfüllen. Daher trifft natürlich auch das Resultat dieses Theorems hier nicht unmittelbar zu. Ein extremes Beispiel für dieses Theorem wäre etwa $0 < H_1$ im Vergleich mit der **„uniform-cost search"** ($h \equiv 0$). Weshalb ist es eigentlich notwendig, in Theorem 2.2 strikte Ungleichheit zu fordern?

Dies hängt damit zusammen, daß A^* beim Selektieren eines Knotens für das **Expandieren** (in SELECT-ELEM) nicht vorschreibt, welcher Knoten bei mehreren mit gleichem minimalem Wert ausgewählt werden soll (mit Ausnahme von solchen, die die *Endebedingung* erfüllen). Somit könnte rein zufällig trotz einer zumeist schlechteren Bewertung im Fall von Gleichheit auch eine günstigere Fortsetzung gefunden werden. Eine Möglichkeit, dies zu beheben, sieht folgendes vor: Die beiden zu vergleichenden Verfahren verwenden das gleiche Schema zur Unterscheidung von Knoten mit gleichem Wert, und dieses Schema ist unabhängig von den Werten von g und h.

Für solche Fälle, in denen eine **heuristische** Komponente meistens, aber nicht immer größer als eine andere ist, findet sich in [Huyn *et al.* (1980)] ein stochastisches Konzept der „Dominanz": Ein Theorem in diesem Artikel besagt, wenn A_2^* „stochastisch besser informiert" ist als A_1^*, dann ist A_2^* „stochastisch effizienter" als A_1^*.

2.5.7 Konsistente (monotone) heuristische Funktionen

Weitere wichtige Resultate bezüglich A^* basieren auf einer Eigenschaft von h, die einer Dreiecksungleichung sehr ähnlich ist. Bereits in [Hart *et al.* (1968)] wurde in diesem Zusammenhang eine „consistency assumption" formuliert (allerdings ohne Aussage über den Wert h von *Ziel*-Knoten).

Definition 2.4:

Eine **heuristische** Funktion $h(n)$ ist **konsistent**, wenn für alle Knotenpaare $m, n \in G$ folgendes erfüllt ist:

$$h(m) \leq k(m,n) + h(n)$$

mit $k(m,n)$ als Kosten des „billigsten" Pfades von m nach n ($k(m,n) = \infty$, wenn n von m aus nicht erreichbar ist); und für alle Knoten $t \in G$, die die *Endebedingung* erfüllen, gilt:

$$h(t) = 0.$$

Ein triviales Beispiel für ein **konsistentes** h ist $h \equiv 0$, also die **„uniform-cost search"**. Später wurde jedoch mehrfach die Eigenschaft „monoton" eingeführt, die für eine gegebene Funktion möglicherweise leichter zu überprüfen ist.

Definition 2.5:

Eine **heuristische** Funktion $h(n)$ ist **monoton**, wenn für alle Knotenpaare $m, n \in G$ mit n als unmittelbarem Nachfolger von m folgendes erfüllt ist:

$$h(m) \leq c(m,n) + h(n)$$

mit $c(m,n)$ als Kosten der Kante von m nach n; und für alle Knoten $t \in G$, die die *Endebedingung* erfüllen, gilt:

$$h(t) = 0.$$

Obwohl die Eigenschaft **monoton** weniger restriktiv zu sein scheint als die Eigenschaft **konsistent**, sind beide tatsächlich gleichwertig. (Dieses Resultat wurde erst in [Pearl (1984)] erstmals veröffentlicht. Eine detaillierte Erörterung dieser Begriffe und ihrer historischen Entwicklung findet sich in [Kwa (1988)].)

Theorem 2.3:

Die Eigenschaften **konsistent** und **monoton** sind äquivalent.

Beweis: (Skizze)

Teil 1: **konsistent** impliziert **monoton**.

Da jede Kante zwischen zwei Knoten m und n einen Sonderfall eines Pfades (der Länge 1) darstellt, durch den n von m aus erreichbar ist, gilt diese Implikation unmittelbar.

Teil 2: **monoton** impliziert **konsistent**.

Diese Implikation kann mittels Induktion über die Länge der Pfade zu den Nachfolgern von m nachgewiesen werden. (Die formale Durchführung dieses Beweises wird dem interessierten Leser als Übung empfohlen.)   ∎

Was bedeuten diese (äquivalenten) Eigenschaften für **A***? Wie wir in Theorem 2.1 festgehalten haben, ist das optimistische Schätzen von h^* eine Voraussetzung dafür, daß **A*** **zulässig** ist (eine sehr oft wünschenswerte Eigenschaft). Es läßt sich auch nachweisen, daß die Eigenschaft **konsistent** (und somit auch **monoton**) ebenfalls als Voraussetzung dafür genommen werden kann.

Theorem 2.4:

Für jede **konsistente** Funktion h gilt:

$$h(m) \leq h^*(m) \qquad\qquad \text{für alle Knoten } m \in \mathbf{G}$$

Beweis:

Sei t ein beliebiger Knoten, der die *Endebedingung* erfüllt. Wenn wir t für n in Definition 2.4 einsetzen, erhalten wir:

$$h(m) \leq k(m,t) + h(t) \qquad\qquad \text{für alle } m \in \mathbf{G}$$

Da $h(t) = 0$ und $k(m,t) = h^*(m)$ (für einen für n geeigneten Knoten t) gilt, folgt:

$$h(m) \leq h^*(m) \qquad\qquad \text{für alle } m \in G \qquad \blacksquare$$

Wenn also bekannt ist, daß eine Funktion h **monoton** ist, wissen wir auch, daß sie optimistisch schätzt, und erhalten damit diese wichtige Voraussetzung dafür, daß **A*** **zulässig** ist. Die Eigenschaft **monoton** ist aber tatsächlich eine etwas restriktivere, aus der für **A*** weitere Resultate ableitbar sind. Das wahrscheinlich bedeutendste von diesen ist Inhalt des folgenden Theorems.

Theorem 2.5:

Wenn h **konsistent** (und somit auch **monoton**) ist, dann hat **A*** zu jedem Knoten n, der zur **Expansion** selektiert wird, bereits einen optimalen Pfad gefunden, d. h.

$$g(n) = g^*(n)$$

Beweis:

Nehmen wir an, $g(n) = g^*(n)$ würde *nicht* gelten. Das würde bedeuten: $g(n) > g^*(n)$. ($g(n) < g^*(n)$ kann ja *per definitionem* überhaupt nicht gelten.) Da n zur **Expansion** selektiert wird, muß es einen Pfad von *Start* zu n geben. Daher muß es auch einen optimalen Pfad geben, und dieser sei ($Start = n_0, n_1, \ldots, n_k = n$). Sei n' derjenige Knoten mit kleinstem Index auf diesem Pfad, der sich auch in OPEN befindet. (Es muß zumindest ein solcher Knoten existieren, da zu Beginn *Start* in OPEN ist und n_k eben erst selektiert wird, also noch nicht in CLOSED sein kann.) Da alle Vorgänger von n' in CLOSED sind und n' einem optimalen Pfad angehört, folgt: $g(n') = g^*(n')$. Falls nun $n' = n$ wäre, hätten wir bereits einen Widerspruch zur Annahme $g(n) > g^*(n)$. Somit muß n' ein anderer Knoten auf diesem optimalen Pfad sein: Wir werden im folgenden zeigen, daß aus unserer Annahme folgen würde, n' (und nicht n) hätte selektiert werden müssen.

$$h(n') \leq k(n',n) + h(n) \qquad\qquad h \text{ ist **konsistent**}$$
$$g^*(n') + h(n') \leq g^*(n') + k(n',n) + h(n)$$
$$f(n') \leq g^*(n') + k(n',n) + h(n) \qquad\qquad g(n') = g^*(n')$$

Da n ein Nachfolger von n' auf einem optimalen Pfad ist, gilt: $g^*(n) = g^*(n') + k(n',n)$. Somit erhalten wir:

$$f(n') \leq g^*(n) + h(n)$$

Unsere Annahme $g(n) > g^*(n)$ würde implizieren:

$$f(n') < f(n)$$

Somit hätte n' und nicht n selektiert werden müssen, woraus sich ein Widerspruch ergibt, da ja n selektiert wird.   ∎

Worin liegt eigentlich die Bedeutung dieses Theorems? Erinnern wir uns daran, daß GRAPH-SEARCH für den Fall von Graphen, die nicht Bäume sind, spezielle Vorkehrungen treffen muß. Hier ist es ja möglich, daß beim **Expandieren** Knoten **generiert** werden, die bereits in OPEN oder CLOSED enthalten sind. Dadurch werden zusätzliche Pfade zu solchen Knoten gefunden, die potentiell mit geringeren Kosten verbunden sind als die bisherigen. (Entsprechende Maßnahmen wurden anhand von Beispiel 2.1 illustriert.) Insbesondere das erneute **Generieren** von Knoten in CLOSED kann aufwendige Konsequenzen nach sich ziehen, da die Reduktion der Kosten eines solchen Knotens auch Reduktion der Kosten seiner unmittelbaren und auch mittelbaren Nachfolger bewirken kann.
Genau für diesen Fall hat Theorem 2.5 eine positive Konsequenz. Da ja soeben **expandierte** Knoten nach CLOSED kommen, wissen wir, daß zu allen Knoten in CLOSED bereits optimale Pfade gefunden wurden, sofern die in **A*** verwendete Funktion h **konsistent** (oder **monoton**) ist. Damit kann unter dieser Voraussetzung die Überprüfung entfallen, ob ein **generierter** Knoten bereits in CLOSED ist, und folglich auch das möglicherweise recht aufwendige Ändern von **T** durch die Reduktion der Kosten für die Nachfolger. (Das bei der alternativen Formulierung entsprechende, potentiell notwendige Rücktransferieren von Knoten in CLOSED nach OPEN kann unter dieser Voraussetzung ebenfalls entfallen.) Es ist aber zu beachten, daß bezüglich der Knoten in OPEN hier keine Aussage gemacht werden kann. (So etwa wäre es in Abb. 2.2 bei Einsatz eines **konsistenten** h zwar nicht möglich gewesen, daß Knoten B vor A **expandiert** worden wäre, jedoch müßte auch bei **Ex-**

pansion von *A* vor *B* (*B* wäre in OPEN) bezüglich des unmittelbaren Vorgängers von *B* in **T** eine Änderung durchgeführt werden.)

2.5.8 Konsistenz und vereinfachte Modelle

Natürlich ist die prinzipielle Frage gerechtfertigt, ob Eigenschaften wie **konsistent** auch pragmatisch von Bedeutung sind. Schließlich sind Aussagen „für alle" Knoten eines Graphen durch direktes Überprüfen für jeden einzelnen davon praktisch nicht verifizierbar. Im Fall von unendlichen Graphen ist eine solche Art der Überprüfung überhaupt unmöglich. Daher ist es grundsätzlich notwendig, solche Nachweise durch symbolische Beweise mit Methoden der Logik und Mathematik zu führen (also durch Schlüsse angewandt auf eine endliche Anzahl von „Axiomen").

Bezüglich der Funktionen H_1 und H_2 für das Puzzle (Beispiel 2.1) und der „Luftlinie" (Beispiel 2.2) sind entsprechende Schlüsse (zumindest intuitiv) recht naheliegend, daß diese Schätzungen optimistisch sind.

Auch hinsichtlich Erfüllung der Eigenschaft **konsistent** (bzw. **monoton**) kann man sich für diese Funktionen recht leicht überzeugen. Schließlich hängt etwa die „Luftlinie" im euklidischen Raum direkt mit der üblichen Dreiecksungleichung zusammen. Allgemeiner wollen wir uns daran erinnern, daß wir diese Schätzungen mit *vereinfachten Modellen* in Verbindung gebracht haben, die durch systematisches Weglassen von konjunktiv verknüpften Einschränkungen entstehen. Tatsächlich kann man sich allgemein überlegen, daß **heuristische** Funktionen, die durch Optimierungen mittels vereinfachter Modelle entstehen, garantiert **monoton** (bzw. **konsistent**) sind. (Die folgende Überlegung und die zugehörige Abbildung sind an [Pearl (1984)] angelehnt.)

Abb. 2.10 zeigt einen kleinen Ausschnitt eines Such-Graphen. Die Funktion *h* entstammt einem vereinfachten Modell. Die Werte

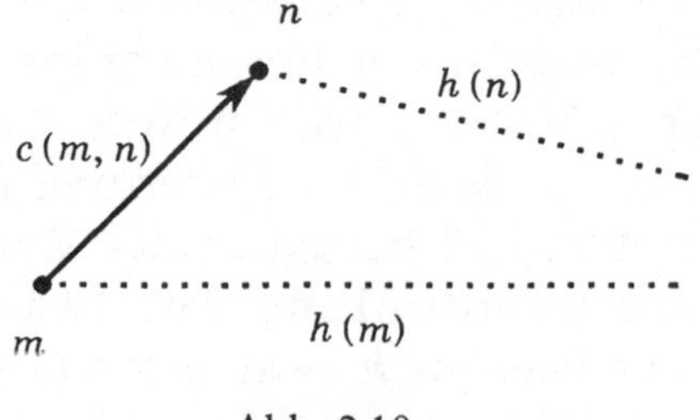

Abb. 2.10

$h(m)$ und $h(n)$ stellen die minimalen Kosten dar, um in diesem Modell zu Knoten zu kommen, die der *Endebedingung* genügen. $c(m,n)$ sei der Wert für die Kosten der Kante (m,n) und $c'(m,n)$ derjenige im Modell. $h(m)$ repräsentiert im Modell eine **optimale Lösung** (mit minimalen Kosten), sodaß gilt:

$$h(m) \leq c'(m,n) + h(n)$$

Wegen der Vereinfachung im Modell muß $c'(m,n) \leq c(m,n)$ gelten. Somit erhalten wir auch:

$$h(m) \leq c(m,n) + h(n)$$

Da die Forderung nach $h(t) = 0$ für alle t, die die *Endebedingung* erfüllen, keine Einschränkung bedeutet, ergeben sich damit die Anforderungen für die Eigenschaft **monoton** (und folglich auch für **konsistent**).

2.5.9 Nicht-konsistente Funktionen und Modifikationen von A*

Die meisten (von Menschen entwickelten) Funktionen solcher Bauart mit **heuristischer** Komponente sind **konsistent**. Daher könnte man annehmen, daß sie (unbewußt) im Zusammenhang mit *vereinfachten Modellen* entwickelt wurden. Für das *8-Puzzle* oder das „*Traveling Salesman Problem*" etwa scheint es gar nicht so einfach zu sein, Funktionen zu finden, die optimistisch schätzen, aber *nicht* **konsistent** sind. (Falls Sie es nicht glauben wollen, versuchen Sie es einmal.)

Trotzdem gibt es allgemein solche Funktionen. Für kleine Graphen kann man sie etwa durch explizite Aufzählung konstruieren (siehe z. B. [vanderBrug (1976)]). [Martelli (1977)] definiert sogar eine Familie von Graphen der Größe N mit Schätzungen, die für alle Knoten die Bedingung $h \leq h^*$ erfüllen, jedoch *nicht* **konsistent** sind. Anhand dieser Graphen wurde gezeigt, daß A* recht aufwendig werden kann, wenn zu Knoten in CLOSED immer wieder billigere Pfade gefunden werden.

Deshalb schlägt [Martelli (1977)] eine kleine *Modifikation von* A* vor, die die Chancen erhöht, daß der erste zu einem Knoten gefundene Pfad bereits optimal ist. Bevor wir uns diese Modifikation ansehen, ist es für deren besseres Verständnis sinnvoll, noch einige theoretische Resultate zu präsentieren. (Die fehlenden Beweise werden dem interessierten Leser als Übung empfohlen. Sie können aber auch in der einschlägigen Literatur – wie etwa [Nilsson (1980)] bzw. [Pearl (1984)] – nachgelesen werden.)

Theorem 2.6: (eine *notwendige Bedingung* für das **Expandieren** eines Knotens)

Falls $h(n) \leq h^*(n)$ für alle Knoten $n \in \mathbf{G}$ gilt, so folgt für jeden Knoten $n \in \mathbf{G}$, der von **A*** zur **Expansion** selektiert wird:

$$f(n) \leq f^*(Start) \qquad \blacksquare$$

Theorem 2.7: (eine *hinreichende Bedingung* für das **Expandieren** eines Knotens)

Falls $h(n) \leq h^*(n)$ für alle Knoten $n \in \mathbf{G}$ gilt, so folgt: Jeder Knoten n in OPEN mit

$$f(n) < f^*(Start)$$

wird im Verlauf der Suche **expandiert**. $\qquad \blacksquare$

Theorem 2.8:

Wenn h **konsistent** (und somit auch **monoton**) ist, dann ist die Folge von f-Werten, die sich durch die Reihenfolge zugehöriger Knoten-**Expansionen** ergibt, monoton wachsend (d. h. die Werte nehmen nicht ab, sondern bleiben gleich oder werden größer). $\blacksquare$

In der geometrischen Darstellung bedeutet Theorem 2.8, daß niemals zu einer Diagonale zurückgegangen werden muß, die einem kleineren Wert von f entspricht. Falls dies während einer Suche doch passiert, folgt daraus eben, daß h *nicht* **konsistent** ist.

Die besagte Modifikation von **A*** besteht einerseits aus einer rein technischen Erweiterung, sodaß in einer globalen Variablen F immer das Maximum all jener f-Werte gehalten wird, die zu den bisher **expandierten** Knoten gehören. Andererseits wird SELECT-ELEM folgendermaßen modifiziert: Falls es in OPEN Knoten gibt mit $f < F$, so wird von diesen derjenige mit kleinstem g-Wert selektiert; ansonsten wird wie bisher derjenige mit kleinstem f-Wert selektiert.

Die geänderte Selektions-Prozedur erkennt gewissermaßen, wenn *nicht*-**konsistente** Werte vorkommen. In einem solchen Fall „vertraut" sie dem verläßlicheren g-Wert mehr und riskiert dabei gar nichts, solange h optimistisch schätzt: Gemäß Theorem 2.6 gilt für alle **expandierten** Knoten und daher auch für denjenigen mit dem Maximum $F \leq f^*(Start)$. Für die Knoten mit $f < F \leq f^*(Start)$ wissen wir laut Theorem 2.7, daß sie im Verlauf der Suche ohnehin **expandiert** werden.

Sofern h **konsistent** ist, verhält sich **A*** mit und ohne Modifikation gleich. (Dies folgt aus Theorem 2.8, da dann $f < F$ nie erfüllt sein kann.) Ansonsten kann gemäß [Martelli (1977)] durch die geringen, zusätzlichen „Buchhaltungskosten" viel Aufwand eingespart werden.

Ähnliches gilt für *eine weitere Modifikation,* die von [Bagchi & Mahanti (1983)] vorgeschlagen wird: Falls es in OPEN Knoten gibt mit $f \leqslant F$, so wird von diesen derjenige mit kleinstem g-Wert selektiert; ansonsten wird auch bei Vorhandensein mehrerer Knoten mit gleichem f-Wert von diesen derjenige mit kleinstem g-Wert selektiert (sollte die Auswahl dadurch noch immer nicht eindeutig sein, sind – wie üblich – solche Knoten vorzuziehen, die die *Endebedingung* erfüllen).

[Bagchi & Mahanti (1983)] stellen auf theoretischer Basis Vergleiche der drei Varianten an, wobei h nicht unbedingt optimistisch schätzt, sondern anderen (in diesem Artikel definierten) Kriterien genügt. Unter solchen Voraussetzungen wurden die Vorzüge der zuletzt beschriebenen Modifikation formal bewiesen. Wie weit diese Voraussetzungen pragmatische Bedeutung haben, ist unklar. Sollte diese Modifikation auch pragmatisch nichts nützen, so sollte sie im allgemeinen auch kaum schaden. Eine theoretische Untersuchung dieser Modifikation bei Verwendung **gewichteter Bewertungsfunktionen** findet sich in [Bagchi & Srimani (1985)].

Ebenfalls aufbauend auf [Martelli (1977)] wird von [Mero (1984)] *eine andere Modifikation von* **A*** vorgeschlagen, die die Funktion h während der Suche ändert. Intuitiv kann man sich dieses Ändern folgendermaßen vorstellen: Immer wenn mittels der Variablen F festgestellt wird, daß eine *nicht*-**monotone** Bewertung vorliegt ($f < F$), wird diese Bewertung **monoton** „gemacht".

Aufbauend auf dieser Idee kann man zu jeder **Bewertungsfunktion** f mit $h \leq h^*$ eine **monotone** Funktion f' konstruieren, mit $f' \geq f$:

$f'(Start) := f(Start)$ und $f'(n) := \max(f(n), f'(m))$ für alle m, $n \in G$ mit n als unmittelbarem Nachfolger von m.

In [Dechter & Pearl (1985)] wird eine dazu äquivalente Modifikation von **A*** als **A**** bezeichnet: Diese nimmt das Maximum der Summen $g + h$ auf dem Pfad zum bewerteten Knoten als Wert. Im allgemeinen Fall ist **A**** „besser" als **A*** (siehe auch weiter unten im Teil „Ist **A*** optimal?").

Zusätzlich zur Veränderung der Werte von Kindknoten adaptiert das Verfahren von [Mero (1984)] jedoch alternativ auch die Werte von Elternknoten – in der anderen „Richtung". Während dies günstige Konsequenzen hat, stellt sich eine weitere Feinheit mittlerweile als Nachteil heraus: die Selektion desjenigen Knotens mit *maximalem g*-Wert von solchen mit minimalem f-Wert. Dies zeigen Untersuchungen in [Mahanti & Ray (1988)] auf, weshalb dort auch eine Modifikation zur Auswahl mit *minimalem g*-Wert präsentiert wird.

Genau genommen wurden diese Modifikationen anhand der ursprünglichen Formulierung von **A*** untersucht, die Knoten von CLOSED zurück nach OPEN transferiert (siehe etwa [Nilsson (1971)]). Vergleiche mit dem auf [Nilsson (1980)] zurückgehenden Schema (siehe 2.1.2) finden sich in [Bagchi & Mahanti (1985)].

Zusammenfassend wurden also eine Menge „geringfügiger" Modifikationen von **A*** formuliert und (vor allem theoretisch) untersucht. Wie in der zitierten Literatur nachgelesen werden kann, sind die Unterschiede im Verhalten dieser Verfahren jedoch zum Teil recht erheblich (insbesondere in speziellen Situationen).

2.5.10 Komplexität von A*

Nachdem wir verschiedenste Resultate bezüglich **A*** behandelt haben, wollen wir uns auch noch solche bezüglich der Komplexität vor Augen führen. Es dürfte intuitiv einleuchten, daß **A*** im Normalfall weniger Knoten behandeln muß als etwa eine blinde **„breadth-first search"**. (Überlegen Sie vielleicht einmal, wie der Graph einer solchen Suche im Vergleich zu dem in Abb. 2.8 aussieht.) Klarerweise hängt diese Einsparung von der „Qualität" der **heuristischen** Komponente h ab. Somit ist es sinnvoll, quantitative Aussagen in Abhängigkeit von h zu versuchen.

Konkrete Untersuchungen bezüglich der **Heuristik** „Luftlinie" ergaben laut [Pearl (1984)], daß in einem bestimmten Modell (in dem 4 „Nachbarn" erreichbar sind) nur 18% der Anzahl von **expandierten** Knoten einer **„breadth-first search"** von **A*** **expandiert** werden müssen. In einem Modell mit zusätzlichen Diagonalverbindungen (in dem somit 8 „Nachbarn" erreichbar sind) **expandiert A*** laut [Golden & Ball (1978)] weniger als 10,7%. Offensichtlich hat auch die Wahl des Modells großen Einfluß auf die Aussagen.

Das üblicherweise für allgemeine Analysen aufgrund von bestimmten Eigenschaften von h (und nicht speziellen Funktionen) verwendete *Modell* entspricht dem bereits von uns verwendeten: konstante Anzahl b von unmittelbaren Nachfolgern eines Knotens; die Länge einer **optimalen Lösung** gleich d. Ebenso wie wir es bereits im Zusammenhang mit **„depth-first search"** auf *Bäume* eingeschränkt haben, wird dies üblicherweise auch bei den Analysen von **A*** getan. Meist werden auch *Einheitskosten* angenommen, und außerdem wird vorausgesetzt, daß es *genau eine* **optimale Lösung** (mit Kosten d) gibt. Es sei an dieser Stelle angemerkt, daß es auch Analysen gibt, die die Komplexität in Abhängigkeit eines bestimmten Parameters N für die Graphen untersuchen (siehe etwa [Martelli (1977)]). Wegen der besseren Vergleichbarkeit mit den bereits erörterten Analysen wollen wir aber das eben beschriebene Modell als Basis nehmen.

Welche Eigenschaften von h sollen zugrunde gelegt werden? Am naheliegendsten erscheint ein Kriterium im Zusammenhang damit, wie gut „informiert" h ist, bzw. wie genau es h^* schätzt. Somit ist es sinnvoll, Annahmen über den *Fehler* von h bezüglich h^* zu treffen und die Komplexität unter Berücksichtigung dieser Annahmen zu ermitteln.

[Pohl (1970, 1977)] und [Gaschnig (1979)] geben Resultate für *absolute* bzw. *relative Fehler* an, wobei der „*worst case*" untersucht wurde. Solche Untersuchungen können mit Hilfe einer „oracle" oder „adversary strategy" durchgeführt werden (siehe etwa [Knuth (1973)]). Dabei wird an jeder durch „Zufälle" beeinflußten Stelle angenommen, daß ein „allwissender Gegenspieler" am Werk ist, der die im Sinne der Analyse ungünstigste Auswahl trifft.

Der *absolute Fehler* von h sei so angenommen, daß $|h - h^*|$ durch eine Konstante beschränkt ist. Unter dieser äußerst günstigen Annahme ist die Komplexität im Sinne der Anzahl **expandierter** Knoten *linear* bezüglich der Länge d der **Lösung**. Der *relative Fehler* von h sei proportional zu h^* so angenommen, daß $|(h - h^*)/h^*|$ durch eine reelle Konstante zwischen 0 und 1 beschränkt ist. Dadurch wird die allgemeine Beobachtung modelliert, daß bei größerer „Entfernung" größere Fehler auftreten. Unter dieser realistischeren Annahme ist die Komplexität *exponentiell* bezüglich *d*.

Die Annahme des „worst case" ist zwar nicht unüblich, könnte allerdings durchaus zu pessimistische Aussagen im Vergleich zum Normalfall in der Praxis liefern. Deshalb ist es auch wünschenswert, *Aussagen über den „durchschnittlichen" Fall* treffen zu können. In [Huyn *et al.* (1980)] finden sich *probabilistische Analysen* von **A***. Das untersuchte Baummodell weist die gleichen Eigenschaften wie das bereits von uns verwendete auf, es sind aber auch *zusätzliche probabilistische Annahmen* getroffen: Jedes $h(n)$ kann als Zufallsvariable im Bereich $[0, h^*(n)]$ behandelt und durch eine Verteilungsfunktion $F_{h(n)}(x) = W(h(n) \leq x)$ charakterisiert werden. Zusätzlich wird angenommen, daß der Fehler $h(n) - h^*(n)$ an einem Knoten n nur von $h^*(n)$ und $g(n)$ abhängen kann, jedoch *von den Fehlern anderer Knoten im Graphen unabhängig* ist.

Für diese Analyse wird von optimistischen Schätzungen – also $h \leq h^*$ – ausgegangen. (Dies schlägt sich auch im Bereich der Zufallsvariablen nieder.) Unter dieser Voraussetzung geben die Theoreme 2.6 und 2.7 Auskunft über Bedingungen für das **Expandieren** eines Knotens, mit deren Hilfe sich Aussagen über entsprechende Wahrscheinlichkeiten ableiten lassen. Der Prozeß, durch den **A*** in einem Such-Baum Knoten **expandiert**, wird als *Reproduktionsprozeß* betrachtet. Auf diese Art wird eine (bereits etwas kompliziertere) *Formel für die zu erwartende Anzahl* von durch **A*** **expandierten** Knoten abgeleitet (siehe auch [Pearl (1984)]).

Aufbauend auf diese Formel und weitere Annahmen (die *relativen Fehler* seien *unabhängig und identisch verteilte Zufallsvariablen*) ergibt sich für die *durchschnittliche Komplexität* in Abhängigkeit von der Relation zwischen $W(h = h^*)$ und $(1 - \frac{1}{b})$:

„<": *exponentiell* bezüglich *d*;

„=": $O(d^2)$;

„>": $O(d)$.

Solange also die Wahrscheinlichkeit, daß h mit h^* übereinstimmt, nicht für alle Knoten genügend groß ist, ergibt sich auch hier für den *relativen Fehler exponentielle Komplexität*.

Weitere Analysen in [Pearl (1984)] untersuchen, mit welcher Genauigkeit h schätzen muß, damit *polynomische Komplexität* garantiert werden kann. Dabei zeigt sich, daß der Zusammenhang zwischen Genauigkeit und Komplexität exponentiellen Charakter hat. Somit folgt, daß die erforderliche *Schätzgenauigkeit logarithmisch* ist, d. h. nur wenn der typische Fehler nicht schneller als logarithmisch bezüglich der „Entfernung" wächst, ergibt sich polynomische Komplexität.

Wir können daher folgendes zusammenfassen: Wenn $h \equiv h^*$ möglich wäre, würde nur die **Lösung** explizit gemacht. (Dafür würde allerdings auch **„hill-climbing"** zur Verfügung stehen.) Wenn die Fehler extrem günstig angenommen werden, ergibt sich polynomische oder sogar lineare Komplexität. Diese Fälle sind allerdings pragmatisch selten von Bedeutung. Sonst ergibt sich eine auffallende Übereinstimmung zwischen den Ergebnissen der Analysen, die „worst case" bzw. die angegebenen probabilistischen Vorgaben annehmen: exponentielles Wachstum. Als Grenzfall haben wir bereits die **„breadth-first search"** untersucht, die gar keine **Heuristik** einbezieht.

Aus pragmatischer Sicht (und unter Verwendung heutiger Computer) ist jedoch der *Speicherbedarf* von **A*** noch viel problematischer. (Wir werden auf diesen Aspekt im Zusammenhang mit **„depth-first iterative deepening"**, das hier Abhilfe schaffen kann, noch näher eingehen.) Alle Knoten in OPEN müssen bei **A*** gespeichert werden, da ja grundsätzlich jeder davon möglicherweise einmal der mit den geringsten Kosten werden kann.

Abgesehen von den im folgenden behandelten Variationen mit anderen **Bewertungsfunktionen** gibt es einfache Möglichkeiten, den Speicherbedarf zu reduzieren. So etwa kann die Größe von OPEN dadurch beschränkt werden, daß nur eine bestimmte Anzahl von Einträgen – derjenigen mit den besten Werten – gespeichert wird. Der Rest wird unwiderruflich verworfen. Man kann dies auch so organisieren, daß immer nach „Etappen" der Suche Platz gemacht wird. Dies kann auch als hybride Mischung von **„best-first search"** und **„hill-climbing"** betrachtet werden. (Statt nur einem *einzigen* Kandidaten wird eine ganze *Menge* der „besten" aufbewahrt.)

Solche Ansätze wurden mit den Bezeichnungen „beam search" bzw. „staged search" vorgeschlagen und auch – etwa in einem System zum Verstehen gesprochener Sprache – eingesetzt (siehe z. B. [Nilsson (1971)] und [Bisiani (1987)]). Als Nachteil ergibt sich offensichtlich, daß bei solchem Vorgehen keinerlei Garantien für das Finden **optimaler Lösungen** gegeben werden können (vergleiche auch **„forward pruning"** in 3.6.4). Umso interessanter ist deshalb der in 2.6

behandelte Ansatz, iterativ immer tieferes „**backtracking**" durchzuführen.

Nach diesen etwas ernüchternden Einsichten soll noch das Resultat eines für **A*** günstigen Vergleichs in [Pearl (1984)] mit der „**depth-first search**" in der Form von „**backtracking**" skizziert werden. Wir haben bisher nur den Fall von „blindem **backtracking**" bezüglich Komplexität erörtert. Für „lokales Ordnen" kann aber grundsätzlich auch *Wissen* in der Form von h einfließen. Die probabilistische Analyse in dem oben angegebenen Modell zeigt, daß die *durchschnittliche Komplexität* für „**backtracking**" trotz erhöhter Schätzgenauigkeit immer *exponentiell* ist. Somit nützt **A*** die gegebene **Heuristik** besser aus, um weniger Knoten untersuchen zu müssen (mit dem Preis deutlich höherer Speichererfordernisse).

2.5.11 Bewertungsfunktionen ohne Garantie für optimale Lösungen

Trotz Verwendung von **heuristischem** *Wissen* wachsen also die *Kosten* einer **A***-Suche im Normalfall sehr stark mit zunehmender Schwierigkeit der gegebenen **Probleme**, zumindest solange durch optimistische Schätzungen **optimale Lösungen** (im Sinne *minimaler Kosten* der **Lösung**) garantiert sind. Pragmatisch ist es als Konsequenz davon möglich, daß mit den zur Verfügung stehenden Ressourcen überhaupt keine **Lösung** gefunden wird. Kann etwa durch Kompromisse bezüglich der Qualität der **Lösung** erreicht werden, daß die Kosten der Suche reduziert werden? Wie bereits erwähnt wurde, ist fallweise ohnehin nur eine „*zufriedenstellende*" bzw. sogar nur *irgendeine* **Lösung** gesucht. In diesem Zusammenhang werden wir überblicksmäßig Ansätze erörtern, die keine optimistischen Schätzungen voraussetzen.

Ein üblicher Ansatz verwendet die bereits präsentierten **gewichteten Bewertungsfunktionen**, die mittels eines konstanten Parameters w den Komponenten g und h eine spezielle Gewichtung bei der Berechnung von f_w zuordnen. Wir haben bereits anhand der geometrischen Darstellung gezeigt, daß für $w > \frac{1}{2}$ die Suche nicht **zulässig** ist, selbst wenn $h \leq h^*$ gilt. Wenn nun aber ohnehin nur *irgendeine* **Lösung** gewünscht ist, wozu soll sich die Suche überhaupt noch um die Kosten der bereits explizit aufgebauten Pfade – also letztlich die Komponente g – kümmern? Es sollte der Aufwand für die verbleibende Suche reduziert werden. Dieser steht zwar möglicherweise mit den h-Werten in einem gewissen Zusammenhang, was hat er jedoch mit den g-Werten zu tun?

Diese Überlegungen suggerieren die Verwendung von $f \equiv h$, dem Sonderfall mit $w = 1$. An dieser Stelle sei nochmals darauf hingewiesen, daß für diesen Fall die Terminierung theoretisch nicht nachgewiesen werden kann. Pragmatisch gesehen macht es allerdings wenig Unterschied, ob eine Suche aus theoretischen Gründen nicht terminiert, oder ob sie aus Komplexitätsgründen in vernünftiger Zeit keine **Lösung** findet. Insbesondere dann, wenn sich die Schätzungsfehler von h ungünstig auswirken, kann aber die ausschließliche Verwendung dieser Komponente dazu führen, daß die Suche immer mehr in die Tiefe gelenkt wird, ohne eine **Lösung** zu finden. Eine formale Analyse des „worst case" mit dem gleichen Modell wie für die Analyse von **A*** weist sogar für den an sich günstigen Fall von *absoluten Fehlern* nach, daß hier **A*** – und somit das Einbeziehen von g – vorzuziehen ist (siehe [Pohl (1977)]).

Das in [Pearl (1984), Section 5.2] analysierte Beispiel zeigt einerseits, daß unter sehr günstigen Bedingungen eine gute Schätzung („Luftlinie") mit $w = 1$ sogar weniger Knoten untersuchen muß als **A*** (und dabei außerdem eine **optimale Lösung** findet): Hier hat jeder Knoten einen unmittelbaren Nachfolger entlang einer **optimalen Lösung**, der einen echt kleineren h-Wert zugeordnet erhält als der Elternknoten. Somit wird überhaupt nur dieser Pfad untersucht. Andererseits ist auch in diesem Modell bei Verwendung einer stark fehlerhaften Funktion h eine nicht-terminierende Suche nachweisbar, während das Einbeziehen von g diesen Fehler überbrücken kann.

Ganz allgemein tendiert die Komponente g dazu, die Suche in die Breite zu führen. Im anderen Extremfall $f \equiv g$ („**uniform-cost search**") hat dies die bereits erörterten Konsequenzen. Das Einbeziehen von g ist jedoch zumindest aus Sicherheitsüberlegungen zu empfehlen, da dadurch erreicht wird, daß kein Teil des implizit gegebenen Graphen permanent von der Suche ausgeschlossen bleibt. Dies ist umso mehr von Bedeutung, wenn es nur wenige Knoten gibt, die die *Endebedingung* erfüllen, und wenn die Fehler von h die Suche an diesen vorbei steuern können.

Wie sieht es im Bereich $\frac{1}{2} < w < 1$ hinsichtlich des Aufwands für die Suche aus? Theorem 2.2 und die nachfolgenden Erörterungen lassen den Schluß zu, daß höhere Schätzungen günstiger sind, solange sie optimistisch bleiben. Unter dieser Bedingung sind sie auch gleichzeitig „näher" bei h^*. Wenn aber durch $w > \frac{1}{2}$ Schätzungen mit $h \leq h^*$ so verändert werden, daß sie durch Überschätzen der Kosten auch pessimistisch werden können, sind höhere Werte weiter von h^* weg. Was soll nun angestrebt werden?

Das Überschätzen hat grundsätzlich zwei verschiedene Auswirkungen während einer Suche: für Knoten auf einem **Lösungs-Pfad** ungünstige und für die übrigen günstige. Die Balance zwischen diesen Auswirkungen entscheidet letztlich über den Aufwand der Suche. Eine endgültige Aussage darüber, wie sich dies im allgemeinen verhält, kann noch nicht getroffen werden. [Pohl (1970)] berichtet über erste Experimente mit dem 15-Puzzle, bei denen durch die Erhöhung von w der „Verzweigungsgrad" (englisch: branch rate) reduziert wurde. Die sehr umfangreichen Experimente mit dem 8-Puzzle von [Gaschnig (1979)] lassen sich bezüglich dieser Frage (vereinfacht) folgendermaßen zusammenfassen: Höhere w-Werte führten im allgemeinen zu niedrigerem Aufwand für die Suche, jedoch ergab sich bei **Problemen** mit „geringer" Länge der **Lösung** ab einem gewissen Wert eine Umkehrung dieses Effekts. Ebenso wurde für eine **Bewertungsfunktion**, die pessimistisch schätzt, ein solches Limit für die Effizienzsteigerung beobachtet. Eine „worst case" Analyse anhand eines vereinfachten Baummodells in [Gaschnig (1979)] ergibt jedoch überhaupt, daß $w = \frac{1}{2}$ den geringsten Aufwand für die Suche mit sich bringt. Dieses Resultat stimmt zwar auch mit einer entsprechenden probabilistischen Analyse in [Pearl (1984), 7.3.1] überein, offensichtlich aber nicht mit den Ergebnissen der Experimente.

Konkrete Funktionen h mit der Garantie $h(n) \leq h^*(n)$ für alle $n \in G$ haben oft die Eigenschaft, daß sie für viele Knoten (vor allem bei Schätzung größerer Distanzen) h^* zu stark unterschätzen. Deshalb wird von [Harris (1974)] vorgeschlagen, h folgendermaßen zu wählen: für die meisten Knoten näher bei h^*, jedoch fallweise durchaus auch größer als h^*. Das maximale Ausmaß des *Überschätzens* steht dabei in unmittelbarem Zusammenhang mit der maximalen Erhöhung der Kosten einer **Lösung**, die unter Verwendung eines solchen h gefunden wird. Wenn also der Suche bekannt ist, um wieviel h h^* überschätzen kann, so kann sie nach dem Finden einer **Lösung** eine Schranke angeben, um wieviel diese möglicherweise „teurer" ist als eine **optimale**. Gemäß [Harris (1974)] zeigten Experimente mit dieser Idee am Beispiel des „*Traveling Salesman Problem*" recht gute Resultate im Hinblick auf den Aufwand der Suche. Es soll jedoch besonders darauf hingewiesen werden, daß bei diesen

Experimenten das Ausmaß des möglichen Überschätzens in Abhängigkeit von der Tiefe des zu bewertenden Knotens gesteuert wurde.

Genau genommen wird den üblichen Fehlern der h-Funktionen (zu starkes Unterschätzen) bei Schätzung größerer Distanzen gegengesteuert, und zwar in Abhängigkeit von diesen Distanzen (die wiederum mit der Tiefe eines Knotens in Verbindung stehen). Laut [Harris (1974)] ist ein solches Vorgehen insbesondere beim Lösen größerer **Probleme** extrem nützlich. (Es wurden „*Traveling Salesman Problems*" mit 11 bzw. 20 Städten untersucht.) Man kann sogar vermuten, daß hauptsächlich dieser Mechanismus und viel weniger das Überschätzen an sich für die guten Resultate verantwortlich ist.

In diesem Sinn ist der Ansatz sehr ähnlich dem von [Pohl (1973)]: Im Gegensatz zur Konstanten w in f_w wird in Abhängigkeit von der Tiefe eines Knotens eine *Funktion* $w(n)$ vorgeschlagen. Konkret wird hier allerdings die Form $f(n) = g(n) + w(n)h(n)$ verwendet. Man kann sich leicht überlegen, daß diese Form für konstantes w mit der von f_w äquivalent ist (einfache arithmetische Umformung). Bei *dynamischer Gewichtung* (englisch: dynamic weighting) jedoch ergeben sich verschiedene Charakteristika. Diese beeinflußt sowohl die Relation zwischen g und h als auch den Wert der jeweiligen Kombination (und somit den f-Wert).

Die Formel für $w(n)$ ist so gewählt, daß unter der Annahme optimistischer Schätzungen durch h eine Schranke für die Kosten der **Lösung** angegeben werden kann. Leider ist dafür *a priori* die Kenntnis der Länge einer **optimalen Lösung** oder zumindest einer guten oberen Schranke davon erforderlich. Außerdem nimmt $w(n)$ bei zunehmender Tiefe von n ab, d. h. der Einfluß von h wird geringer. Die Genauigkeit der Schätzungen durch h nimmt jedoch überlicherweise mit geringerer Distanz zu einem *Ziel* zu. Sollte also nicht umgekehrt der Einfluß von h zunehmen?

Zusätzlich scheint es umso mehr gerechtfertigt zu sein, die Suche eher in die Tiefe als in die Breite zu steuern, je genauer die Schätzungen sind. (Wie wir bereits erörtert haben, ist eine Funktion $f = h$ vor allem bei „schlechtem" h sehr gefährlich.) Wenn $w(n)$ für die tieferen Nachfolgerknoten kleiner ist, ist auch deren f-Wert tendenziell kleiner, wodurch die tieferen Knoten jeweils bevorzugt werden. Aus dieser Sicht erfüllt diese Funktion die intuitiven Vorstellungen.

Nach [Field *et al.* (1984)] ist nur die dritte grundsätzliche Variante der gerichteten Kombination mit *beiden* intuitiven Überlegungen vereinbar: $f(n) = w(n)g(n) + h(n)$. Bei dieser Form und bei

Abnahme von $w(n)$ mit zunehmender Tiefe nehmen sowohl der Einfluß von h als auch die Steuerung in die Tiefe zu. Der wesentliche Grund für die im Vergleich zu **A*** (im Hinblick auf den Such-Aufwand) recht guten Resultate mit dem „*Traveling Salesman Problem*" in [Pohl (1973)] dürfte ähnlich wie bei [Harris (1974)] vor allem in der Kompensation der größeren Fehler von h bei den größeren Distanzen zu suchen sein.

Eine andere in [Field *et al.* (1984)] vorgeschlagene Idee kann folgendermaßen skizziert werden: Nicht nur g und h sollen in die **Bewertungsfunktion** einfließen, sondern auch die *Veränderungen* des h-Werts im Vergleich zum Elternknoten. Eine konkrete Realisierungsmöglichkeit mittels der zuletzt angegebenen Form für $f(n)$ wird wie folgt vorgeschlagen: Falls der h-Wert im Vergleich zum Elternknoten kleiner wird, sei $w(n) = 1$, ansonsten $w(n) = 0$. Somit ist es eine Kombination der Funktionen $f = g + h$ (von **A***) und $f \equiv h$ in Abhängigkeit der unmittelbaren Veränderung von h. Es wird berichtet, daß damit im Schnitt etwas weniger Knoten **expandiert** wurden als entweder durch **A*** oder mit $f \equiv h$ (am Beispiel des *15-Puzzle*).

Ganz allgemein stellt sich die Frage, ob nicht anderes oder zumindest zusätzliches **heuristisches** *Wissen* einfließen soll, wenn die Kosten der Suche und nicht primär die Kosten der **Lösung** optimiert werden sollen. Schließlich ist h eine Schätzung von h^*, den Kosten eines optimalen Pfades. Obwohl in bestimmten Fällen diese Schätzungen auch im Hinblick auf den Aufwand für die Suche nützlich sein können, sind doch zumindest fallweise Kriterien angebbar, die diesen besser schätzen. Als sehr einfaches Beispiel wurde von [Pearl & Kim (1982)] für das „*Traveling Salesman Problem*" die Anzahl noch nicht besuchter Städte benutzt.

Die Verwendung einer solchen **heuristischen** Funktion h_F im Rahmen eines Verfahrens mit der Bezeichnung $\mathbf{A}^*_\varepsilon$ kann folgendermaßen skizziert werden: Zusätzlich zu OPEN wird eine Liste namens FOCAL verwaltet. Diese enthält alle jene Knoten von OPEN, die vom kleinsten f-Wert nicht mehr als um den Faktor $1 + \varepsilon$ abweichen. Von diesen wird dann derjenige mit kleinstem Wert von h_F ausgewählt.

Man kann zeigen, daß die Kosten einer von $\mathbf{A}^*_\varepsilon$ gefundenen **Lösung** die einer **optimalen** nicht mehr als um den Faktor $1 + \varepsilon$ überschreiten. Eine solche Beschränkung ist analog zu der bei dynamischer Gewichtung gemäß [Pohl (1973)]. Ein Vergleich dieser beiden

Verfahren hinsichtlich des Such-Aufwands am Beispiel „*Traveling Salesman Problem*" zeigte laut [Pearl & Kim (1982)] ein ähnliches Verhalten mit leichtem Vorteil für A_ε^*.

Ein weiterer Ansatz geht in die Richtung, nicht für alle Knoten strikte Forderungen an die h-Werte zu stellen. Die Behandlung solcher Fälle, in denen *fallweise Überschätzungen* auftreten können, wird von [Pearl & Kim (1982)] mittels Wahrscheinlichkeitsüberlegungen vorgeschlagen und theoretisch untersucht. Das zusätzlich erforderliche *Wissen* über die Unsicherheiten beim Schätzen von h^* wird in Form von Dichtefunktionen für Wahrscheinlichkeiten ausgedrückt. Im übrigen kann dieser Ansatz mit dem von A_ε^* kombiniert werden, um auch hier Bezüge zum geschätzten Aufwand der Suche einfließen zu lassen. Eine nähere Beschreibung dieser Ansätze findet der interessierte Leser im zitierten Artikel bzw. [Pearl (1984)].

Die Untersuchung der Aufgabenstellung, *irgendeine* **Lösung** mit minimalem Aufwand zu finden, basiert in [Simon & Kadane (1975)] auf einem Modell mit Wahrscheinlichkeiten. Da die Kosten der **Lösung** hier keine Bedeutung haben, werden auch Funktionen wie g und h nicht verwendet. Hingegen sind Schätzungen von Interesse, wie „aussichtsreich" die Suche in eine bestimmte Richtung ist, überhaupt eine **Lösung** zu finden. Eine erwartungsgemäß lange Suche mit hoher Erfolgswahrscheinlichkeit kann hier ebenso gut eingeschätzt werden wie eine möglicherweise kurze Suche mit einer hohen Wahrscheinlichkeit, in eine „Sackgasse" ohne **Lösung** zu geraten.

2.5.12 Allgemeine Funktionen für Kosten und Bewertungen

Wir haben bisher ausschließlich den Fall von *Summenkosten eines Pfades* behandelt. Dieser ist auch der in der Literatur am meisten untersuchte. Wie bereits erwähnt wurde, sind natürlich andere Funktionen denkbar, durch die sich die Kosten eines Pfades aus denen der ihn bildenden Kanten errechnen: etwa Maximum, Produkt, Median etc. Grundsätzlich muß diese Funktion möglichst gut die Erfordernisse der behandelten Domäne modellieren. (Addition ist für viele Anwendungen geeignet.) Der allgemeine Fall einer *beliebigen Funktion für die Pfadkosten* wird in [Dechter & Pearl (1985)] theoretisch anhand eines Verfahrens mit dem Namen **BF*** („best-first") behandelt. Dieses paßt in das Schema unserer Prozedur GRAPH-SEARCH, verwaltet jedoch analog zur alternativen Formulierung von **A*** (etwa in [Nilsson (1971)]) nur einen Such-Baum **T**.

Zusätzlich ist die Form einer **Bewertungsfunktion** zur Verwendung in **BF*** folgendermaßen verallgemeinert: $f(Start, n_1, \ldots, n)$ ist eine beliebige Funktion der verfügbaren Information auf dem Pfad $P = (Start, n_1, \ldots, n)$. Somit umfaßt sie auch für den Fall von Summenkosten beliebige (etwa auch nicht-lineare) Funktionen $f(g, h)$. Hier gibt es allerdings einen interessanten Aspekt im Zusammenhang mit dem Baum **T** zu erwähnen. Dieser beinhaltet ja nur diejenigen Pfade von $\mathbf{G_e}$ mit den jeweils geringsten Kosten. Bei der sehr allgemeinen Form für die **Bewertungsfunktion** sind auch solche erlaubt, die in diesem Zusammenhang ein ungünstiges Verhalten zeigen. Nehmen wir z. B. eine Funktion $f(P)$ an, die jeweils die Differenz zwischen den höchsten und den niedrigsten Kosten der Kanten auf dem Pfad P liefert. (Die Berechnung der *tatsächlichen Kosten* eines **Lösungs-Pfades** kann sich im allgemeinen durchaus auch von derjenigen der *geschätzten* durch die **Bewertungsfunktion** unterscheiden.) Man kann sich leicht überlegen, daß bei Anwendung dieser Funktion folgendes möglich ist: Die Verlängerung eines Pfades P_1 in **T** durch einen Pfad P_3 ergibt $f(P_1 P_3) > f(P_2 P_3)$, obwohl P_2 nicht besser bewertet wurde als P_1 (sonst wäre P_2 in **T**). **BF*** hat deshalb P_2 bereits „vergessen" und kann folglich nicht mehr erkennen, daß $P_2 P_3$ ein besser eingeschätzter Pfad ist als $P_1 P_3$.

Dies führt zur Formulierung einer Eigenschaft für **Bewertungsfunktionen** mit der Bezeichnung „*order-preserving*": f erfüllt sie, wenn für beliebige Pfade P_1 und P_2 vom *Start* zum gleichen Knoten n und für eine beliebige Erweiterung dieser Pfade von n aus mittels eines Pfades P_3 folgendes gilt:

$$f(P_1) \geq f(P_2) \Rightarrow f(P_1 P_3) \geq f(P_2 P_3)$$

Diese Eigenschaft ist grundsätzlich gleichbedeutend mit dem „principle of optimality" der *Dynamischen Optimierung* [Dreyfus & Law (1977)]. Immer dann, wenn ein Pfad bis zu einem Knoten als besser oder zumindest gleich gut wie alle anderen zu diesem führenden und bisher untersuchten eingeschätzt wurde, so können spätere Erweiterungen der Pfade von diesem Knoten aus diese Einschätzung nicht mehr revidieren. Somit ist bei Erfüllung dieser Eigenschaft das bloße Mitführen des bisher best-bewerteten Elternknotens in **T** durch **BF*** unproblematisch. Die Funktionen Summe (**A***), Maximum und Produkt etwa sind „order-preserving".

Die theoretische Behandlung von **BF*** in [Dechter & Pearl

(1985)] setzt diese Eigenschaft für die **Bewertungsfunktion** als Annahme voraus (zur Vereinfachung). Es wird jedoch auf ein Verfahren namens **GBF*** („general best-first") in [Pearl (1984)] verwiesen, das *alle* gefundenen Pfade zu jedem Knoten verwaltet (in Entsprechung des Graphen G_e). Die Resultate gelten auch für **Bewertungsfunktionen**, die *nicht* „order-preserving" sind, wenn dieses Verfahren verwendet wird.

Diese Resultate verallgemeinern die Theorie bezüglich **A*** sowohl im Hinblick auf die allgemeineren Funktionen für die Kosten als auch für die Bewertungen. Eine umfassende Behandlung dieser allgemeinen Theorie würde den Rahmen des vorliegenden Buches sprengen. Näheres findet der interessierte Leser im zitierten Artikel bzw. [Pearl (1984)]. Wir wollen im folgenden nur kurz Beziehungen zu einigen der bereits erörterten Aussagen (insbesondere über **A***) herstellen.

So etwa wird als Verallgemeinerung von Lemma 2.3 nachgewiesen, daß **BF*** (unter entsprechenden Bedingungen) mit einer **Lösung** terminiert. Für die Verallgemeinerung von Theorem 2.1 ist zusätzlich zu einer allgemeineren Eigenschaft als **zulässig** (Definition 2.3) auch die Annahme einer geeigneten Beziehung zwischen der Funktion für die Kosten eines Pfades und der **Bewertungsfunktion** erforderlich: Für beliebige **Lösungs-Pfade** P und Q, wobei die Kosten von P größer als die von Q seien, folgt $f(P) > f(Q)$.

Es ist recht interessant, daß diese Verallgemeinerung auch Resultate bezüglich **gewichteter Bewertungsfunktionen** umfaßt: Das Intervall $[0, \frac{1}{2}]$ für w im Sinne eines **zulässigen** Verfahrens kann auch aus dieser Theorie abgeleitet werden. Auch der Faktor $1 + \varepsilon$ für das maximale Überschreiten einer **optimalen Lösung** durch das Verfahren mit *dynamischer Gewichtung* gemäß [Pohl (1973)] läßt sich daraus ermitteln.

Bedingungen für das **Expandieren** eines Knotens durch **BF*** (als Verallgemeinerung der Theoreme 2.6 und 2.7) lassen sich ebenfalls angeben. Diese sind für eine probabilistische Analyse der durchschnittlichen Komplexität von Bedeutung, für allgemeine Graphen jedoch ziemlich komplex. Deshalb ist es hier zur Vereinfachung sinnvoll, sich auf Bäume zu beschränken.

2.5.13 Ist A* optimal?

In [Hart *et al.* (1968)] wurde aufbauend auf ein Resultat entsprechend Theorem 2.2 eine Optimalitätsaussage über **A*** im Hinblick auf die Anzahl **expandierter** Knoten gemacht. Daraufhin wurde etwa in [Nilsson (1971)] und dem „Handbook of AI" [Barr & Feigenbaum (1981), Vol. I] die „Optimalität von **A***" als gegebene Tatsache hingestellt. Letztlich besagt Theorem 2.2 aber nur, daß gewisse Versionen von **A*** „besser" sind als andere – in Abhängigkeit von den jeweils verwendeten h-Komponenten. Könnte es nicht gänzlich andere Verfahren geben, die die zur Verfügung stehende Information besser nützen? Diese Frage wurde ansatzmäßig in [Gelperin (1977)] und ziemlich umfassend in [Dechter & Pearl (1985)] theoretisch untersucht. Wir werden im folgenden die wichtigsten Resultate dieser Untersuchungen und deren Voraussetzungen skizzieren.

Grundsätzlich sollen Verfahren verglichen werden, die *„gleich informiert"* sind: Jedem steht die gleiche Funktion $h(n)$ zur Verfügung. Die Verwendung dieser Information sei jedoch freigestellt. So etwa sind bei **BF*** auch andere Verknüpfungen als die Addition gestattet. Auch muß die im explizit aufgebauten Teil des Graphen enthaltene Information nicht unbedingt in $g(n)$ zusammengefaßt werden. Außerdem kann ein Verfahren auch andere Teile von **G** untersuchen als **A*** und dadurch möglicherweise in den von **A*** untersuchten Teilen viele andere Knoten gegenüber **A*** einsparen.

Jedoch ist der Vergleich sinnvollerweise auf solche Klassen von Verfahren beschränkt, die vergleichbare **Lösungen** finden. So etwa soll bei optimistischen Schätzungen nicht nur **A*** (gemäß Theorem 2.1), sondern auch das konkurrierende Verfahren **optimale Lösungen** garantieren. (Eine Unterscheidung zwischen solchen Klassen ist folgendermaßen gegeben: je nachdem, ob das konkurrierende Verfahren auch dann eine **optimale Lösung** finden muß, wenn **A*** sie trotz $h > h^*$ findet.) Außerdem sollen sie ebenfalls Knoten **expandieren**, und zwar nur solche, die bereits **generiert** wurden (mit Ausnahme von *Start*, wo die Suche begonnen wird). Somit ist etwa **„bidirectional search"** ausgeschlossen. Da **A*** auf den Fall von Summenkosten beschränkt ist, sind dies sinnvollerweise auch die verglichenen Verfahren.

Die „Optimalität" eines Verfahrens basiert auf dem Konzept der „Dominanz" (wie in Theorem 2.2): Ein Verfahren A *„dominiert"* ein Verfahren B bezüglich einer Menge von **Problem**-Instanzen genau dann, wenn für *alle* Instanzen *alle* von A **expandierten** Knoten auch von B **expandiert** werden. Diese Anforderung ist ziemlich streng, kann allerdings ohne Einbeziehung von Wahrscheinlichkeiten kaum auf eine schwächere bezüglich der Anzahl von Knoten reduziert werden.

Allgemeiner geht es um die „Optimalität gegenüber einer ganzen Klasse von Verfahren": Diese sei genau dann gegeben, wenn *alle* Elemente dieser Klasse „dominiert" werden. Letztlich wird ein Spektrum von vier verschiedenen „Typen von Optimalität" definiert. Dieses bezieht auch die für **A*** in SELECT-ELEM offen gelassene Entscheidung darüber ein, welcher Knoten von mehreren mit minimalem Wert in OPEN selektiert werden soll. Der Typ mit der stärksten Optimalitätsaussage setzt voraus, daß *alle* solche Entscheidungs-Regeln „Dominanz" ergeben.

Es soll noch besonders darauf hingewiesen werden, daß „Dominanz" bezüglich einer *Menge* von **Problem**-Instanzen definiert ist. Die untersuchten Domänen unterscheiden sich primär durch die Eigenschaft von $h(n)$. Alle setzen optimistische Schätzungen – also $h(n) \leq h^*(n)$ für alle $n \in$ **G** – voraus. Als Teilmenge davon werden jene mit **konsistentem** h untersucht (vergleiche Theorem 2.4). Zusätzlich wird danach unterschieden, ob es *zumindest einen* **optimalen Lösungs-Pfad** gibt mit $h < h^*$ für alle Knoten mit Ausnahme des *Ziels*. Dies ist insofern von Interesse, da es folgende Konsequenz hat (siehe auch Theorem 2.7): Die von **A*** *sicher* **expandierten** Knoten (unabhängig von der Auswahl gleichbewerteter Knoten in SELECT-ELEM) sind auch tatsächlich *alle* **expandierten**. Durch diese beiden Unterscheidungen ergeben sich vier untersuchte Domänen, wobei in allen **A* zulässig** ist.

In dem eben skizzierten Kontext ist in [Dechter & Pearl (1985)] eine Vielzahl bewiesener Resultate zu finden, die dort auch als Optimalitätsaussagen über **A*** und die Modifikation **A**** interpretiert werden. Wir werden uns im folgenden auf eine Zusammenfassung der wichtigsten Aussagen beschränken.

Im Gegensatz zur Argumentation in [Hart *et al.* (1968)] gibt es für den allgemeinen Fall optimistischer Schätzungen sehr wohl Verfahren, die in bestimmten Graphen *nicht* alle von **A*** (mit gleicher Funktion $h(n)$) untersuchten Knoten ebenfalls untersuchen müssen. Dies kann dadurch verursacht werden, daß das konkurrierende Verfahren einen Teil des Graphen früher untersucht als **A*** und aufgrund der dort gefundenen Information beliebig viele von **A*** noch untersuchte Knoten weglassen kann. Das bedeutet jedoch nicht, daß es ein allgemein viel „besseres" Verfahren gibt, sondern daß auf die jeweiligen Eigenheiten von Graphen speziell abgestimmte Verfahren existieren. Das ausgehend von **A*** modifizierte Verfahren **A**** ist in einem „schwachen" Sinn optimal bezüglich der allgemeinen Domäne optimistischer Schätzungen und somit etwas „robuster" gegenüber dem beschriebenen Phänomen. Ein in „stärkerem" Sinn optimales Verfahren existiert hier jedoch überhaupt nicht.

Im Vergleich zu den **zulässigen BF***-Verfahren (für Summenkosten) zeigt sich folgendes: Die Addition von g und h ist die optimale Art der Kombination, da **BF*** keinem Knoten einen größeren Wert als $g + h$ zuweisen kann, wenn das Verfahren **zulässig** sein soll. Im übrigen stellt $g(n)$ eine ausreichende Zusammenfassung der entlang des Pfades von *Start* nach n gefundenen Information dar.

Die stärksten Optimalitätsaussagen über **A*** sind bezüglich der Domäne mit **konsistentem** h möglich. Hier lassen sich Resultate beweisen, die für *alle* **Problem**-Instanzen die „Dominanz" für *alle* Knoten garantieren. Wenn es auch noch zumindest einen **optimalen Lösungs-Pfad** mit der strikten Unterschätzung von h^* gibt (für jede Instanz), so gelten diese Aussagen sogar für *alle* Entscheidungs-Regeln bezüglich gleichbewerteter Knoten.

Wenn man sich zusätzlich noch die günstige Konsequenz von **konsistenten** h-Funktionen für die Verwaltung von **T** vor Augen führt (siehe Theorem 2.5), so kann man in dieser Domäne durchaus davon sprechen, daß **A*** hier sehr effektiv ist. Dies ist pragmatisch betrachtet von großem Interesse, wenn wir uns daran erinnern, daß die durch *vereinfachte Modelle* gefundenen Schätzungen, und somit auch die meisten von Menschen entwickelten, **konsistent** sind.

Für *nicht*-**konsistente** Funktionen weisen diese Resultate auf Verbesserungen durch die entsprechenden Modifikationen von **A*** – insbesondere auf **A**** – hin. Es soll aber noch einmal betont werden, daß diese Untersuchungen nur für $h \leq h^*$ gelten und somit für Schätzungen, die dies nicht (immer) erfüllen, keinerlei Aussagen über „Optimalität" machen.

2.5.14 „Best-First Search" in UND/ODER-Graphen

In Unterkapitel 2.1 haben wir bereits anhand von Prozedur 2.3 (GENERAL-GRAPH-SEARCH) ein allgemeines Schema für die Suche in **UND/ODER-Graphen** erörtert. Dabei wurden auch die wichtigsten Unterschiede im Vergleich zur Suche in **ODER-Graphen** erwähnt. Nachdem wir konkrete Verfahren für „best-first search" von **ODER-Graphen** – insbesondere **A*** – behandelt haben, wollen wir auch ein zu **A*** analoges namens **AO*** für **UND/ODER-Graphen** skizzieren.

Leider gibt es verschiedene Versionen von **AO*** in der Literatur: Während [Pearl (1984)] nur *rekursive* Berechnungen als Kriterium nimmt, setzen [Martelli & Montanari (1978), Algorithm HS] und darauf aufbauend [Nilsson (1980)] *monotone* (konsistente) Schätzungen voraus. Dies ist als analoge Eigenschaft zu der in Definition 2.5 (für **ODER-Graphen**) definiert, indem statt der Kosten von Kanten die von **Konnektoren** und die Schätzungen *aller* Knoten, zu denen der jeweilige **Konnektor** führt, einbezogen werden. Analog zu Theorem 2.4 impliziert diese Eigenschaft optimistische Schätzungen. Unter Ausnützung dieser Eigenschaften (und der Annahme von Azyklizität der Graphen) wird sowohl eine spezielle Vorgangsweise für BERECHNE (G_e, G') als auch eine etwas andere Struktur als in unserer Prozedur 2.3 angegeben.

Wir wollen im folgenden gar nicht auf die Details der jeweiligen Version eingehen, sondern anhand eines einfachen Beispiels das grundsätzliche Vorgehen illustrieren. Dabei sei GENERAL-GRAPH-SEARCH als Schema mit den folgenden Zusatzangaben gewählt: Wir nehmen an, daß eine **Bewertungsfunktion** Schätzungen h für Knoten in OPEN zur Verfügung stellt (etwa so wie in Beispiel 2.1 für das 8-Puzzle). Diese Werte werden additiv mit den Kosten der Kanten verknüpft, sodaß sich für die **partiellen Lösungs-Graphen G_p** Bewertungen ergeben. Die Auswahl eines Knotens aus dem Durchschnitt von OPEN und G' soll so erfolgen, daß derjenige mit *größtem h*-Wert selektiert wird. Wie bereits erwähnt wurde, sollte möglichst früh zu einem anderen **vielversprechendsten partiellen Lösungs-Graphen G'** gewechselt werden, wenn dies überhaupt erforderlich ist. Genau genommen wäre hier Information über die *Unsicherheit der Bewertungen* erforderlich. Auch Schätzungen darüber wären nützlich, wie wahrscheinlich es ist, daß ein Knoten **„unsolvable"** ist, und mit welchem Aufwand dies herausgefunden werden kann. Mangels solcher Informationen kann nur die Größe des h-Werts verwendet werden: Wenn man annimmt, daß die Fehler dazu proportional sind, sind die größten Werte am unsichersten. Somit kann durch die **Expansion** solcher Knoten am ehesten herausgefunden werden, ob eine Änderung in G' erfolgen muß.

Beispiel 2.3:

Zu Beginn wird *Start* **expandiert**, woraus sich der Graph in Abb. 2.11(a) ergibt. (Dies ist rein willkürlich für Demonstrationszwecke so angenommen.) Der mit fetten Linien gekennzeichnete

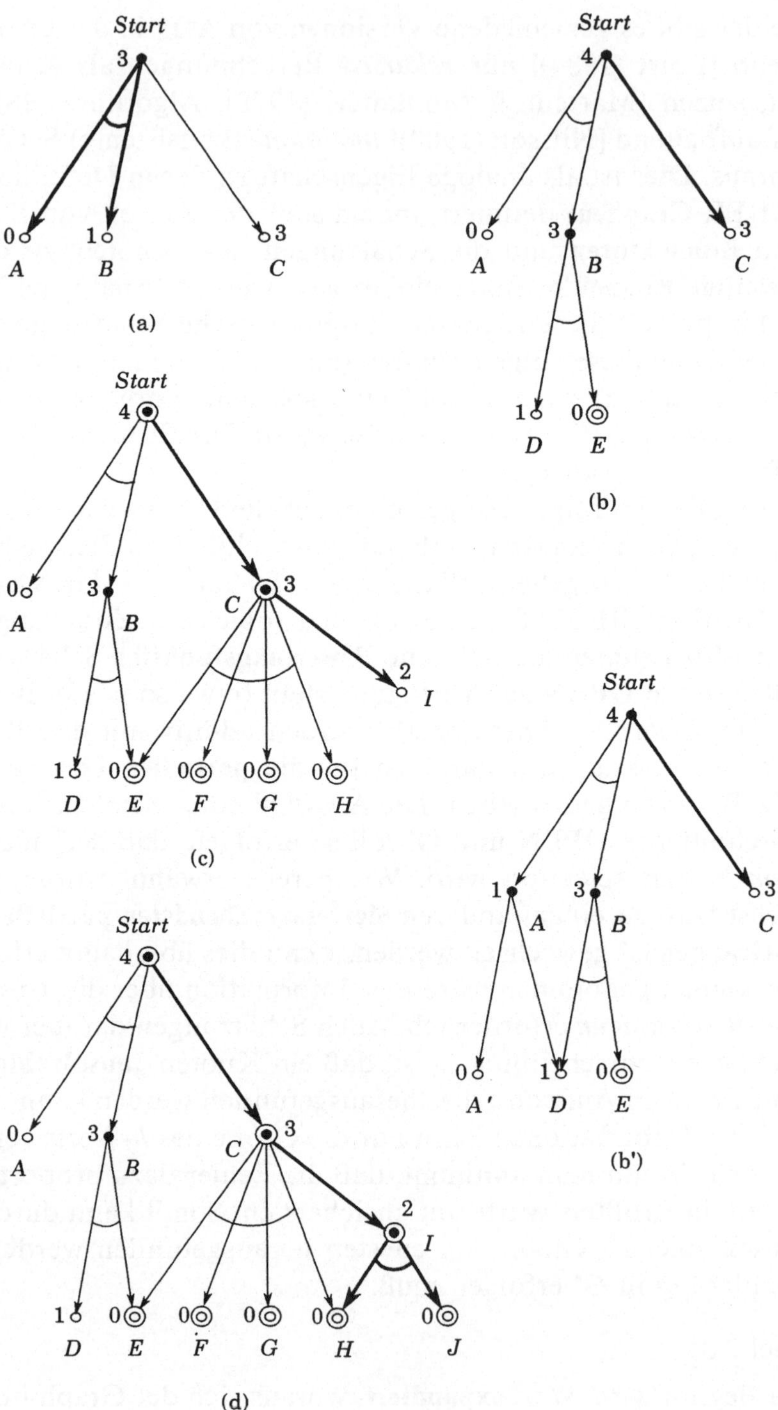

Abb. 2.11

Konnektor zu den Knoten A (mit $h = 0$) und B (mit $h = 1$) wird mit 3 bewertet ($1 + 0 + 1 + 1$ wegen Annahme von Einheitskosten). Somit bildet er **G'**, da die Alternative nach C den Wert 4 erhält ($1 + 3$). Im Durchschnitt von OPEN und **G'** befinden sich A und B, von denen B wegen des höheren h-Werts selektiert wird. Die **Expansion** von B ergibt Abb. 2.11(b).

Der Knoten E erfüllt die *Endebedingung*. Jedoch ergibt sich für diese Alternative nunmehr ein Wert von 5, weshalb ein Wechsel von **G'** erfolgt. Die **Expansion** von C – der als einziger in Frage kommt – bringt den Graphen in Abb. 2.11(c) als Ergebnis mit sich.

Da E, F, G und H die *Endebedingung* erfüllen und somit (laut Definition 2.4) **„solved"** sind, kann daraus berechnet werden, daß C und damit auch *Start* **„solved"** sind. Könnte dies nicht zur Terminierung mit einer *nicht*-**optimalen Lösung** führen? Aufgrund der vorliegenden Bewertungen ist jedoch I in **G'**, weshalb ENDEBEDINGUNG (**G'**) *nicht* „true" liefert. (In dem in [Martelli & Montanari (1978)] und [Nilsson (1980)] beschriebenen Verfahren kann problemlos abgefragt werden, ob *Start* als **„solved"** gekennzeichnet ist, da die entsprechende Kennzeichnung in einer solchen Situation aufgrund des angegebenen Rückrechnungsverfahrens noch gar nicht erfolgt sein kann.)

Die **Expansion** des als einzigen in Frage kommenden Knotens I ergibt Abb. 2.11(d). Hier ist *Start* mit dem (fett eingezeichneten) **G'** **„solved"**, weshalb das Verfahren mit diesem als **Lösungs-Graphen** terminiert.

Hinsichtlich theoretischer Eigenschaften wurde die Suche in **UND/ODER-Graphen** noch nicht so umfassend untersucht wie die in **ODER-Graphen**. Einige Resultate in analoger Richtung findet der interessierte Leser in [Mahanti & Bagchi (1985)] und in [Chakrabarti *et al.* (1988)].

Ein anderer Ansatz für die Suche in **UND/ODER-Graphen** ist der folgende: Indem die **Konnektoren** als eine Art „Hyper-Kanten" von **ODER-Graphen** betrachtet werden, wird die gesamte Problematik auf die von **ODER-Graphen** zurückgeführt. (Wir haben auf diese Entsprechungen bereits in Unterkapitel 1.3 hingewiesen.) [Chang & Slagle (1971)] beschreiben eine Modifikation von **A***, die aufbauend auf dieser Idee **UND/ODER-Graphen** behandelt. Sie unterscheidet sich von **A*** insbesondere dadurch, daß nicht einzelne Knoten, sondern ganze Teile des **UND/ODER-Graphen** auf einmal **expandiert** werden. Das folgende Beispiel soll das Vorgehen in Entsprechung zu Beispiel 2.3 illustrieren, an dem wir zuvor **AO*** demonstriert haben.

Beispiel 2.4:

Abb. 2.12(a) zeigt einen Graphen, der sich nach **Expansion** von *Start* ergibt (in Entsprechung zu dem in Abb. 2.11(a)). Die Schreibweise AB soll zum Ausdruck bringen, daß im entsprechenden **UND/ODER-Graphen** (der ja damit indirekt behandelt wird) die Knoten A *und* B „**solved**" werden müßten. Die „Hyper-Kante" von *Start* nach AB entspricht also dem **Konnektor**, der von *Start* aus zu den Knoten A *und* B führt. Diese werden nun *auf einmal* **expandiert**, während im Beispiel 2.3 *nur B* **expandiert** wurde. Nehmen wir an, daß von A zwei Kanten ausgehen, wie dies Abb. 2.11(b') zeigt. Der entsprechende **ODER-Graph** ist in Abb. 2.12(b) abgebildet. Die resultierenden Knotenbezeichnungen entstehen durch eine Art „Ausmultiplizieren" (Distributivgesetz):

$$(A' \vee D) \mathbin{\&} (D \mathbin{\&} E) = (A' \mathbin{\&} (D \mathbin{\&} E)) \vee (D \mathbin{\&} (D \mathbin{\&} E))$$

In Abb. 2.12(c) und (d) ist das weitere Vorgehen dargestellt. Diese **ODER-Graphen** entsprechen soweit den **UND/ODER-Graphen** in Abb. 2.11(c) und (d), jedoch muß man sich dort analog zu Abb. 2.11(b') noch den Knoten A' und die beiden zusätzlichen Kanten als Ergänzung vorstellen.

Grundsätzlich könnte man also die Behandlung **zerlegbarer Produktionssysteme** – und aus Gründen der im Unterkapitel 1.4 erörterten Dualitätsbeziehung auch die der **kommutativen** – auf die der **gewöhnlichen** zurückführen. Jedoch scheinen durch eine solche Behandlung einige der Vorteile dieser speziellen Darstellungsformen verlorenzugehen. (Es könnte ja durch zusätzliche **Expansionen** (wie etwa von A in unserem Beispiel) sehr viel an Zusatzaufwand entstehen.)

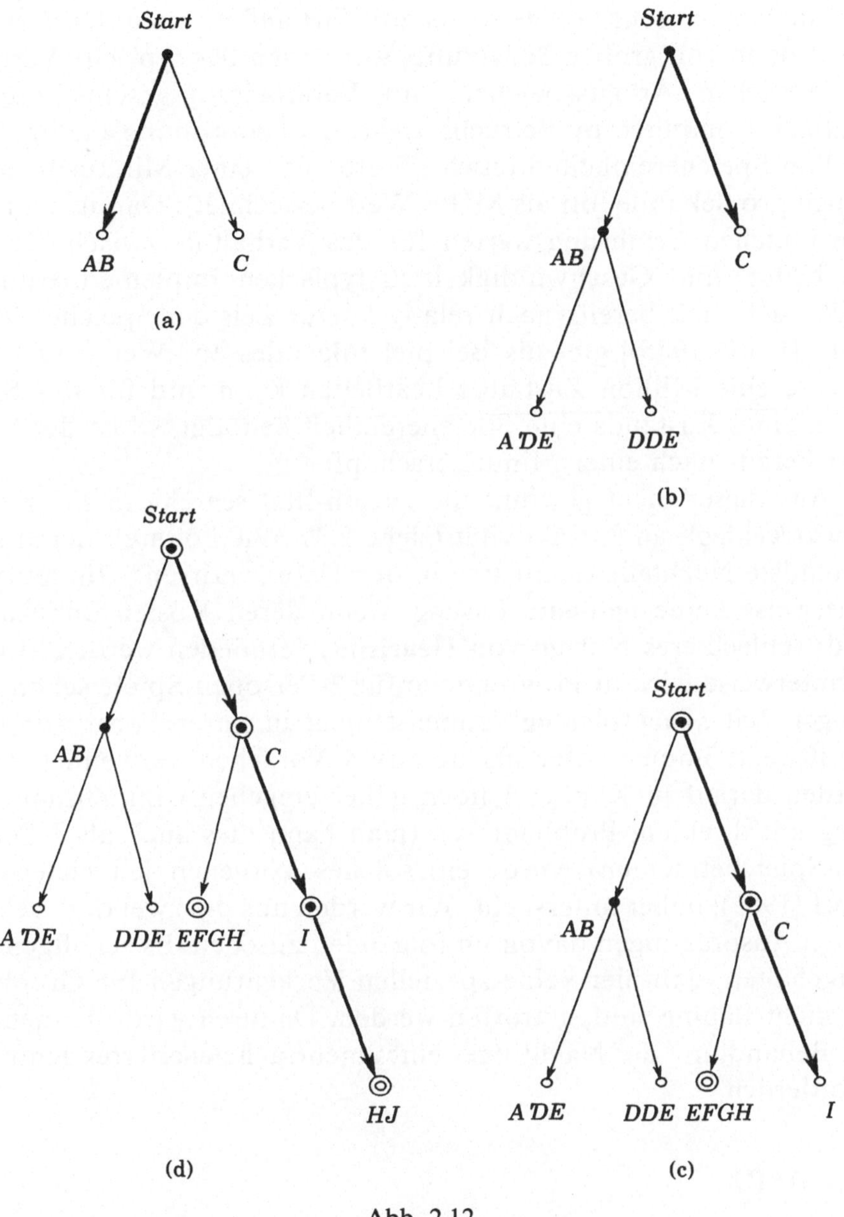

Abb. 2.12

2.6 „Depth-First Iterative-Deepening"

Insbesondere als geeigneter Rahmen für die Verwendung von **Heuristik** wurde die **„best-first search"** vielfach untersucht. Aus pragmatischer Sicht haben solche Verfahren jedoch den großen

Nachteil, einen sehr hohen Speicherbedarf aufzuweisen. Dies ist vor allem dann von großer Bedeutung, wenn man das typische Verhältnis zwischen Arbeitsspeicher und Verarbeitungsgeschwindigkeit heutiger Computer in Betracht zieht: größenordnungsmäßig eine Million Speichereinheiten (etwa „Worte") zu einer Million Instruktionen pro Sekunde (oft als MIPS-Wert bezeichnet). Daraus und aus den üblichen Erfahrungswerten für das Verhältnis zwischen Speicherbedarf und Geschwindigkeit in typischen Implementierungen ergibt sich, daß bereits nach relativ kurzer Zeit der Speicher überläuft. [Korf (1985)] gibt als Beispiel folgendes an: Wenn man pro Minute eine Million Zustände bearbeiten kann und für das Speichern eines Zustands eine Speichereinheit benötigt, so ist der Speicher bereits nach einer Minute erschöpft.

Aus dieser Sicht gewinnt die „**depth-first search**" in Form von „**backtracking**" an Attraktivität (siehe 2.4). Wie könnten deren gravierendste Nachteile (kann sich in der Tiefe „verirren"; findet typischerweise keine **optimale Lösung**, wenn deren Kosten unbekannt sind; schlechteres Nutzen von **Heuristik**) vermieden werden? Interessanterweise wird in Programmen für 2-Personen-Spiele schon seit einiger Zeit „**backtracking**" zumeist nicht in purer Form, sondern schrittweise immer tiefer als iteratives Vorgehen verwendet. (Wir werden darauf in Kapitel 3 noch näher eingehen.) Im Zusammenhang mit direktem Problemlösen (man kann dies auch als 1-Personen-Spiel betrachten) wurde ein solches Vorgehen jedoch erst in [Korf (1985)] näher untersucht. Wir werden uns die zwei dort behandelten Ausprägungen davon im folgenden ansehen. Es sei allgemein festgehalten, daß hier keine speziellen Vorkehrungen für Graphen, die nicht Bäume sind, getroffen werden. Dadurch wird die mehrfache Behandlung der Nachfolger eines mehrfach **generierten** Knotens erforderlich.

2.6.1 DFID

Als erstes wollen wir ein Verfahren behandeln, das sich direkt auf BACKTRACK (Prozedur 2.4) aufbauend beschreiben läßt. **DFID** („depth-first iterative-deepening") in Prozedur 2.5 zeigt das Schema (wiederum ohne „Details"). In einer Schleife (LOOP) wird ausgehend von einer Anfangstiefe (hier 1) immer tiefer gesucht (hier mit einer Schrittweite von 1), wobei jede einzelne Iteration eine eigene Suche mittels BACKTRACK zur jeweiligen Tiefe (DEPTH)

```
fct DFID (NODE, MAXDEPTH) : bool;

    LOOP:
    for DEPTH := 1 to MAXDEPTH do
        B := BACKTRACK (NODE, DEPTH);
        if B then
            exit LOOP;
        end if;
    end for LOOP;
    DFID := B;
end fct DFID;


LÖSUNG := DFID (START, MAXDEPTH);
```

Prozedur 2.5

umfaßt. Falls in einer Iteration bereits eine **Lösung** gefunden werden konnte, wird diese Schleife verlassen.

In gewisser Hinsicht kann man sich ein solches Vorgehen als eine günstige Mischung von „**breadth-first search**" und „**depth-first search**" vorstellen. Ebenso wie die erstere behandelt **DFID** zuerst alle Knoten bis zu einer gewissen Tiefe, bevor in einem nächsten Schritt zu den nächsttieferen gegangen wird. Doch anstatt einen Großteil des Graphen zu speichern, wird er mittels „**backtracking**" immer wieder neu durchsucht. Dadurch vermeidet **DFID** den Nachteil des hohen Speicherbedarfs. Es sollte ebenso wie bei der „**breadth-first search**" klar sein, daß **DFID** eine **Lösung** mit *minimaler Länge* findet (eine **optimale**, wenn Einheitskosten vorliegen). Somit vermeidet **DFID** den Nachteil von „**backtracking**", wo diese Länge *a priori* bekannt sein müßte, um dies garantieren zu können. Das immer wieder neue Durchsuchen von Teilen des Graphen stellt jedoch andererseits einen gewissen Mehraufwand dar. Ist ein solches Vorgehen nicht extrem ineffizient?

Eine Untersuchung der *asymptotischen Komplexität* des *Zeitbedarfs* von **DFID** für Bäume und „blinde" Suche soll dieser Frage nachgehen. Die Knoten in Tiefe d (der Länge einer **optimalen Lösung**) werden einmal – und zwar in der letzten Iteration – untersucht. Die Knoten in Tiefe $d-1$ werden zweimal untersucht: einmal während der letzten und einmal während der vorletzten Iteration. Entsprechend werden die in Tiefe $d-2$ dreimal untersucht usw.

Folglich ergibt sich bei konstanter Anzahl b von unmittelbaren Nachfolgern folgende Gesamtanzahl:

$$b^d + 2b^{d-1} + 3b^{d-2} + ... + db$$

Durch Herausheben von b^d erhält man:

$$b^d(1 + 2b^{-1} + 3b^{-2} + ... + db^{1-d})$$

Einsetzen von $x = \frac{1}{b}$ ergibt:

$$b^d(1 + 2x^1 + 3x^2 + ... + dx^{d-1})$$

Dies ist kleiner als die unendliche Summe

$$b^d(1 + 2x^1 + 3x^2 + ...)$$

Diese konvergiert zu

$$b^d(1 - x)^{-2} \quad \text{für } |x| < 1$$

$(1 - x)^{-2}$ bzw. $(1 - \frac{1}{b})^{-2}$ ist eine von d unabhängige Konstante. Somit ist für $b > 1$ der *Zeitbedarf* von **DFID** von der Ordnung $O(b^d)$.

Dies ist die gleiche asymptotische Komplexität, wie wir sie auch für „**breadth-first**" und „**depth-first search**" hinsichtlich des Zeitbedarfs gesehen haben. Man kann sich auch überlegen, daß jede „blinde" Suche in solchen Bäumen zumindest cb^d – für eine Konstante c – Knoten untersuchen muß. Daraus kann man folgern, daß **DFID** unter solchen Bedingungen *asymptotisch optimal* ist.

Aus asymptotischer Sicht spielt der Mehraufwand in den früheren Iterationen also keine Rolle. Dies kann man sich auch so plausibel machen, daß bei exponentiellem Wachstum eben der Großteil an Aufwand in der letzten Iteration anfällt. Trotzdem fällt aber Mehraufwand an, und insbesondere dann, wenn für eine gegebene Problemstellung ohnehin genügend Speicher vorhanden ist, sollte man sich über das Ausmaß Gedanken machen. Die von d unabhängige Konstante $(1 - \frac{1}{b})^{-2}$ liefert eine obere Schranke dafür. [Korf (1985), Fig. 2] zeigt einen Graphen in Abhängigkeit von b. Daraus ist ersichtlich, daß bei steigendem b diese obere Schranke sich schnell an 1 annähert, während sie für b nahe bei 1 (allerdings immer $b > 1$) sogar gegen unendlich geht. Daher sollte der Mehraufwand insbesondere bei größerem b vernachlässigbar sein, während man bei sehr kleinem b bezüglich einer Anwendung des iterativen Vorgehens eher vorsichtig sein sollte. (Möglicherweise ist hier als Kompromiß eine größere Schrittweite als 1 zielführend, wenn andere Verfahren aus Speicherplatzgründen nicht in Frage kommen.)

Wie groß ist eigentlich der Speicherbedarf? Wie aus Prozedur 2.5 leicht ersichtlich ist, muß die *asymptotische Komplexität* des *Speicherbedarfs* von **DFID** gleich sein wie die von BACKTRACK, also $O(d)$. Es muß ja nur der jeweils aktuelle Pfad gespeichert werden. Gemäß eines allgemeinen theoretischen Resultats aus [Hopcroft & Ullmann (1979)] muß jeder Algorithmus, der $f(n)$ Zeitbedarf hat, zumindest $k \log f(n)$ – für eine Konstante k – Speicher verwenden. In unserem Fall ist zumindest $k \log b^d = dk \log b = cd$ – für eine Konstante c – erforderlich. Da also jedes „blinde" Verfahren $O(d)$ Speicherbedarf hat (es hat ja zumindest $O(b^d)$ Zeitbedarf), ist **DFID** auch in dieser Hinsicht *asymptotisch optimal*.

2.6.2 IDA*

Während man **DFID** als Kombination aus Ideen (und Vorzügen) von „**breadth-first search**" mit denen von „**backtracking**" sehen kann, ist es auch möglich, **A*** mit „**backtracking**" entsprechend zu kombinieren. Dabei fließt von **A*** im wesentlichen die Verwendung einer **heuristischen** Komponente h in einer **Bewertungsfunktion** der Form $f = g + h$ ein (siehe 2.5). Das im folgenden skizzierte Vorgehen der Suche ist an das von „**backtracking**" angelehnt.

Zu Beginn wird $f(Start)$ berechnet und einer Variablen zugewiesen – wir wollen diese als SCHRANKE bezeichnen. Danach wird analog zu „**backtracking**" in die Tiefe gegangen, und zwar solange, bis durch einen Knoten n die *Endebedingung* oder $f(n) >$ SCHRANKE erfüllt ist. In ersterem Fall kann die Suche erfolgreich beendet werden, sofern die zweite Bedingung nicht erfüllt ist, in letzterem hingegen muß im aktuellen Pfad zurückgegangen werden, wo dann die Suche entsprechend weiter fortgesetzt wird. Dabei wird auch Buch darüber geführt, welcher Wert von f zur minimalen Überschreitung von SCHRANKE geführt hat. Dieser Wert wird SCHRANKE für die nächste Iteration zugewiesen, sobald die derzeitige beendet ist, ohne eine **Lösung** gefunden zu haben, usw.

Somit schreitet **IDA*** („iterative-deepening A*") nicht wie **DFID** in Iterationen voran, die durch die schrittweise Erhöhung der Such-Tiefe gegeben sind, sondern durch solche, die sich durch Erhöhungen der Schätzung von Kosten eines optimalen Pfades ergeben. Wenn nun **IDA*** die gleiche Art von **Bewertungsfunktion** verwendet wie **A***, lassen sich hier analoge Resultate nachweisen? In Anlehnung an [Korf (1985)] wollen wir informell zeigen, daß **IDA*** immer eine **optimale Lösung** findet, wenn eine solche existiert und h **monoton** ist. Die Eigenschaft **monoton** erleichtert den Nachweis zwar, könnte grundsätzlich aber auch durch die Bedingung $h(n) \leq h^*(n)$ für alle Knoten $n \in G$ ersetzt werden. (Wie wir bereits erörtert haben, kann man ohnehin zu jeder **Bewertungsfunktion** mit $h \leq h^*$ eine **monotone** konstruieren.)

Da SCHRANKE zu Beginn den Wert $f(Start) = h(Start)$ hat und dieser Wert die tatsächlichen Kosten nie überschätzt, können die Kosten einer eventuell in der ersten Iteration gefundenen **Lösung** nicht größer sein als die einer **optimalen**. In den weiteren Iterationen ist SCHRANKE immer der minimale Wert der Überschreitung in der vorhergehenden, weshalb es keine „Lücken" geben kann, in denen der Wert eines Pfades liegen könnte. Die **Bewertungsfunktion** überschätzt die Kosten nie, sodaß SCHRANKE ebenfalls immer kleiner oder gleich den Kosten einer **optimalen Lösung** sein muß. Da nur **Lösungen** mit einem Wert kleiner oder gleich SCHRANKE akzeptiert werden, muß die erste davon **optimal** sein. (Deren Kosten sind dann in der letzten Iteration klarerweise gleich dem Wert von SCHRANKE.)

Wie verhält sich der Zeitbedarf von **IDA***, insbesondere im Vergleich zu **A***? Im allgemeinen wählt **A*** beliebig aus mehreren Knoten mit minimalem Wert in OPEN aus. Nehmen wir hier an, **A*** soll jenen davon vorziehen, der als letzter **generiert** wurde (in Entsprechung zu LIFO bei „**depth-first search**"). Unter dieser Annahme untersuchen laut [Korf (1985)] **A*** und die letzte Iteration von **IDA*** die gleichen Knoten (in Bäumen). **IDA*** muß aber in den vorhergehenden Iterationen ebenfalls Knoten untersuchen.

Wenn wir nun die realistische Annahme treffen, daß die **heuristischen** Schätzungen h *relative Fehler* haben, so wissen wir aus theoretischen Untersuchungen, daß **A*** im Normalfall (und im üblichen Baummodell) exponentielle Komplexität aufweist (siehe 2.5). Somit gilt dies auch für die letzte Iteration von **IDA***. Deshalb kann man mit sehr ähnlichen Überlegungen wie bei **DFID** zeigen, daß die vorhergehenden Iterationen an der asymptotischen Ordnung nichts ändern. Folglich hat **IDA*** die gleiche *asymptotische Komplexität* des *Zeitbedarfs* wie **A***. Da bei **monotonem (konsistentem)** *h* **A*** in gewissem Sinn optimal ist (siehe 2.5 und im Detail [Dechter & Pearl (1985)]), läßt sich für **IDA*** eine entsprechende Aussage bezüglich *asymptotischer Optimalität* (für die Suche in Bäumen) machen.

Ganz im Gegensatz zu **A*** ist die *asymptotische Komplexität* des *Speicherbedarfs* von **IDA*** jedoch *linear*. (Analog zu **DFID** und ebenfalls aufbauend auf **„backtracking"** muß nur ein Stack gespeichert werden.) Da die Anzahl der untersuchten Knoten exponentiell wächst, läßt sich auch hier analog zu **DFID** *asymptotische Optimalität* zeigen.

Aufgrund des wesentlich geringeren Speicherbedarfs von **IDA*** war es damit laut [Korf (1985)] erstmals möglich, für beliebige **Probleme** des *15-Puzzle* (mit realistischen Resourcen) **optimale Lösungen** zu finden. Anhand des *8-Puzzle* zeigte sich, daß **IDA*** im Vergleich zu **A*** zwar mehr Knoten **generierte**, aber dennoch schneller die gleichen **Probleme** löste. Dies ist darauf zurückzuführen, daß **A*** pro Knoten mehr tun muß (Verwaltung von OPEN und CLOSED).

2.6.3 PIDA* – Eine parallele Version von IDA*

Mit zunehmender Verbilligung der Hardware wird es immer interessanter, Suche *parallel* auf mehreren Prozessoren auszuführen. Als Ideal könnte man annehmen, bei Verwendung von *n* Prozessoren eine Beschleunigung um den Faktor *n* zu erreichen. Jedoch zeigte sich bei den meisten Ansätzen, daß die tatsächlich erreichte Beschleunigung viel geringer war. (Dies gilt insbesondere für die bisher untersuchten parallelen Versionen von Such-Verfahren, die in Kapitel 3 behandelt sind. Deshalb wird dort auf diese Ansätze nur kurz eingegangen und auf die Literatur verwiesen.) Die Gründe dafür sind vor allem, daß zusätzliche Knoten untersucht werden und daß durch die Synchronisation und Kommunikation zwischen den Prozessoren Mehrkosten entstehen.

Umso erstaunlicher sind deshalb die Ergebnisse, die mit einer parallelen Version von **IDA*** erzielt wurden (siehe [Rao *et al.* (1987)]): mit 3, 6 bzw. 9 Prozessoren jeweils (durchschnittliche) Faktoren von 3,16, 6,56 bzw. 9,24. Obwohl die parallele und die sequentielle Version bis zur vorletzten Iteration genau die gleichen Knoten untersuchen, kann bei Beendigung mit der *ersten* gefundenen Lö-

sung die parallele Suche offenbar sogar noch eine bessere Beschleunigung erzielen als um den Faktor *n*. Beim Vergleich anhand modifizierter Versionen, die *alle* **Lösungen** finden, ergab sich im Schnitt immer noch ein Faktor von ungefähr 0,93, wobei zusätzlich mit 14, 20, 26 und 30 parallelen Prozessoren experimentiert wurde. Diese Versionen untersuchen genau die gleiche Anzahl von Knoten, durch die Parallelität ergeben sich aber doch (geringe) Mehrkosten.

Die zugrundeliegende Idee dieser parallelen Version von **IDA*** ist eigentlich recht einfach und auch direkt für „**backtracking**" verwendbar: Jeder Prozessor verwaltet einen eigenen Stack, mit dem er seine eigene Teil-Suche durchführt. Jeder dieser Stacks ist so aufgeteilt (genau zur Hälfte), daß ein Teil für den eigenen Prozessor reserviert ist und der andere für die übrigen Prozessoren „Arbeit" bereithält. Immer wenn ein Prozessor keine Arbeit mehr auf seinem eigenen Stack vorfindet, versucht er, welche von einem anderen zu holen. Auf diese Art wird der Such-Baum in disjunkte Teile zerlegt.

Die Prozessoren sind in einem Ring organisiert, sodaß immer im Kreis herum versucht wird, Arbeit zu holen. Natürlich müssen die Zugriffe so abgesichert sein, daß sie einander gegenseitig ausschließen. Durch das entsprechende „Sperren" von Stacks können natürlich Wartezeiten entstehen. Da jedoch durch die geeignete Aufteilung der Stacks nur relativ selten zwischen den Prozessoren Arbeit ausgetauscht wird, werden diese Mehrkosten minimiert. Immer dann, wenn allen Prozessoren die Arbeit ausgeht, ist eine Iteration zu Ende, woraufhin die Schranke für die nächste als die kleinste von allen Prozessoren bestimmt wird.

Da dadurch die Iterationen mit den gleichen Schranken durchlaufen werden wie von der sequentiellen Version, findet auch die parallele (bereits als die erste überhaupt gefundene) eine **optimale Lösung**. Näheres zu diesem vielversprechenden Ansatz siehe [Rao *et al.* (1987)].

2.7 „Bidirectional Search"

Bisher haben wir uns ausschließlich auf verschiedene Möglichkeiten des Vorgehens eines **Produktionssystems** bei der Suche in jeweils *eine Richtung* beschränkt. Wie wir bereits im Unterkapitel 1.4 am Beispiel des *8-Puzzle* überlegt haben, gibt es **gewöhnliche Produktionssysteme**, bei denen die Richtung problemlos auch umgekehrt werden kann. Dazu wird vorausgesetzt, daß es genau *einen* ausgezeichneten *Ziel*-**Zustand** gibt und die **Produktions-Regeln** *umkehrbar* (in beide Richtungen verwendbar) sind. Für solche Systeme wurden auch in einigen wenigen Arbeiten Möglichkeiten untersucht, die Suche (gewissermaßen) *gleichzeitig in beide Richtungen* durchzuführen (mit der Bezeichnung „bidirectional"). Ein solcher Vorgang ist dann beendet, wenn diese beiden Such-„Fronten" einander geeignet treffen.

Grundsätzlich wäre es denkbar, jede der bereits behandelten Möglichkeiten der Steuerung einer Suche hier einzusetzen bzw. auch untereinander zu kombinieren. Jedoch muß dafür gesorgt sein, daß das Treffen der „Fronten" erkannt werden kann. Dafür ist es allerdings erforderlich, mindestens eine davon abzuspeichern. Auch das Überprüfen, ob ein eben untersuchter Knoten einem **Zustand** entspricht, der in der gegenläufigen Suche bereits untersucht wurde, darf nicht zu aufwendig werden. Zumeist werden dafür Hash-Verfahren gewählt (siehe etwa [Knuth (1973)]).

2.7.1 „Blinde" Suche in beide Richtungen

Aufbauend auf die Prozedur in [Dijkstra (1959), S. 270] entwikkelte und untersuchte [Pohl (1971)] ein Verfahren für **„bidirectional uniform-cost search"**. Dieses führt „gleichzeitig" eine **„uniform-cost search"** vom *Start* zum *Ziel* und eine zweite vom *Ziel* zum *Start* durch. Eine wichtige Entscheidung ist dabei in jedem Schritt, in welche Richtung weiter gegangen werden soll. (Da dieses Verfahren für den Ablauf auf einem Prozessor konzipiert ist, wird nicht wirklich gleichzeitig, sondern jeweils die eine oder die andere fortgesetzt.) Grundsätzlich führt dabei jede Entscheidungsregel zu einem korrekten Verfahren. Am naheliegendsten ist es, jeweils abzuwechseln. Allerdings sind die Such-Räume meist nicht symmetrisch, wie dies für das einfache Alternieren am günstigsten wäre. Deshalb wurde eine Entscheidungsregel verwendet, die (in Abwesenheit problemspezifischer **Heuristika**) doch eine Eigenschaft des Such-Raums berücksichtigt: Da es günstiger ist, in die Richtung mit weniger Alternativen fortzuschreiten, wird jeweils die Suche mit der kleineren Anzahl von Knoten in OPEN fortgesetzt. Experimente mit Simulationsläufen in zufällig generierten Graphen haben gezeigt, daß damit im Vergleich zur Suche in nur eine Richtung etwa $\frac{1}{4}$ der Anzahl von Knoten untersucht wurden.

Auch theoretisch kann man sich überlegen, daß bei „blinder"

Suche das Vorgehen in beide Richtungen günstiger ist. Abb. 2.13 (a) soll dies illustrieren: Die beiden durch die kleinen Kreise dargestellten Suchen treffen einander (etwa) in der Mitte und müssen daher jeweils nur (etwa) halb so tief vorgehen wie die durch den großen Kreis dargestellte Suche in ausschließlich eine Richtung. Die *Komplexität des Zeitbedarfs* ist folglich $O(b^{d/2})$, unter der Annahme, daß (etwa durch ein Hash-Verfahren) die Überprüfungen für das „Zusammentreffen" in konstanter Zeit pro Knoten durchgeführt werden. Auch die *Komplexität des Speicherbedarfs* ist $O(b^{d/2})$.

Statt **„uniform-cost search"** wurde für den Fall von Einheitskosten von [Korf (1985)] die Grundidee von **DFID** auf folgende Weise verwendet: Von der einen Seite wird mittels **„backtracking"** bis zur Tiefe k gesucht, wobei genau die Knoten der Tiefe k gespeichert werden. Von der anderen Seite wird (ebenfalls mittels **„backtracking"**) zuerst bis zur Tiefe k und ein zweitesmal bis zur Tiefe $k+1$ gesucht, jedoch nicht gespeichert, sondern nur mit den abgespeicherten Knoten von der anderen Richtung verglichen. Die zweite Suche bis zur Tiefe $k+1$ ist wegen **Lösungen** ungerader Länge erforderlich. Der eben beschriebene Vorgang wird für k von 0 (wegen der Möglichkeit einer **Lösung** der Länge 1) bis $d/2$ wiederholt. Gegenüber dem zuvor beschriebenen Verfahren kann dadurch zwar

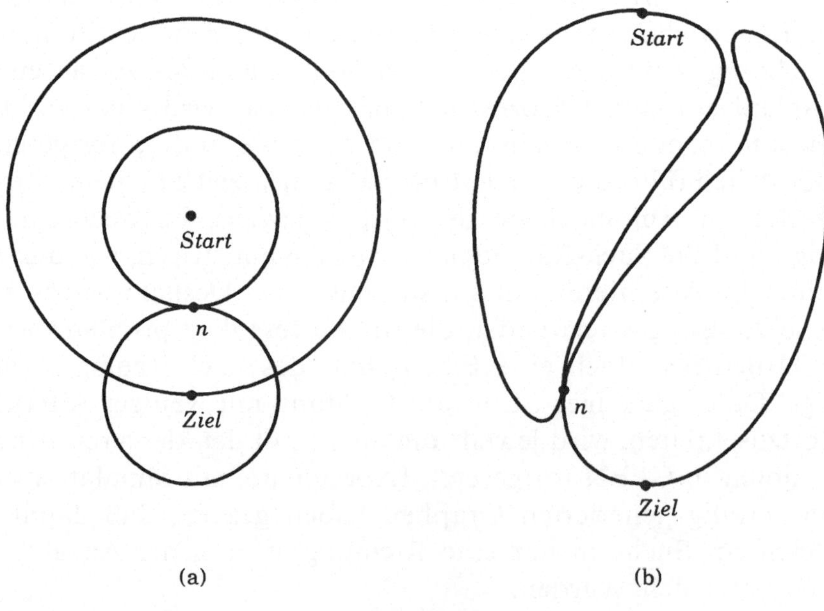

(a)   (b)

Abb. 2.13

ungefähr die Hälfte an Speicherbedarf eingespart werden, dies ändert aber natürlich nichts an der Ordnung $O(b^{d/2})$. Mit diesem Verfahren konnten bereits **optimale Lösungen** für interessante **Probleme** des „Rubik's Cube" gefunden werden.

2.7.2 Suche in beide Richtungen mit Heuristik

Während also bei „blinder" Suche in beide Richtungen sowohl theoretisch als auch experimentell ein recht günstiges Verhalten festgestellt werden konnte, sind die bisherigen Ergebnisse bei Einbeziehung von **Heuristik** ziemlich enttäuschend. Wir werden im folgenden die wenigen bisher untersuchten Ansätze skizzieren und versuchen, Gründe für ihr eher ungünstiges Verhalten anzugeben.

[Pohl (1971)] untersuchte die Möglichkeit, **„best-first search"** in beide Richtungen zugleich durchzuführen: Das Verfahren namens BHPA („**B**i-directional **H**euristic **P**ath **A**lgorithm") verwendet analoge **Bewertungsfunktionen** wie **A*** (bzw. HPA mit $w = \frac{1}{2}$), jeweils eine für die Vorwärts- und eine für die Rückwärts-Suche. Zusätzlich beinhaltet BHPA – insbesondere für den Fall, daß **optimale Lösungen** gewünscht sind – eine kompliziertere Bedingung für das Beenden des Such-Vorgangs. Bei den Experimenten mit BHPA (in der Domäne des *15-Puzzle*) stellte sich heraus, daß dieses Verfahren häufig die doppelte Anzahl von Knoten untersuchte wie ein entsprechendes, das nur in eine Richtung suchte. Wie kann man sich diesen Mißerfolg erklären?

[Pohl (1971)] weist darauf hin, daß die beiden Suchen typischerweise aneinander vorbeiführten und erst nahe an einem der Endpunkte einander trafen. In teilweiser Anlehnung an [Pohl (1971), Figure 3(c)] soll Abb. 2.13(b) dieses Phänomen illustrieren. Zusätzlich ist es nicht unplausibel, daß auch noch ein anderer Aspekt eine Rolle spielte, der wahrscheinlich ganz allgemein ein grundsätzliches Problem der **heuristischen** „bidirectional search" darstellt (Dieser Aspekt ist in der Literatur sonst nicht zu finden und wurde von Prof. W. Barth an der TU Wien angegeben.): Typischerweise geht eine **„best-first search"** eher in die Breite, solange sie noch weit von einem *Ziel* entfernt ist, und wird mit zunehmender Nähe eines *Ziels* immer selektiver. Wenn dies für die beiden Teil-Suchen der Fall ist, setzt sich die „bidirectional search" aus den jeweils „teureren" Anteilen zusammen. Abb. 2.13(b) versucht auch, diesen Aspekt zu illustrieren. Die Ursache dafür steht in unmittelbarem Zusammenhang damit, daß die **heuristischen Bewertungsfunktionen** üblicherweise bei geringerer Distanz zu einem *Ziel* genauer schätzen. Im Unterkapitel 2.5 haben wir diesbezüglich Verfahren skizziert, die ohne Garantie für **optimale Lösungen** durch Berücksichtigung dieser Eigenschaft die Effizienz der Suche steigern (etwa mittels *dynamischer Gewichtung*). Möglicherweise kann der Einsatz solcher Verfahren für die Suche in beide Richtungen Effizienzverbesserung bringen.

Entsprechend der Analyse für die Suche in eine Richtung gibt [Pohl (1977)] auch ein Resultat für „bidirectional search" an: Unter den Voraussetzungen des üblichen Baummodells, „worst case" und relativem Fehler ist die *Komplexität exponentiell* bezüglich der Tiefe (wie auch für **A*** und aufgrund der experimentellen Ergebnisse nicht anders zu erwarten). Besonders interessant ist hier die erstaunliche Übereinstimmung zwischen dem theoretischen Resultat und den Experimenten: Gemäß der unter den gegebenen Voraussetzungen ermittelten Formeln für die Anzahl **expandierter** Knoten ist die „bidirectional search" etwa *doppelt so teuer* wie die in nur eine Richtung.

Bezüglich der Problematik, daß die Suchen aneinander vorbeiführen, gibt [Pohl (1971)] folgende Vorschläge an: Beide Suchen sollen zu einem „vermutlichen Zwischen-**Zustand**" in der Mitte streben, der möglicherweise mittels der **heuristischen Bewertungsfunktion** bestimmt werden könnte. Falls ein solcher nicht geeignet bestimmbar ist, sollen die Suchen zur gegenüberliegenden „Front" streben. Eine einfache Möglichkeit dafür ist die, den jeweils zuletzt **expandierten** Knoten der gegenläufigen Suche als *Ziel* zu nehmen. Eine andere Möglichkeit dafür wurde von [de Champeaux & Sint (1977)] untersucht: Dabei werden alle Knoten in den beiden „Fronten" jeweils paarweise untereinander verglichen, und die Suche wird beim (geschätzten) minimalen Abstand fortgesetzt. Konkret wird eine Funktion der Form

$$g_{Start}(x) \; + \; h(x, y) \; + \; g_{Ziel}(y)$$

für alle Knoten x und y aus der jeweiligen Menge „offener" Knoten (OPEN) ausgewertet. $g_{Start}(x)$ bzw. $g_{Ziel}(y)$ geben die Kosten des „billigsten" bis zu diesem Zeitpunkt gefundenen Pfades von *Start* bzw. *Ziel* zu x bzw. y an. $h(x, y)$ ist eine Schätzung der Kosten eines optimalen Pfades von x zu y unter Verwendung von **heuristischem** *Wissen* der Domäne. Das darauf aufbauende Verfahren erhielt die Bezeichnung BHFFA („_b_idirectional _h_euristic _f_ront-to-_f_ront _a_lgorithm").

Während BHFFA weniger Knoten **expandierte** und die beiden Suchen einander in der „Mitte" trafen, waren die Bewertungen sehr teuer: Schließlich müssen alle Knotenpaare im Kreuz-Produkt beider Mengen bewertet werden. [de Champeaux (1983)] weist in diesem Zusammenhang auf die immer billiger werdende Möglichkeit der parallelen Anwendung von Mikroprozessoren hin. Für die Reduktion der Realzeit, die für das Lösen solcher **Probleme** erforderlich ist, erscheint die Kombination der *parallelen* Anwendung von mehr als einem Prozessor (naheliegenderweise 2) mit „bidirectional search" ganz allgemein von Interesse zu sein: Selbst wenn die Suchen aneinander vorbeiführen, ergibt sich höchstens das Minimum der Zeiten für die vollständigen Suchen in eine Richtung. Die in [de Champeaux (1983)] angegebene Verfeinerung von BHFFA namens BHFFA2 ist jedoch primär ebenfalls nur auf die Verwendung *eines* Prozessors ausgerichtet, korrigiert aber die zu allgemeine Bedingung für das Beenden, sodaß BHFFA2 unter der Voraussetzung optimistischer Schätzungen **optimale Lösungen** garantiert (im Gegensatz zu BHFFA, da das entsprechende Theorem in [de Champeaux & Sint (1977)] einen Fehler enthält).

Ein effizienteres Verfahren, das allerdings keinen Anspruch auf das Finden **optimaler Lösungen** erhebt, findet sich in [Politowski & Pohl (1984)]. Dieses läßt die jeweilige Suche zur gegenüberliegenden „Front" streben, indem in dieser ein „repräsentativer" Knoten als temporäres *Ziel* gewählt wird. Ein solcher Knoten wird dabei als „d-node" bezeichnet.

Zu Beginn werden die Ausgangssituationen der beiden Suchen für die jeweils andere als „d-node" genommen. Danach werden mit A* (oder allgemeiner HPA) k Expansionen in einer Richtung durchgeführt. Der Knoten mit höchstem g-Wert zu diesem Zeitpunkt wird als neuer „d-node" für die Suche in die andere Richtung etabliert, und deren Knoten werden (hinsichtlich ihrer Bewertungen) auf diesen „ausgerichtet" („retargeting"). Anschließend wird das gleiche in die andere Richtung durchgeführt, usw.

Die Wahl der Zahl k hat großen Einfluß auf die Effizienz dieses Verfahrens: Wenn sie zu groß gewählt ist, nützt sie zu wenig die Möglichkeiten des „retargeting", um einen besser geeigneten Knoten anzustreben. Wenn sie zu klein ist, müssen die Bewertungen zu oft neu „ausgerichtet" werden, und es kann bei dauerndem Wechsel der globalen Lage des „d-node" zu einem „Zick-Zack"-Kurs kommen. Die Resultate in [Politowski & Pohl (1984)] wurden mit $k=75$

erzielt und zeigen, daß dieses Verfahren von denen für „bidirectional search" derzeit das effizienteste ist.

2.8 „Conflict Resolution"

Bisher haben wir uns mit dem Begriff der **Suche** ganz allgemein auseinandergesetzt. Wie wir im Unterkapitel 1.1 anhand von **Produktionssystemen „im engeren Sinn"** erörtert haben, kann man durch das Verketten von **Produktions-Regeln** diese auch dazu verwenden, um Schlüsse zu ziehen. Auf diese Art kann man **Schließen** als **Suche** betrachten. Bezüglich der Steuerung durch das Auswählen solcher Regeln haben wir in Unterkapitel 1.1 bereits den Begriff „conflict resolution" kennengelernt. Im folgenden wollen wir die wichtigsten Aspekte erörtern, die damit speziell zu tun haben.

Zur Vereinfachung beinhalten die IF-THEN-Regeln in Beispiel 1.3 nur *Konstanten*. Allgemeiner enthalten sie in realen Systemen meist auch *Variablen*, die im Zusammenhang mit der Überprüfung, ob die „Prämisse" erfüllt ist, instanziiert (mit konkreten Werten belegt) werden. Grundsätzlich kann dadurch eine einzelne Regel in mehreren Instanziierungen in das „conflict set" kommen, aus dem dann mittels „conflict resolution" ausgewählt wird. Meist wird dabei genau eine Regel(-Instanziierung) zum „Feuern" ausgewählt. Es gibt jedoch auch Systeme, die (gewissermaßen) parallel mehrere auf einmal (in einem Interpretationszyklus) anwenden.

Grundsätzlich kann „conflict resolution" natürlich nach den allgemeinen (bereits behandelten) Möglichkeiten der Steuerung einer Suche vorgehen. Während dies etwa bei **„breadth-first"** bzw. **„depth-first"** leicht realisierbar ist, sind für **„best-first"** unbedingt *Bewertungen* erforderlich. Deren Ermittlung ist hier aber oft nicht so unmittelbar möglich wie bei Systemen, die direkt eine Domäne modellieren. Somit kann dadurch die Vorgabe expliziter Prioritäten (Gewichte) erforderlich werden.

Bei **Produktionssystemen „im engeren Sinn"** geht es oft gar nicht so stark um das Finden einer **optimalen Lösung** bzw. um die Minimierung des Aufwands, sondern um die *Verständlichkeit* und *Nachvollziehbarkeit* der Schlüsse für den Menschen. So etwa steht die Akzeptanz eines (*regelbasierten*) *Expertensystems* stark mit dessen Fähigkeit, geeignete *Erklärungen* zu liefern, im Zusammenhang.

Für solche Systeme wurden daher auch spezielle Möglichkeiten zur Auswahl von Regeln entwickelt. (Historisch sind in diesem

Zusammenhang die Artikel von [Davis & King (1977)] und [McDermott & Forgy (1978)] bedeutend.) Wir werden im folgenden die wesentlichen Ideen für solche *Auswahlkriterien* skizzieren.

Eines der einfachsten Systeme – sowohl konzeptionell als auch aus der Sicht der Realisierung – setzt eine *vorgegebene Anordnung* der **Produktions-Regeln** voraus. Die *erste* in der konkreten Situation anwendbare davon wird jeweils ausgewählt. (Es ist recht interessant anzumerken, daß diese Vorgangsweise bereits bei den sogenannten *Markov-Algorithmen* (siehe [Markov (1951)]) zu finden ist und den wesentlichen Unterschied dieses Formalismus zu den *Grammatiken* von [Post (1943)] ausmacht.) Für den Regel-Interpreter ist eine solche Auswahl wegen ihrer Einfachheit sehr schnell durchführbar, bringt jedoch Inflexibilität und bestimmte Abhängigkeiten der Regeln untereinander mit sich. Beim Einbringen einer Regel in das System muß darauf geachtet werden, daß sie an geeigneter Stelle in der Anordnung eingefügt wird.

Das folgende Kriterium bezieht sich auf eine anders geartete Beziehung zwischen Regeln (genauer deren Instanziierungen): Von allen in der konkreten Situation anwendbaren haben die *speziellsten* – jene mit der detailliertesten *Vorbedingung* – Vorrang. Dabei wird davon ausgegangen, daß diese am ehesten „passen". Auch dieses Auswahlkriterium ist einfach und effizient realisierbar. Es wird jedoch zumeist nicht dafür ausreichen, genau eine Regel-Instanz zu selektieren. Deshalb wird es üblicherweise in Kombination mit anderen Kriterien eingesetzt.

Eine weitere Möglichkeit besteht darin, sich auf Aspekte der jeweils aktuellen **globalen Datenbasis** (hier oft auch als „context" oder „data memory" bezeichnet) zu beziehen. Sehr oft wird die „Zeit" (im Sinne der Anzahl von Interpretationszyklen) berücksichtigt, wie lange sich die jeweiligen Elemente bereits in der **globalen Datenbasis** befinden. Regeln mit Bezug auf die „jüngsten" Elemente werden meist vorrangig behandelt. Dabei wird davon ausgegangen, daß gerade auf diese (aus menschlicher Sicht) die Aufmerksamkeit gerichtet ist.

Es soll auch noch auf den Zusammenhang eines solchen Vorgehens mit dem Prinzip der **„depth-first search"** hingewiesen werden. Ebenso wie bei dieser ist eine einfache und effiziente Realisierung möglich. Es ist auch interessant anzumerken, daß eine pure **„best-first search"** vom menschlichen Betrachter oft als „planlos" angesehen wird, wenn sie im Such-Graphen oft hin und her springt. Deshalb wird sie fallweise mit Hilfe von Schwellwerten „stabilisiert", indem nur bei deren Überschreitung „global" im Graphen gewechselt wird.

Weitere Auswahlkriterien beziehen sich darauf, *„neue"* Regel-Instanziierungen auszuwählen. Eine einfache Möglichkeit dafür sieht vor, keine **Produktions-Regel** (auch nicht in verschiedenen Instanziierungen) unmittelbar hintereinander mehrmals zu „feuern". Ein stärkeres Kriterium verhindert überhaupt, daß die gleiche Instanziierung jemals wieder „feuert". Dieses ist jedoch kaum mehr effizient realisierbar.

Die einfachste Möglichkeit der Regel-Auswahl benötigt gar keine Informationen, indem sie beliebig und völlig zufällig *irgendeine* auswählt. (Somit ergibt sich eine vollständig „blinde" Suche, wenn sie das einzige Kriterium darstellt.) Wie bereits angedeutet wurde, ist es durchaus sinnvoll und üblich, verschiedene Auswahlkriterien zu *kombinieren.* Intuitiv kann man sich etwa vorstellen, daß jedes wie ein „Filter" wirkt. Dabei wird einer nach dem andern (wie eben gewünscht) angewendet. Wenn nun genau eine Regel(-Instanziierung) ausgewählt werden muß, stellt das beliebige Auswählen einen geeigneten letzten „Filter" dar. (Sofern nicht in einer Verfeinerung zusätzliche Kriterien formuliert sind, wählt auch **A*** beliebig aus mehreren Elementen von OPEN, die alle eine minimale Bewertung zugeordnet haben.)

Eine gänzlich andere Möglichkeit ist die, die Auswahl von Regeln selbst wieder durch sogenannte *Meta-Regeln* entscheiden zu lassen (siehe [Davis (1976)]). Sowohl aus Gründen der Übersichtlichkeit als auch der Effizienz erweist es sich oft als günstig, Regeln in sogenannte *Regel-Klassen* einzuteilen. Meta-Regeln können dann auch dafür eingesetzt werden, eine passende Regel-Klasse auszuwählen.

3 Begrenzte Suche zum Fällen von Entscheidungen

In Kapitel 2 wurden die wesentlichen Ansätze zur Steuerung von (**heuristischer**) Suche behandelt. Allerdings wurde Suche dort ausschließlich zum *Problemlösen* in dem Sinn eingesetzt, daß eine *vollständige* **Lösung** ermittelt wird. Wie bereits in Kapitel 1 (im Zusammenhang mit Spielen) angesprochen wurde, ist dies aus Gründen der „kombinatorischen Explosion" – und damit des resultierenden Aufwands für die Suche – sehr oft nicht möglich. Ganz allgemein können Zeitbeschränkungen, die in der realen Welt vorgegeben sind, das Finden einer *vollständigen* **Lösung** unmöglich machen. Im Sinne „intelligenten" Verhaltens sollte jedoch auch in solchen Fällen eine sinnvolle Entscheidung – zumindest für den nächsten Schritt – gefällt werden können. Im folgenden werden wir erörtern, wie *begrenzte Suche* (ohne das Finden einer *vollständigen* **Lösung**) dafür eingesetzt werden kann. Eine solche Suche ist zumeist nicht durch *Ziel*-Knoten *begrenzt* – welche die *Endebedingung* erfüllen – sondern auch durch „künstliche" *Endknoten* – die zwar in G_e, nicht aber auch in G ohne Nachfolger sind.

3.1 Allgemeines

Es sei gleich vorweggenommen, daß diese Aufgabenstellung hauptsächlich im Zusammenhang mit *2-Personen-Spielen* behandelt wurde. Deshalb werden auch wir vornehmlich die damit in Verbindung stehenden Aspekte behandeln. Davor soll jedoch noch kurz der Fall von *1-Personen-Spielen* (**Problemen**) angerissen werden.

3.1.1 Entscheidungen bei Problemen

Abgesehen von Realzeitvorgaben kann es in der Realität auch vorkommen, daß eine *vollständige* **Lösung** von vornherein gar nicht ermittelt werden kann, da die vorhandenen Informationen nicht ausreichen. Etwa muß ein Wanderer fallweise erst auf einen Hügel hinaufgehen, bevor er von dort aus sehen kann, wo die Wege hinführen. Selbst wenn Wanderkarten vorliegen, werden diese wohl kaum alle Details so angeben, daß jeder einzelne Schritt exakt im voraus bestimmt werden kann. Die Behandlung solcher Aspekte würde jedoch den Rahmen des vorliegenden Buches sprengen, da wir hier bezüglich der **Problemdarstellung** grundsätzlich von vollständigen Angaben über die möglichen „Schritte" (**Produktions-Regeln**) ausgehen. Ansätze dafür werden in der AI im Zusammenhang mit *Planen* behandelt.

Ebenso wie beim Planen können wir jedoch auch bei Entscheidungen zwischen *zwei Phasen* unterscheiden: In der einen wird für das Fällen von Entscheidungen intern die Anwendung der Regeln simuliert (*Planungsphase*), in der anderen werden sie real ausgeführt (*Exekutionsphase*). Hier wird es auch interessant, die *Kosten der Suche* für das Fällen der Entscheidungen mit denen der **Lösung**, die aus diesen Entscheidungen in der Folge resultiert, geeignet zu kombinieren. [Johnson & Schubert (1982)] zielen im Kontext von *Planen* auf eine solche Kombination ab.

[Korf (1987)] nimmt in diesem Zusammenhang an, daß die Kosten der Anwendung einer Regel in der Realität ein konstantes Vielfaches der Kosten für die interne Anwendung in der Simulation sind. Aufbauend auf derartige Annahmen kann man statt des Findens einer **optimalen Lösung** im Sinne minimaler Kosten in der realen Anwendung auch folgende Zielsetzung behandeln: Etwa beim *8-Puzzle* soll in möglichst kurzer Zeit *irgendeine* **Lösung** zum realen Erreichen der *Ziel*-Konfiguration führen. Klarerweise ist sowohl für das Finden einer **Lösung** als auch für deren Ausführung Zeit erforderlich. Man kann aber anstreben, daß die Suche zur Entscheidung über den nächsten Zug parallel zur realen Ausführung des vorhergehenden erfolgt.

Da es sich bei der Auswahl für die reale Ausführung meist um unwiderrufliche Entscheidungen handelt, drängt sich der Gedanke an „**irrevocable control**" auf – bei Verwendung von **Bewertungsfunktionen** im speziellen an „**hill-climbing**" (siehe Unterkapitel 2.2). Jedoch kann man sich leicht vorstellen, daß die Planungsphase nicht nur die unmittelbaren Nachfolger ansieht, sondern eine tiefere Suche als „**look-ahead**" verwendet. Diese kann dann wiederum etwa mittels „**backtracking**" oder „**best-first search**" realisiert werden.

Dieser „**look-ahead**" ist eine begrenzte Suche, die auf die Konsequenzen möglicher Regel-Anwendungen „vorausblickt", ohne allerdings im Normalfall eine vollständige **Lösung** zu finden. Intuitiv erwartet man, daß eine tiefere Suche im allgemeinen bessere Resultate liefert. [Korf (1987)] berichtet, daß dies bei Experimenten mit dem *15-Puzzle* und der „Manhattan distance" (H_2 in Unterkapitel 2.5) auch zumeist der Fall war, jedoch mit Ausnahmen. Bei Verwendung von „**minimaxing**" für 2-Personen-Spiele berührt die Frage nach dem Grund für den Nutzen einer tieferen Suche in der Praxis eine interessante theoretische Problematik, auf die wir noch eingehen werden.

Das Verfahren **B*** von [Berliner (1979a)] zielt grundsätzlich nicht auf das Finden einer *vollständigen* **Lösung**, sondern auf den *Nachweis* ab, daß ein unmittelbarer Nachfolger zumindest nicht schlechter ist als alle übrigen. (Wir werden **B*** in 3.4.2 noch genauer behandeln.) Der „**look-ahead**" hat hier die Aufgabe, die Unsicherheiten bezüglich eines solchen Nachweises zu eliminieren. Obwohl **B*** grundsätzlich sowohl für 1- als auch 2-Personen-Spiele verwendet werden kann, hat gemäß der Argumentation in [Palay (1982)] die Verwendung für erstere spezielle Nachteile (auf die wir noch eingehen werden). Einer davon hängt unmittelbar damit zusammen, daß ohnehin alle Aktionen immer nur von dem einen „Spieler" stammen – ohne sonstige Beeinflussung der Ergebnisse.

Der übliche Fall in der Praxis erfordert, sich vorzeitig für etwas zu entscheiden, wenn daraufhin die Ausgangssituation für die folgende Entscheidung durch einen äußeren Einfluß mitbestimmt wird. Dies ist etwa bei n-Personen-Spielen (mit $n > 1$) der Fall, indem die $n - 1$ übrigen Spieler Aktionen setzen. Bei der Behandlung von *Planen* in der AI gibt es entsprechende Aspekte im Zusammenhang mit *mehreren Akteuren*.

Eine weitere Quelle für eine solche äußere Beeinflussung kann durch *Zufallseinfluß* gegeben sein (etwa durch Würfeln). Ein erfolgreiches Programm in einer solchen Domäne (*Backgammon*) ist BKG, das in einem Wettkampf den menschlichen Weltmeister besiegen konnte (siehe [Berliner (1980)]). Besonders erwähnenswert sind dabei die Erkenntnisse hinsichtlich der *Wissensdarstellung* in **Bewertungsfunktionen** (siehe [Ackley & Berliner (1983)]). Ein allgemeines Modell sowie zugehörige Such-Verfahren für die Einbeziehung von Zufallseinfluß finden sich in [Ballard (1983)]. Es ist eine Erweiterung des im folgenden eingehend behandelten „**minimaxing**".

Am meisten wurde das Entscheiden für einen nächsten Zug in solchen 2-Personen-Spielen behandelt, die weder Zufallseinfluß noch versteckte Information zulassen. Im Einklang damit werden wir im folgenden davon ausgehen, daß beide Spieler zu jedem Zeitpunkt *vollständige Information* sowohl über die eigenen Möglichkeiten als auch über die des Gegners besitzen. „Interessant" seien dabei solche Spiele, die aufgrund der kombinatorischen Explosion an Möglichkeiten eine vollständige Behandlung im Sinne eines *Lösens* unmöglich machen. Somit werden im Normalfall mittels *begrenzter Suche* Züge im **Spielbaum** vorausberechnet („**look-ahead**"), deren Ergebnisse bewertet und aufbauend darauf Entscheidungen gefällt.

3.1.2 Lösen von Spielbäumen

Vor den Erörterungen über das *Bewerten* von **Spielbäumen** wollen wir noch auf Aspekte des *Lösens* eingehen, die dem Verständnis des folgenden förderlich sein können. Zu diesem Zweck sei noch einmal auf das Beispiel 1.9 verwiesen, in dem anhand der **Lösung** eines Schach-**Problems Spielbäume** auf **UND/ODER-Bäume** zurückgeführt werden. Aufgrund der Erörterungen in Kapitel 2 sollte an sich klar sein, wie ein auf GENERAL-GRAPH-SEARCH (Prozedur 2.3) basierendes Verfahren einen solchen **Lösungs-Baum** findet. Dieser bei der Behandlung von Spielen vorliegende Sonderfall **zerlegbarer Produktionssysteme** nimmt jedoch eine Sonderstellung ein, die eine spezielle Behandlung rechtfertigt.

Der **Lösungs-Baum**, in diesem Kontext auch als **Gewinn-Strategie** bezeichnet, weist nach, daß der in der Ausgangssituation am Zug befindliche Spieler (MAX) gewinnen kann, egal wie sein Gegner zieht. (Im speziellen ist in Beispiel 1.9 noch eine *Randbedingung* bezüglich der Anzahl von Zügen zu erfüllen, die für unsere folgenden Erörterungen belanglos ist.) Interessant sei hier nur, ob Gewinn erzielt werden kann oder nicht. Somit reduziert sich der **Status** auf *zwei* mögliche Werte. Tatsächlich können in dem Beispiel nur die Werte *G* und *R* vorkommen, die gleichen Überlegungen gelten jedoch auch für Spiele, die nur die Werte *G* und *V* zulassen.

Prozedur 3.1 zeigt ein Verfahren namens SOLVE zum *Lösen* solcher Spiele mit zwei möglichen Werten, die von STATUS denjenigen Spielsituationen zugeordnet werden, welche die *Endebedingung* erfüllen. Genaugenommen würde dies auch bei allen solchen Spielsituationen zulässig sein, für die eindeutig der Wert bestimmt werden kann, wie etwa ganz allgemein beim Spiel *Nim* (siehe z. B. [Wernicke (1974)]). In der vorliegenden Darstellung ist eine Fallunterscheidung erforderlich, je nachdem, welcher Spieler in der Spielsituation im **Such-Baum** gerade am Zug ist (SIDE-TO-MOVE). Wenn dies MAX ist, kann die weitere Untersuchung an diesem Knoten immer dann unmittelbar abgebrochen werden, wenn der rekursive Aufruf von SOLVE einen Gewinn-Nachweis („ = win") als Ergebnis liefert. Ein einziger solcher Nachweis genügt, sodaß eine weitere Untersuchung nichts mehr ändern könnte. Dies entspricht bei **UND/ODER-Graphen** der Kennzeichnung eines Kno-

```
fct SOLVE (POSITION) : status-type;


    if ENDEBEDINGUNG (POSITION) then
        S := STATUS (POSITION);
    else
        M := SELECT-MOVE (POSITION);
        case SIDE-TO-MOVE (POSITION) of
        MAX:
            LOOP-MAX:
            while M ≠ null do
                S := SOLVE (M (POSITION));
                if S = win then
                    exit LOOP-MAX;
                end if;
                M := SELECT-MOVE (POSITION);
            end while LOOP-MAX;
        MIN:
            LOOP-MIN:
            while M ≠ null do
                S := SOLVE (M (POSITION));
                if S ≠ win then
                    exit LOOP-MIN;
                end if;
                M := SELECT-MOVE (POSITION);
            end while LOOP-MIN;
        end case;
    end if;
    SOLVE := S;
end fct SOLVE;
```

Prozedur 3.1

tens als **„solved"**. Analog dazu kann bei MIN am Zug abgebrochen werden, wenn nachgewiesen wurde, daß MAX in dieser Spielsituation nicht mehr gewinnen kann („ $\neq$ win"). Dies entspricht (aus der Sicht der Wurzel, wo MAX am Zug ist) der Kennzeichnung **„unsolvable"**.

Wenn jedoch mehr als zwei Werte in Frage kommen, wird die Angelegenheit komplizierter – etwa wenn als Status G, V, und R zulässig sind, und der jeweilige Wert der Ausgangssituation ermittelt werden soll. Wie kann hier nachgewiesen werden, daß die Spielsituation – bei korrektem Spiel beiderseits – zum Remis führt? Wenn man für MAX eine **Remis-Strategie** (einen entsprechenden **Lösungs-Baum**) kennt, in der keine Knoten mit V vorkommen, bedeutet dies, daß MAX *zumindest R* erzielen kann. Um nun zwischen R und G unterscheiden zu können, ist aus der Sicht von MIN ebenfalls das Finden einer **Remis-Strategie** nötig, in der keine Knoten mit G (für MAX) vorkommen. Wenn somit für beide Spieler der Nachweis erzielt ist, daß sie zumindest R erreichen, kann nur noch R das Ergebnis sein. Ein solches Paar von **Strategien** hat genau einen Knoten gemeinsam, der die *Endebedingung* erfüllt.

3.1.3 Bewerten von Spielbäumen

Wenn jedoch (im allgemeinen) kein *Lösen* des **Spielbaums** in Frage kommt, muß zum Fällen der Entscheidung an der Wurzel **Heuristik** verwendet werden. Diese fließt üblicherweise in Form von **statischen Bewertungsfunktionen** ein. In diesem Sinn ist die Situation hier ähnlich wie etwa die bei **A***: Die **Bewertungsfunktion** schätzt unter Verwendung von **Heuristik** etwas, das pragmatisch entweder gar nicht oder nur mit unverhältnismäßig hohem Aufwand ermittelt werden könnte. Auf sehr abstraktem Niveau geben [Christensen & Korf (1986)] eine für beide Verwendungen gemeinsame Charakterisierung von **Bewertungsfunktionen** hinsichtlich ihrer Qualität an. Bezüglich dessen, was und wie eigentlich wirklich geschätzt wird, gibt es jedoch fundamentale Unterschiede. Während etwa bei **A*** die Interpretation der Werte von f – und insbesondere auch von h – klar ist, gibt es keine überzeugende Theorie darüber, was eine **Bewertungsfunktion** im Zusammenhang mit 2-Personen-Spielen eigentlich liefert.

Zumeist liegen gemäß der *Spieltheorie* die **tatsächlichen Werte** G, V und R vor. Üblicherweise beschränken sich die verwendeten **Be-**

wertungsfunktionen aus pragmatischen Gründen allerdings *nicht* darauf, Bewertungen aus diesem Wertebereich als Ergebnis zu liefern, sondern zumeist aus einem Teilbereich der ganzen Zahlen. (In der Theorie werden fallweise auch reelle Zahlen angenommen.) Im Gegensatz zur Verwendung etwa von Intervallen als Bewertung werden wir solche Zahlen im folgenden als *Punktwerte* (englisch: point values) bezeichnen. Was sollen diese Zahlen aber bedeuten? In der einschlägigen Literatur gibt es zumeist recht vage Aussagen darüber, die man wie folgt zusammenfassen kann: Eine solche Zahl schätzt die Spielsituation für einen Spieler hinsichtlich „quality" [Winston (1977)], „worth" [Nilsson (1980)], „merit", „strength" bzw. „probability to win" [Pearl (1984)]. Die letztgenannte Interpretation ist zwar die konkreteste, gleichzeitig jedoch auch die problematischste (worauf wir noch eingehen werden). [Palay (1983)] präsentiert eine Interpretation als Näherung eines **delphischen Werts**: Dieser würde von einem Orakel geliefert werden, das die gleiche Skala verwendet wie die **Bewertungsfunktion.**

Wie auch immer die Interpretation dieser *Punktwerte* gewählt wird, ihre Zuordnung zu den Spielsituationen induziert bezüglich dieser eine Halbordnung. Konzeptuell ist es natürlich sehr fragwürdig, alles über den „Wert" einer Spielsituation durch eine einzige Zahl zum Ausdruck bringen zu wollen. Insbesondere wird dabei nichts über die Zuverlässigkeit der Schätzung gesagt. Auf Ansätze, diese Problematik durch Verwendung von Intervallen oder gar Wahrscheinlichkeitsverteilungen als Bewertungen in den Griff zu bekommen, werden wir noch in 3.4.2 eingehen. Da jedoch nach wie vor das einfache Schema mit *Punktwerten* das erfolgreichste und in den allermeisten Fällen verwendete ist, werden wir primär dieses behandeln.

Unter Verwendung einer solchen **Bewertungsfunktion** könnte die Entscheidung an der Wurzel ganz einfach gefällt werden: Alle ihre unmittelbaren Nachfolger werden **generiert** und bewertet, und eine der Kanten, die zu einem solchen mit maximalem Wert führt, wird ausgewählt. Leider zeigt die Erfahrung, daß auf diese Art gefällte Entscheidungen meist ziemlich schlecht sind – insbesondere viel schlechter als solche, die auf möglichst tiefer Suche beruhen.

Wenn allerdings tiefer gesucht wird und die *Endknoten* **heuristische** Werte zugeordnet erhalten, erhebt sich die Frage, was mit diesen weiter geschehen soll. Wie können sie geeignet für das Fällen einer Entscheidung an der Wurzel herangezogen werden? Nehmen

wir an, dies soll ganz allgemein so erfolgen, daß eine der Kanten zu
einem unmittelbaren Nachfolger mit maximalem Wert ausgewählt
wird. Somit ergibt sich dann die Frage, wie diese *dynamischen* Werte
aus den *statischen* Werten der jeweiligen *Endknoten* berechnet werden sollen. Dies erfolgt gemäß spezieller **Rückrechen-Regeln** (englisch: back-up rules).

3.1.4 „Minimaxing"

Als erstes wollen wir uns mit der weitaus am häufigsten verwendeten **Rückrechen-Regel** für *Punktwerte* auseinandersetzen, der **Minimax-Regel**. Sie wurde bereits relativ früh von berühmten Autoren
für die Verwendung in Schachprogrammen vorgeschlagen:
[Shannon (1950)] und [Turing *et al.* (1953)]. Es scheint auch, als sei
diese Regel intuitiv am naheliegendsten. Schließlich kann man sie
als Verallgemeinerung der spieltheoretischen Beziehungen zwischen
den **tatsächlichen Werten** (G, V und eventuell auch R) sehen, und
zwar für eine möglicherweise sogar unendliche Menge von Werten.
Diese Werte sind zwar meist **heuristisch**, werden durch die **Minimax-
Regel** jedoch wie die **tatsächlichen** behandelt. (Auf diese Problematik werden wir noch näher eingehen.)

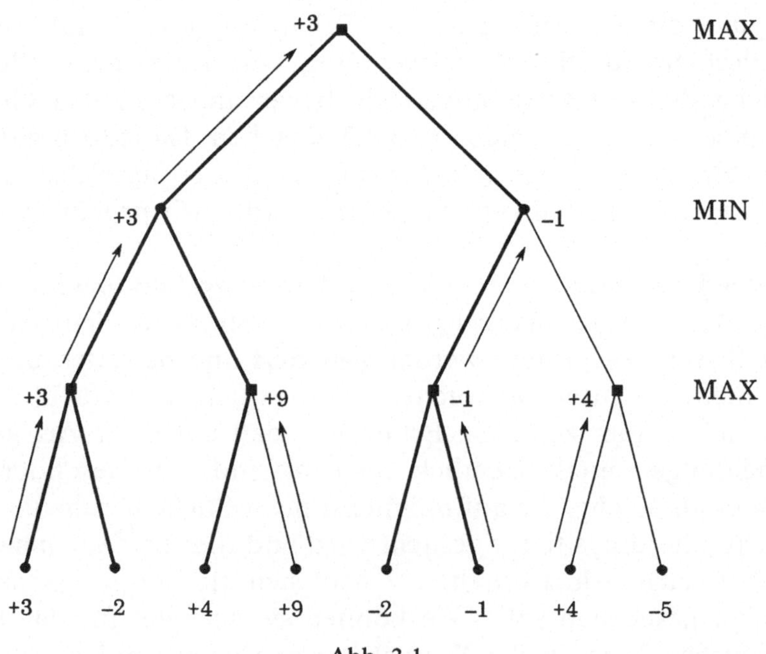

Abb. 3.1

Konkret wird hier angenommen, daß sich MAX am Zug immer für das *Maximum* der Werte aller unmittelbaren Nachfolger entscheidet, MIN für das *Minimum*. (Daraus entstanden die Bezeichnungen MAX und MIN.) Bei rekursiver Anwendung dieser Regel kann für einen **Spielbaum** ein <u>**Minimax-Wert**</u> berechnet werden. Abb. 3.1 zeigt an einem kleinen Beispiel, wie sich die Werte in einem Baum fortpflanzen. Der Pfad, der von der Wurzel zu dem *Endknoten* mit dem **Minimax-Wert** führt, wird <u>**Hauptvariante**</u> („principal variation" bzw. „main variation") genannt.

Etwas exakter kann man die <u>**Minimax-Regel**</u> folgendermaßen formulieren:

(1) Falls n ein *Endknoten* ist, wird der Wert der **statischen Bewertungsfunktion** für n genommen: $MM(n) := f(n)$.

(2) Ansonsten, falls in der durch n repräsentierten Spielsituation

    (a) MAX am Zug ist, wird $\max_i(MM(n_i))$ – für alle n_i als unmittelbare Nachfolger von n – bzw. falls

    (b) MIN am Zug ist, $\min_i(MM(n_i))$ – für alle n_i als unmittelbare Nachfolger von n – genommen.

Üblicherweise ist man weniger am **Minimax-Wert** der Wurzel selbst interessiert, sondern vielmehr an der Entscheidung für einen Zug. Diese erfolgt an der Wurzel so, daß der Zug ausgewählt wird, der zum besten (nach Konvention dem maximalen) **Minimax-Wert** aller unmittelbaren Nachfolger der Wurzel führt (genauer natürlich einer von möglicherweise mehreren Zügen mit diesem Wert, üblicherweise der als erster untersuchte). Obwohl dies selbstverständlich anmuten mag, sei doch darauf hingewiesen, daß somit die Auswahl des Zugs bei diesem Verfahren in Übereinstimmung mit dem Vorgehen im Such-Baum ist.

Im Zusammenhang mit der **Minimax-Regel** werden die Werte für den gesamten untersuchten **Spielbaum** aus der Sicht eines der beiden Spieler betrachtet (meist desjenigen, der in der durch die Wurzel repräsentierten Spielsituation am Zug ist – nach Konvention MAX). Alternativ dazu können die Werte auch jeweils aus der Sicht desjenigen Spielers gesehen werden, der am jeweiligen Knoten im Baum am Zug ist. Aus dieser Betrachtungsweise resultiert die <u>**Negamax-Regel**</u> (auch *Negmax* genannt):

(1) Falls n ein *Endknoten* ist: $NM(n) := f'(n)$;

(2) sonst: $NM(n) := \max_i(-NM(n_i))$ – für alle n_i als unmittelbare Nachfolger von n.

Die beiden Ausprägungen der **statischen Bewertungsfunktion** $f(n)$ und $f'(n)$ stehen in folgendem Zusammenhang (wenn – nach Konvention – die **Minimax-Regel** die Werte aus der Sicht von MAX betrachtet):
Falls in der durch n repräsentierten Spielsituation
   (a) MAX zieht: $f(n) = f'(n)$;
   (b) MIN zieht: $f(n) = -f'(n)$.

Da für beliebige Zahlen z_i gilt: $\max(-z_i) = -\min(z_i)$, kann man nachweisen, daß diese beiden Rückrechen-Regeln äquivalent sind, also gilt: $MM(n) = NM(n)$.

Die **Negamax-Regel** ist für das Formulieren von Prozeduren und das Führen von Beweisen besser geeignet als die **Minimax-Regel**, da sie dieser gegenüber die Fallunterscheidung zwischen MAX und MIN einspart: Es wird einheitlich für alle Knoten maximiert, indem mit Werten gearbeitet wird, die mit -1 multipliziert wurden. Für den menschlichen Betrachter eines **Spielbaums** erleichtert es andererseits oft das Verständnis, wenn die Werte global aus der Sicht *eines* bestimmten Spielers gesehen werden. Deshalb werden wir im folgenden versuchen, den jeweils geeigneteren Ansatz zur Präsentation zu verwenden. (In Abb. 3.7 werden wir auch einen Baum sehen, in dem entsprechend der **Negamax-Regel** rückgerechnet wird.)

3.1.5 Modifikationen und Alternativen bezüglich „Minimaxing"

Bereits relativ früh – noch bevor Programme basierend auf „minimaxing" überzeugende Resultate lieferten – wurde von [Slagle & Dixon (1969)] eine Modifikation und von [Slagle & Bursky (1968)] eine Alternative zum Rückrechnen von *Punktwerten* mittels der **Minimax-Regel** vorgeschlagen. Dennoch wurde und wird in den Programmen, die auf *Punktwerten* basieren, fast ausschließlich diese Regel verwendet (leider oft auch, ohne daß Alternativen überhaupt erwogen wurden). Primär durch die enorme Geschwindigkeit der Hardware (und noch verstärkt durch den Einsatz von Spezial-Hardware) zusammen mit ausgefeilten Verfeinerungen der Such-Technik haben mittlerweile (als meistzitiertes Beispiel) *Schachprogramme* sogenannte Meisterstärke erreicht. Seitdem durch [Nau (1980)] und andere Arbeiten nachgewiesen wurde, daß es zumindest theoretisch auch Bäume gibt, in denen „minimaxing" sich „pathologisch" verhält (wir werden darauf noch zurückkommen), werden Untersuchungen und Vorschläge bezüglich Alternativen in der theoretisch orientierten Literatur immer „moderner". Da diese (zumindest bis jetzt) kaum von praktischer Bedeutung sind, werden wir uns im folgenden auf eine Übersicht beschränken.

Als erstes sei die Modifikation von [Slagle & Bursky (1968)] erwähnt: die „M & N backing-up procedure". Motiviert ist diese durch die Tatsache, daß bei Verwendung **heuristischer** Werte – die naturgemäß mit Unsicherheit behaftet sind – das Abstützen auf nur *einen* Wert (das Maximum bzw. Minimum) riskant ist. Wenn sich eine unwiderrufliche Entscheidung für einen Zug auf einen solchen Wert abstützt, dieser sich jedoch in der Folge als unzuverlässig herausstellt und außerdem keine gute Alternative vorhanden ist, dann hat das meist sehr ungünstige Konsequenzen. Folglich erscheint es als erstrebenswert, sich mehrere Optionen offenzuhalten. Dies versucht die vorgeschlagene Modifikation, indem sie nicht einfach den maximalen (minimalen) Wert weitergibt, sondern eine Funktion der M (bzw. N) größten (kleinsten) Werte. Eine solche Funktion wurde aufbauend auf empirischen Daten bestimmt.

Die durchgeführten Untersuchungen anhand des Spiels *Kalah* zeigten auch tatsächlich günstige Resultate für „M & N" im Vergleich mit „minimaxing" (bei gleicher Such-Tiefe). Leider wurden (aus heutiger Sicht) nur sehr seichte Bäume damit untersucht – mit einer Tiefe von 2 Halbzügen. (1 Zug setzt sich bei solchen Spielen nach Konvention aus 2 „Halbzügen" der beiden Gegner zusammen. 1 Halbzug – in der englischsprachigen Literatur zumeist als „ply" bezeichnet – entspricht 1 **Produktions-Regel**.) Zum einen bedeutet diese seichte Suche, daß „M & N" nur auf einer Ebene verwendet wurde, zum anderen – und dies ist wahrscheinlich viel bedeutender – stellt sich bei diesem Verfahren ein kompliziertes Problem hinsichtlich solcher „Beschneidungen" des Baums, die nichts am Resultat ändern können. (Bezüglich „minimaxing" werden wir auf solche noch umfassend eingehen.) Bei den durchgeführten Untersuchungen ergaben sich dadurch nur geringe Mehrkosten gegenüber „minimaxing". Es ist jedoch zu vermuten, daß sich diese bei signifikanter Steigerung der Such-Tiefe – wie sie mit heutiger Hardware möglich ist – entscheidend erhöhen. Da die Untersuchungen auch gezeigt haben, daß tieferes „minimaxing" bessere Resultate als „M & N" liefert, kann dies durchaus für den Vergleich der beiden Verfahren entscheidend sein. Ob der Mehraufwand tatsächlich dazu führt, daß „minimaxing" entsprechend tiefer sucht, müßte noch untersucht werden.

Die von [Slagle & Bursky (1968)] verwendete Regel für das Rückrechnen von *Punktwerten* interpretiert diese als unabhängige Wahrscheinlichkeiten, daß der jeweilige Spieler aus der entsprechenden Spielsituation einen Gewinn erzwingen kann. Dies setzt natürlich voraus, daß die Werte im Intervall $[0,1]$ liegen. Für die gewählte Domäne *Kalah* ist auch eine Funktion angegeben, welche die üblichste Bewertung (Differenz der Steine in den jeweiligen „Kalah-Gruben") auf solche Werte abbildet. ([Pearl (1984), S. 360] schlägt als mögliche Abbildung des „Materialwerts" bei *Schach* auf $[0,1]$ eine Funktion basierend auf dem *arctan* vor.) Leider ist bei den resultierenden Werten nicht wirklich klar, ob sie – in einem realitätsbezogenen Sinn – „Wahrscheinlichkeiten zu gewinnen" repräsentieren. Welche Semantik soll man diesem Begriff denn bei Spielen mit vollständiger Information, in denen auch kein Zufallseinfluß vorliegt, zuordnen, insbesondere dann, wenn auch R ein zulässiges Ergebnis ist? (Eine Erörterung dieser Problematik findet sich in [Horacek *et al.* (1987)].) Außerdem sind diese Werte in der Praxis wohl kaum voneinander unabhängig.

Die Regel selbst kann aufbauend auf die Wahrscheinlichkeitstheorie und die Voraussetzungen so formuliert werden:

(1) Falls n ein *Endknoten* ist, wird der Wert der *statischen Bewertungsfunktion* für n genommen (und – falls erforderlich – auf das Intervall $[0,1]$ abgebildet): $PP(n) := f(n)$.

(2) Ansonsten, falls in der durch n repräsentierten Spielsituation

    (a) MAX am Zug ist, wird $(1 - \Pi_i(1 - PP(n_i)))$ – für alle n_i als unmittelbare Nachfolger von n – bzw. falls

    (b) MIN am Zug ist, $\Pi_i PP(n_i)$ – für alle n_i als unmittelbare Nachfolger von n – genommen.

Eine Formulierung analog zur **Negamax-Regel** nimmt in (2) generell $PP(n_i) := 1 - \Pi_i PP(n_i)$. [Pearl (1981)] bezeichnet diese Regel als „product-propagation rule". (Interessanterweise wird sie dort vorgeschlagen, ohne auf [Slagle & Bursky (1968)] bzw. das Lehrbuch [Slagle (1971)] zu verweisen.) Die Auswahl des Zugs an der Wurzel erfolgt hier analog zur **Minimax-Regel** (zum maximalen Wert). Somit steht sie im Gegensatz zu „minimaxing" nicht in Übereinstimmung mit dem Vorgehen im Such-Baum.

<u>Beispiel 3.1:</u>

    Wollen wir uns diese beiden Regeln im Vergleich anhand des in [Pearl (1981, 1984)] verwendeten Beispiels ansehen. Abb. 3.2

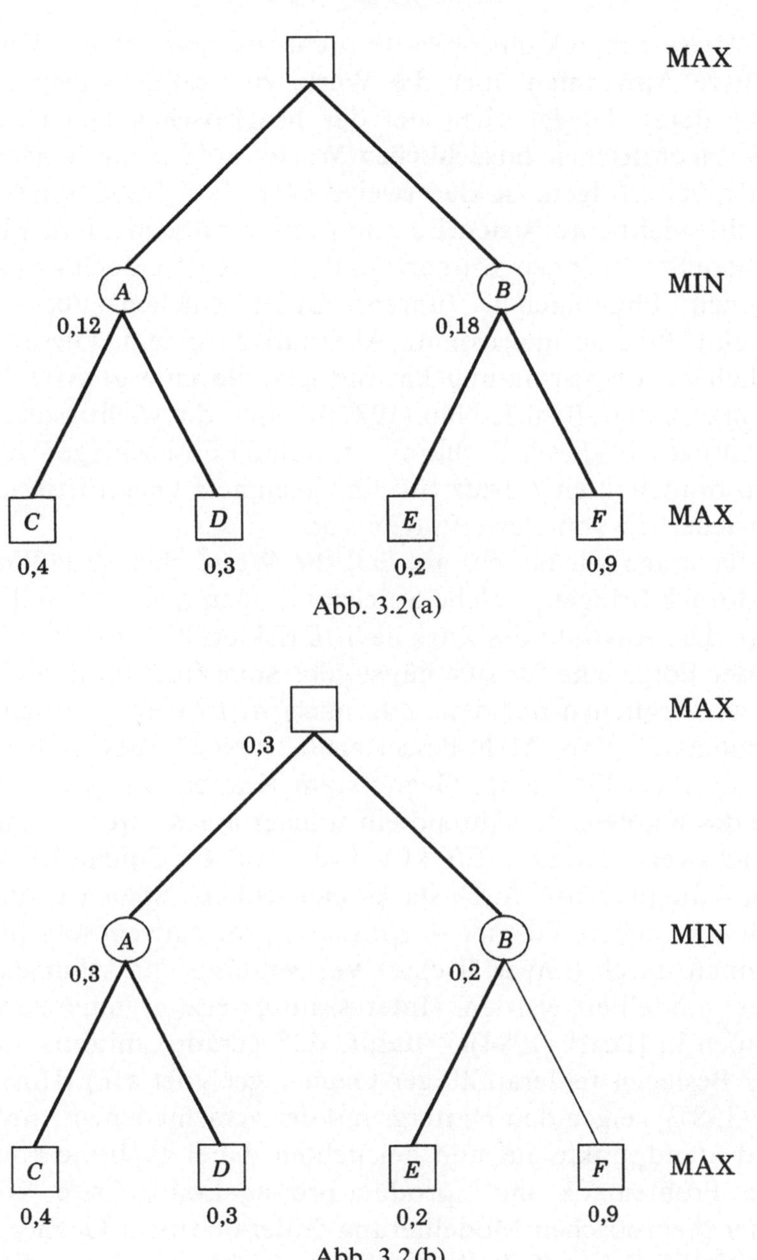

Abb. 3.2(a)

Abb. 3.2(b)

zeigt einen Baum der Tiefe 2 mit Bewertungen, die von beiden Regeln verwendet werden können. Abb. 3.2(a) gibt die Rückrechnung für PP, (b) die für MM an. Daraus folgt, daß PP eine Entscheidung für den Zug nach B, MM für den nach A fällt. Welcher ist nun der „bessere"?

Diese Frage kann objektiv nicht beantwortet werden, ohne weitere Annahmen über die Werte zu treffen – insbesondere über deren Unsicherheit bei der **heuristischen** Schätzung der spieltheoretischen **tatsächlichen Werte**. Sofern die Schätzungen fehlerfrei erfolgen, ist klarerweise MM die richtige Regel, da sie ja die spieltheoretischen Beziehungen verallgemeinert. Eher unsichere Schätzungen können bei dieser Regel jedoch zu pathologischen Phänomenen führen. Unter solchen Bedingungen scheint PP eine interessante Alternative zu sein. Diese intuitiv naheliegende Vermutung hat mittlerweile eine gewisse Bestätigung erhalten: [Chi & Nau (1987)] fassen die wichtigsten Untersuchungen in dieser Richtung zusammen und schlagen einen ersten brauchbaren Ansatz für eine geeignete Quantifizierung der Unsicherheit von Bewertungen vor.

Nehmen wir einmal an, daß die Werte eher verläßlich zum Ausdruck bringen, welche Spielsituationen „besser" sind als andere. Die Auswahl des Zugs nach B riskiert hier, daß der Gegner in der Folge eine für sich günstigere Spielsituation herbeiführen kann, verglichen mit dem Zug nach A: Die Bewertung 0,2 des Knotens E ist für MIN besser als 0,3 von D. Andererseits führt ein (grober) Fehler des Gegners am Knoten B sogar zum Wert 0,9 des Knotens F, während ein solcher am Knoten A einen vergleichsweise geringen Effekt hat (0,4 von C). Solche Überlegungen – die fallweise durch starke menschliche Spieler gegen deutlich schwächere Gegner in subtiler Form Anwendung finden – können durch (unverfälschte) Verwendung der **Minimax-Regel** *nicht* modelliert werden. (Interessanterweise argumentiert Pearl – auch in [Pearl (1984)] – dafür, daß gerade „minimaxing" für das Besiegen fehleranfälliger Gegner geeignet sei.) [Horacek *et al.* (1987)] zeigen den Hintergrund der verschiedenen Annahmen und Standpunkte auf und beleuchten dabei auch die konzeptuelle Problematik mit „product-propagation". Erste Versuche einer theoretischen Modellierung fehleranfälliger Gegner finden sich in [Reibman & Ballard (1983)], dürften für den praktischen Einsatz jedoch noch zu unausgereift sein.

Eine weitere Alternative zu „minimaxing" ist die „average propagation", die MM und PP kombiniert, indem sie das Mittel aus deren Werten nimmt [Nau *et al.* (1986)]. Dies ist eine Möglichkeit von vielen, einen Ansatz zu realisieren, der zwischen den Extremen von

„minimaxing" und „product-propagation" liegt. Es zeigte sich, daß je nach den Eigenschaften (vor allem der Unsicherheit) der Bewertungen verschiedene Verfahren die jeweils besten Resultate lieferten.

Bei allen solchen Untersuchungen wurde mit „minimaxing" ohne Verfeinerungen (wie etwa **„quiescence search"**) verglichen. Außerdem wurde von gleicher Such-Tiefe für alle Verfahren ausgegangen. Leider sind jedoch für „product" und „average propagation" keine solchen Einsparungsmöglichkeiten wie bei „minimaxing" vorstellbar (die wir im folgenden ausführlich behandeln werden). Schließlich sind zum Rückrechnen die Werte aller unmittelbaren Nachfolger erforderlich. Sollte daher nicht fairerweise auf der Basis gleichen Zeitbedarfs (gleicher Knotenanzahl) verglichen werden?

3.2 „Depth-First Search"

Das Ermitteln eines **Minimax-Werts** $MM(n)$ für eine durch den Knoten n repräsentierte Spielsituation erfolgt zumeist mit Hilfe einer **„depth-first search"** (realisiert durch **„backtracking"**). Das allgemeine Schema entspricht dem im Unterkapitel 2.4 behandelten, und seine Verwendung drängt sich aufgrund des linearen Speicherbedarfs auf. (Es erfordert nur einen Stack.)

3.2.1 Suche zur Berechnung des Minimax-Werts

Prozedur 3.2 zeigt ein Paar mittelbar rekursiver Funktions-Prozeduren, die entsprechend der Fallunterscheidung, ob MAX oder MIN am Zug ist, einander gegenseitig aufrufen. SELECT-MOVE entspricht grundsätzlich dem in Prozedur 2.4 verwendeten SELECT-RULE, soll jedoch auch dann „null" als Ergebnis liefern, wenn zwar noch legale Züge existieren sollten, aber bereits ein *künstliches Endekriterium* (wie etwa das Erreichen einer maximalen Tiefe) erfüllt ist. Das explizite Abfragen, ob die (tatsächliche) *Endebedingung* für eine Spielsituation erfüllt ist, entfällt, da SELECT-MOVE in einem solchen Fall unmittelbar „null" liefern und die **statische Bewertungsfunktion** STAT-EVAL entsprechende Werte vergeben soll. ∞ bezeichnet einen speziellen Wert, der $\infty \geq |{\rm STAT\text{-}EVAL}(p)|$ für alle Spielsituationen p erfüllen soll. Folglich gilt auch $-\infty \leq -|{\rm MAX\text{-}SEARCH}(p)|$ für alle p. Der mittelbar rekursive Aufruf erhält als Parameter die Spielsituation zugewiesen, die sich

```
fct MAX-SEARCH (POSITION) : int;

    M := SELECT-MOVE (POSITION);
    if M = null then
       BEST := STAT-EVAL (POSITION);
    else
       BEST := -∞;
       LOOP:
       while M ≠ null do
          V := MIN-SEARCH (M (POSITION));
          if V > BEST then
             BEST := V;
          end if;
          M := SELECT-MOVE (POSITION);
       end while LOOP;
    end if;
    MAX-SEARCH := BEST;
end fct MAX-SEARCH;


fct MIN-SEARCH (POSITION) : int;

    M := SELECT-MOVE (POSITION);
    if M = null then
       BEST := -STAT-EVAL (POSITION);
    else
       BEST := +∞;
       LOOP:
       while M ≠ null do
          V := MAX-SEARCH (M (POSITION));
          if V < BEST then
             BEST := V;
          end if;
          M := SELECT-MOVE (POSITION);
       end while LOOP;
    end if;
    MIN-SEARCH := BEST;
end fct MIN-SEARCH;


MM-VALUE := MAX-SEARCH (ROOT);
```

Prozedur 3.2

durch Ausführung des Zugs M in der Spielsituation POSITION ergibt – geschrieben als M (POSITION). Natürlich ist der Zug, der zum besten Wert geführt hat, ein mindestens ebenso wichtiges Resultat wie der Wert selbst. Die programmiertechnische Realisierung seiner Ermittlung wurde für unsere Darstellung aber als „Detail" weggelassen.

Als Übung wird dem Leser empfohlen, den Ablauf dieser Prozeduren am Beispiel in Abb. 3.1 nachzuvollziehen. Dabei soll angenommen werden, daß SELECT-MOVE die Züge in der Reihenfolge von links nach rechts liefert. Als Hinweis sei angemerkt, daß das Schema der Vorgangsweise dem in Abb. 2.5 entsprechen muß.

Wie bereits angedeutet wurde, eignet sich für das Formulieren von Prozeduren die **Negamax-Regel** besser, da sie die Fallunterscheidung zwischen MAX und MIN einspart. Daher reduziert sich das Paar mittelbar rekursiver Funktions-Prozeduren zu einer unmittelbar rekursiven: NEGAMAX (Prozedur 3.3). Insbesonders ist dabei zu beachten, daß das Vorzeichen des Werts, der sich beim rekur-

```
fct NEGAMAX (POSITION) : int;

    M := SELECT-MOVE (POSITION);
    if M = null then
        BEST := STAT-EVAL-NM (POSITION);
    else
        BEST := -∞;
        LOOP:
        while M ≠ null do
            V := -NEGAMAX (M (POSITION));
            if V > BEST then
                BEST := V;
            end if;
            M := SELECT-MOVE (POSITION);
        end while LOOP;
    end if;
    NEGAMAX := BEST;
end fct NEGAMAX;


MM-VALUE := NEGAMAX (ROOT);
```

Prozedur 3.3

siven Aufruf ergibt, umgedreht wird. (Dadurch kann einheitlich maximiert werden.) Zusätzlich muß die **heuristische Bewertungsfunktion** STAT-EVAL-NM die Werte aus der Sicht des jeweils in der bewerteten Spielsituation am Zug befindlichen Spielers liefern.

3.2.2 Das α-β-Verfahren

Diese Prozeduren liefern zwar wie gewünscht **Minimax-Werte**, verschwenden sie aber nicht sehr viel Zeit damit, Knoten zu untersuchen, die das Ergebnis gar nicht mehr beeinflussen können? So etwa kann ja die Prozedur SOLVE die Untersuchung eines MAX-Knotens im Baum beenden, wenn bereits ein einziger unmittelbarer Nachfolger mit dem **tatsächlichen Wert** G gefunden wurde. Auch bei Verwendung von „**backtracking**" zum Optimieren von Werten haben wir gesehen, daß mit Hilfe eines *Branch-and-Bound-Verfahrens* Teile des Graphen nicht untersucht werden müssen. Läßt sich diese Idee hier auch einsetzen?

Beispiel 3.2:

Sehen wir uns einmal den in Abb. 3.3 dargestellten Ausschnitt des Baums aus Abb. 3.1 genauer an. Aus dem linken Teilbaum hat sich ein Wert von $+3$ für die Wurzel ergeben. An dieser ist (nach Konvention) der Spieler MAX am Zug, der (wegen strikter Maximierung) nur noch an Werten > 3 interessiert ist. Werte ≤ 3 können somit an der Wurzel nichts mehr verändern. Diese Tatsache kann nun bei der Untersuchung des rechten Nachfolgers ausgenutzt werden. Nachdem dessen linker Teilbaum untersucht wurde, kann MIN an diesem Knoten einen Wert von -1 für sich in Anspruch nehmen. In der Folge wären hier also nur noch Werte < -1 von Interesse. Was bedeutet dies im Zusammenhang mit der Situation an der Wurzel? Es gilt bereits $-1 \leq +3$, weshalb sich hier nichts verändert. Für MAX ist noch immer der linke Nachfolger der beste (mit dem Wert $+3$). Da sich der Wert des rechten Nachfolgers aus seiner Sicht nur verschlechtern kann (er könnte < -1) werden, kann sich auch bei weiterer Untersuchung des rechten Teilbaums nichts mehr verändern. (Auch wenn MIN hier etwa -1000 erzielen könnte, würde das für MAX nichts bedeuten, da ja immer noch der linke Teilbaum $+3$ für ihn bereithält.) Wozu sollte also der rechte Teilbaum noch weiter untersucht werden?

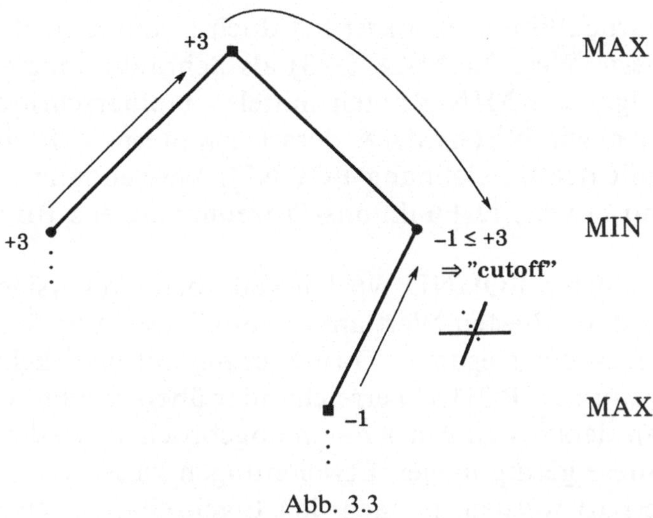

Abb. 3.3

Wir können uns diese Idee zur Reduktion des Aufwands der Suche (ohne das Resultat zu verändern) auch noch folgendermaßen plausibel machen: Wenn man bei der Vorausberechnung auf einen Zug des Gegners (im Beispiel den von MAX zum rechten Nachfolger) eine *Widerlegung* gefunden hat (jenen Zug von MIN mit dem Wert −1), ist es nicht mehr von Interesse, wie gut die noch nicht untersuchten Alternativen sind. Schließlich können sie das Resultat nicht mehr verändern, da sich der Gegner ohnehin nicht für den widerlegten Zug entscheiden wird. (Durch die strikte Regel des Maximierens/Minimierens kann man sich hier sicher darauf verlassen, daß gegenüber der vollständigen Suche kein anderes Resultat entsteht.) Ein derartiger Abbruch der Suche an einem Knoten wird als **„cutoff"** bezeichnet. Wie man sich leicht überzeugen kann, ist ein solcher Vorgang sowohl für MAX- als auch für MIN-Knoten gleichermaßen möglich. (Es wird als Übung empfohlen, das **„cutoff"** im linken Teilbaum von Abb. 3.1 gedanklich nachzuvollziehen. Dabei ist auch zu sehen, daß die Werte *innerhalb* des Baums dadurch nicht immer exakt berechnet werden: Z. B. genügt hier bereits +4 gegenüber +9 für das **„cutoff".**) Der Gesamtvorgang des risikolosen „Beschneidens" des **Such-Baums**, das nichts am Resultat der Suche ändert, wird **„backward pruning"** genannt.

Als nächstes stellt sich die Frage, wie sich dieser Vorgang algorithmisch fassen läßt. Wie bereits angedeutet wurde, kann man die zugrundeliegende Idee auf einen Aspekt von *Branch-and-Bound-*

Verfahren zurückführen. Konkret hat doch in unserem Beispiel der bis dahin beste Wert für MAX (+3) als Schranke fungiert, die an dem nachfolgenden MIN-Knoten mittels −1 unterschritten wurde. Somit können wir NEGAMAX derart erweitern, daß eine solche Schranke (mit der Bezeichnung BOUND) Verwendung findet. Die entsprechend erweiterte Funktions-Prozedur namens BB zeigt Prozedur 3.4.

Der Parameter BOUND wird jeweils beim rekursiven Aufruf mit dem bis dahin besten Wert am unmittelbaren Vorgängerknoten versorgt (wegen der Negamax-Formulierung mit umgekehrtem Vorzeichen). Wenn nun BOUND erreicht oder überschritten wird, kann die Suche an dem jeweiligen Knoten abgebrochen werden.

Durch diese geringfügigen Erweiterungen kann bereits viel Aufwand eingespart werden, je nach den Eigenschaften des betreffenden Baums mehr oder weniger. (Auf diesen Aspekt werden wir noch

```
fct BB (POSITION, BOUND) : int;

    M := SELECT-MOVE (POSITION);
    if M = null then
        BEST := STAT-EVAL-NM (POSITION);
    else
        BEST := −∞;
        LOOP:
        while M ≠ null do
            V := −BB (M (POSITION), −BEST);
            if V > BEST then
                BEST := V;
                if BEST ≥ BOUND then
                    exit LOOP;
            end if;
            M := SELECT-MOVE (POSITION);
        end while LOOP;
    end if;
    BB := BEST;
end fct BB;


MM-VALUE := BB (ROOT, +∞);
```

Prozedur 3.4

eingehen.) Bei tieferen Bäumen (konkret solchen mit Tiefe $\geq$ 4) können durch eine weitere Modifikation noch zusätzliche Einsparungen erfolgen. Abb. 3.4 zeigt eine Variation des vorigen Beispiels, in der noch für beide Spieler Züge „eingeschoben" sind. Aufgrund der strikten Maximierung/Minimierung der Werte ergibt es sich sogar, daß der bisher beste Wert für eine Seite nicht nur für unmittelbare sondern auch für mittelbare Nachfolger, an denen die andere Seite am Zug ist, als Schranke dienen kann. Auch tiefer im Baum kann die Suche an einem solchen Knoten abgebrochen werden, wenn diese Schranke erreicht bzw. überschritten wird. In einem solchen Fall wird der Abbruch als **„deep cutoff"** bezeichnet. Die solcherart abgeschnittenen Teilbäume könnten ohnehin nur Werte liefern, die sich zwar über einige Ebenen fortpflanzen, letztlich aber genauso wie beim direkten **„cutoff"** nichts am Gesamtresultat ändern könnten.

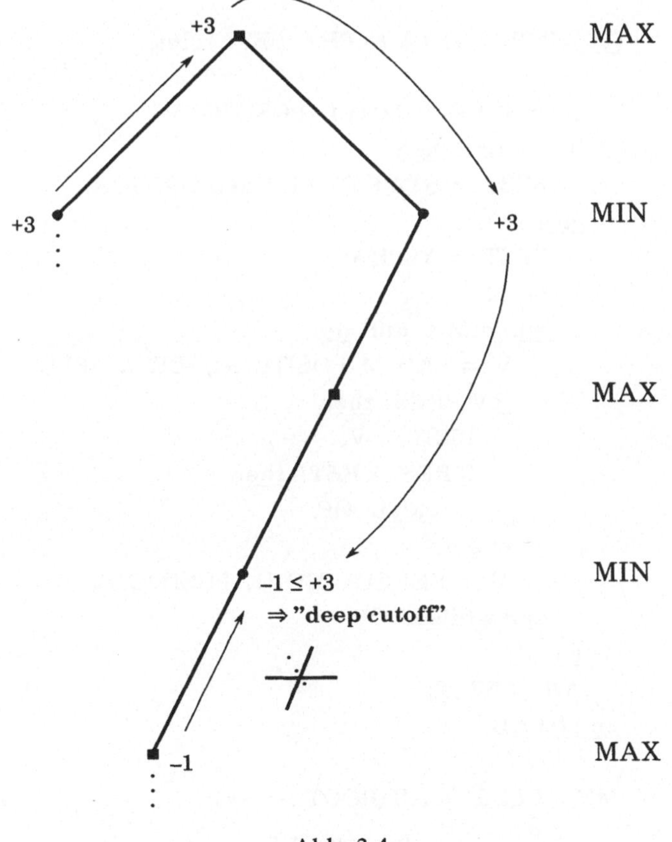

Abb. 3.4

Die Prozedur BB kann **„deep cutoffs"** nicht erkennen, da sie BOUND immer nur lokal versorgt und folglich tiefer im Baum keine Information mehr darüber hat. Prozedur 3.5 zeigt eine Erweiterung namens AB (Abkürzung für „Alpha-Beta"), die aus diesem Grund einen zweiten Parameter beinhaltet. Diese beiden Parameter heißen historisch ALPHA und BETA und repräsentieren in einer Minimax-Formulierung die den jeweiligen Spielern fix zugeordneten Schranken für die **„cutoffs"**. In der in AB verwendeten Nega-max-Formulierung hingegen ist immer BETA die aktuelle Schranke (entsprechend BOUND in BB). ALPHA übernimmt hier gewissermaßen die Rolle eines Zwischenspeichers, der dafür sorgt, daß die jeweils in der aktuellen Ebene nicht relevante Schranke nicht vergessen, sondern an die nächste Ebene weitergegeben wird (wo sie wieder Verwendung finden kann). Da genau zwei Spieler involviert sind, die alternativ ziehen, reichen diese beiden Parameter aus, um ohne Informationsverlust die Schranken weiterzugeben.

```
fct AB (POSITION, ALPHA, BETA) : int;

    M := SELECT-MOVE (POSITION);
    if M = null then
        BEST := STAT-EVAL-NM (POSITION);
    else
        BEST := ALPHA;
        LOOP:
        while M ≠ null do
            V := -AB (M (POSITION), -BETA, -BEST);
            if V > BEST then
                BEST := V;
                if BEST ≥ BETA then
                    exit LOOP;
            end if;
            M := SELECT-MOVE (POSITION);
        end while LOOP;
    end if;
    AB := BEST;
end fct AB;


MM-VALUE := AB (ROOT, -∞, +∞);
```

Prozedur 3.5

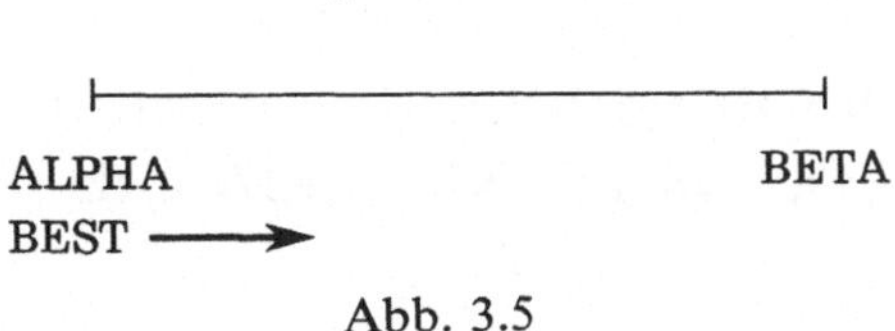

Abb. 3.5

BETA ist nicht nur der beste bis dahin erreichte Wert des Gegenspielers am unmittelbaren Vorgängerknoten, sondern von allen
Knoten des Gegenspielers im aktuellen Pfad (wegen der Negamax-
Formulierung mit −1 multipliziert). ALPHA ist der beste bis dahin
erreichte Wert an allen „eigenen" Vorgängerknoten im aktuellen
Pfad. Der beste Wert am aktuellen Knoten (BEST) wird hier bereits
mit ALPHA initialisiert (im Gegensatz zu $-\infty$ in BB). Abb. 3.5 zeigt
schematisch die Beziehung zwischen diesen Werten für AB. ALPHA
und BETA grenzen gewissermaßen das Intervall derjenigen Werte
am aktuellen Knoten ein, die für die Suche noch relevant sind.
BEST kann wegen der einheitlichen Maximierung im Rahmen der
Negamax-Formulierung nur größer werden und eventuell BETA erreichen oder übertreffen, wonach die Suche an diesem Knoten im
Sinne eines **„cutoff"** abgebrochen werden kann.

Dieses Verfahren dürfte bereits vor 1960 unabhängig von verschiedenen Leuten entdeckt worden sein, meist jedoch nur in der
schwächeren Form entsprechend Prozedur BB. Die Bezeichnung
„Alpha-Beta" (im folgenden **α-β** geschrieben) stammt von Prof.
John McCarthy (allerdings im Zusammenhang mit einer **heuristischen** Erweiterung und ohne die Erkenntnis, daß äquivalente Resultate wie mit der vollständigen Minimax-Prozedur erreicht werden
können). In [Knuth & Moore (1975)] findet sich die bis dahin klarste
formale Beschreibung des vollständigen Verfahrens und eine recht
einfache Beweisskizze der Äquivalenz mit vollständigem **„minimaxing"** (sowie auch eine Durchleuchtung der nicht mehr vollständig zu
klärenden geschichtlichen Entwicklung). Es kann gezeigt werden,
daß AB folgende Bedingung erfüllt (wir werden in 3.2.3 noch stärkere Beziehungen für eine leichte Modifikation von AB beweisen):

$$AB(p, \text{ALPHA, BETA}) \leq \text{ALPHA},$$
$$\text{wenn NEGAMAX}(p) \leq \text{ALPHA};$$
$$AB(p, \text{ALPHA, BETA}) = \text{NEGAMAX}(p),$$
$$\text{wenn ALPHA} < \text{NEGAMAX}(p) < \text{BETA};$$
$$AB(p, \text{ALPHA, BETA}) \geq \text{BETA},$$
$$\text{wenn NEGAMAX}(p) \geq \text{BETA}.$$

Aus diesen Bedingungen folgt, daß mittels AB der gleiche Wert berechnet werden kann wie mit NEGAMAX, da sie folgendes implizieren:

$$AB(p, -\infty, +\infty) = NEGAMAX(p).$$

3.2.3 Die Verwendung eines „Fensters"

Gemäß den praktischen Erfahrungen ist der Aufwand für eine Suche mit AB umso geringer, je kleiner das Intervall zwischen ALPHA und BETA ist. Außerdem kann in praktischen Anwendungen oft schon vor der Suche recht gut geschätzt werden, in welchem „Fenster" („aspiration window") der Wert zu liegen kommen wird. (Auf Methoden dafür werden wir noch eingehen.) Deshalb wird α-β in der Praxis meist in seiner Variante AAB („Aspiration Alpha-Beta") verwendet, indem AB an der Wurzel mit möglichst geschickt gewählten Werten initialisiert wird:

$$VALUE := AB(POSITION, a, b).$$

Dies bringt natürlich das Risiko mit sich, daß der tatsächliche Wert außerhalb des Intervalls (a,b) liegt. In einem solchen Fall muß die Suche mit einem anderen Intervall wiederholt werden, üblicherweise folgendermaßen:

```
if VALUE ≤ a then
     VALUE := AB(POSITION, -∞, VALUE);
else if VALUE ≥ b then
     VALUE := AB(POSITION, VALUE, +∞);
end if;
```

Leider ist VALUE ohnehin identisch mit a bzw. b (mit Ausnahme einer konstanten Such-Tiefe ≤ 1). Dies steht nicht zuletzt damit im Zusammenhang, daß in AB BEST unmittelbar mit ALPHA initialisiert wird. Deshalb wurde von [Fishburn & Finkel (1980)] eine leichte Modifikation (mit vernachlässigbaren Mehrberechnungen) vorgeschlagen, die manchmal VALUE $< a$ bzw. VALUE $> b$ liefert. Prozedur 3.6 zeigt dieses Verfahren in unserem Formalismus und mit der abgekürzten Bezeichnung FAB (für „falphabeta" oder „fail-soft alpha-beta search"). BEST wird hier vorerst mit $-\infty$ initia-

```
fct FAB (POSITION, ALPHA, BETA) : int;

  M := SELECT-MOVE (POSITION);
  if M = null then
     BEST := STAT-EVAL-NM (POSITION);
  else
     BEST := -∞;
     LOOP:
     while M ≠ null do
        V := -FAB (M (POSITION), -BETA, -max (ALPHA, BEST));
        if V > BEST then
           BEST := V;
           if BEST ≥ BETA then
              exit LOOP;
        end if;
        M := SELECT-MOVE (POSITION);
     end while LOOP;
  end if;
  FAB := BEST;
end fct FAB;


MM-VALUE := FAB (ROOT, a, b);
```

Prozedur 3.6

lisiert, und erst beim rekursiven Aufruf fließt ALPHA ein. Abb. 3.6 zeigt schematisch die Beziehung zwischen den Werten. Klarerweise muß FAB niemals mehr Knoten untersuchen als AB, kann aber fallweise bei Verwendung eines „aspiration window" eine günstigere Ausgangsbasis für eine eventuelle *Such-Wiederholung* liefern. In diesem Sinn könnte man heute unter **α-β** auch FAB verstehen.

Das folgende Theorem soll entsprechende Aussagen über FAB etwas genauer angeben.

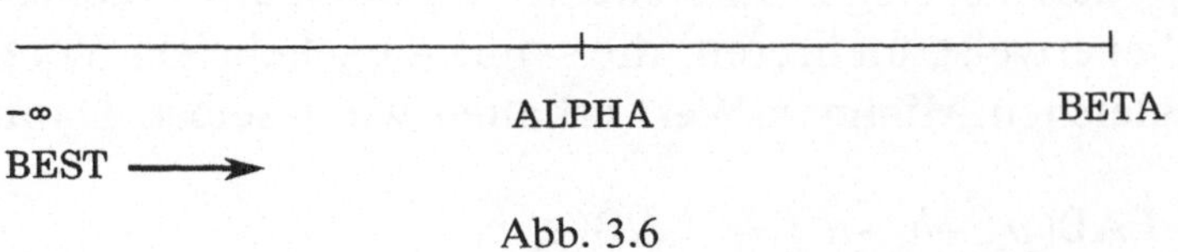

Abb. 3.6

Theorem 3.1:

Sei p die Wurzel eines Such-Baums, und es gelte $a < b$. Dann erfüllt $v := \text{FAB}(p, a, b)$ folgende Beziehungen:

$$v \leq a \text{ impliziert NEGAMAX}(p) \leq v,$$
$$a < v < b \text{ impliziert NEGAMAX}(p) = v,$$
$$v \geq b \text{ impliziert NEGAMAX}(p) \geq v.$$

Beweis (mittels Induktion über die Tiefe des Such-Baums):

Falls die Tiefe 0 ist – also p selbst ein *Endknoten* – gelten die Beziehungen klarerweise. Als *Induktionsannahme* sollen die Beziehungen für jeden beliebigen Baum mit einer Tiefe $\leq k$ gelten. Sei nun p die Wurzel eines Baums der Tiefe $k+1$. Die unmittelbaren Nachfolger von p seien $p_1, \ldots, p_d$, sodaß jedes p_i die Wurzel eines Baums mit einer Tiefe $\leq k$ ist. Entsprechend der drei Beziehungen wollen wir eine Fallunterscheidung durchführen:

Fall 1: $\text{FAB}(p, a, b) \leq a$

Daraus und aus der Formulierung von FAB folgt für alle i mit $1 \leq i \leq d$

$$a \geq -\text{FAB}(p_i, -b, -a) \text{ bzw. FAB}(p_i, -b, -a) \geq -a.$$

Mittels Induktionsannahme erhalten wir

$$\text{NEGAMAX}(p_i) \geq \text{FAB}(p_i, -b, -a).$$

Folglich gilt auch

$$\max_i -\text{NEGAMAX}(p_i) \leq \max_i -\text{FAB}(p_i, -b, -a)$$

und schließlich

$$\text{NEGAMAX}(p) \leq \text{FAB}(p, a, b).$$

Fall 2: $a < \text{FAB}(p, a, b) < b$

Sei p_i der als erster untersuchte unmittelbare Nachfolger von möglicherweise mehreren, die – mit umgekehrtem Vorzeichen – den gleichen **Minimax-Wert** erhalten wie p selbst. Dann gilt

$$-\text{FAB}(p_i, -b, -a') = \text{FAB}(p, a, b)$$

für einen Wert a' mit $FAB(p, a, b) > a' \geq a$. (Der Wert a' ist vor der Untersuchung von p_i der bis dahin beste Wert, der nun durch diese Untersuchung verbessert wird.) Folglich gilt auch

$$a' < -FAB(p_i, -b, -a') < b \text{ bzw.}$$
$$-b < FAB(p_i, -b, -a') < -a'.$$

Mittels Induktionsannahme erhalten wir

$$NEGAMAX(p_i) = FAB(p_i, -b, -a') = -FAB(p, a, b).$$

Da $NEGAMAX(p) = -NEGAMAX(p_i)$ erfüllt ist, ergibt sich schließlich

$$NEGAMAX(p) = FAB(p, a, b).$$

Fall 3: $FAB(p, a, b) \geq b$

Daraus folgt, daß es einen unmittelbaren Nachfolger p_i geben muß, der zu diesem Wert $\geq b$ führt:

$$-FAB(p_i, -b, -a') = FAB(p, a, b) \geq b$$

für einen Wert $a' \geq a$. Mittels Induktionsannahme ergibt sich

$$NEGAMAX(p_i) \leq FAB(p_i, -b, -a') \text{ und daher auch}$$
$$-NEGAMAX(p_i) \geq FAB(p, a, b).$$

Da $NEGAMAX(p) \geq -NEGAMAX(p_i)$ sein muß, ergibt sich schließlich

$$NEGAMAX(p) \geq FAB(p, a, b). \qquad \blacksquare$$

Dieses Theorem zeigt nicht nur, daß FAB bessere Werte für das „Fenster" einer *Such-Wiederholung* liefern kann, sondern auch, daß mittels FAB der gleiche Wert wie mit NEGAMAX berechnet werden kann: $FAB(p, -\infty, +\infty) = NEGAMAX(p)$. Somit sollte AAB mittels FAB realisiert werden.

Es sei ergänzend darauf hingewiesen, daß bei einer Suche mit variabler Tiefe aus den gleichen Bäumen fallweise auch noch mehr

Information gewonnen werden kann. Eine entsprechende Erweiterung ist unter der Bezeichnung „Intervall Alpha-Beta" in [Barth (1988)] zu finden. Dieses Verfahren kann (unter bestimmten Voraussetzungen) nicht nur wie FAB eine Aussage darüber treffen, wie weit ein Wert mindestens vom vorgegebenen „Fenster" entfernt ist, sondern zusätzlich, daß er nicht weiter als eine bestimmte Schranke entfernt sein kann. Somit resultiert in solchen Fällen ein Intervall als Ergebnis. Ein solches hat zwar für die Berechnung eines **Minimax-Werts** keine Bedeutung, es sei aber daran erinnert, daß eigentlich ohnehin der „beste" *Zug* gefragt ist. In diesem Sinn wird diese Erweiterung in [Barth (1988)] entsprechend der Idee von B*-TOP verwendet. (Das Verfahren **B*** wird in 3.4.2 noch erörtert.)

Die Verwendung solcher „Fenster" bietet auch eine einfache Möglichkeit für den Einsatz von *Parallelität*: Z. B. können drei Prozessoren gleichzeitig die „Fenster" $(-\infty, a)$, (a, b) und $(b, +\infty)$ verwenden. Damit ist mit Sicherheit der gesamte Bereich abgedeckt. Zwar kann der Ansatz auch ganz leicht auf n Prozessoren erweitert werden, gemäß [Baudet (1978a)] wäre die Beschleunigung jedoch auch bei Verwendung unendlich vieler Prozessoren durch einen konstanten Faktor (ca. 5) beschränkt. Da jeder Prozessor einen gewissen Teil des **Spielbaums** untersuchen muß, ergibt sich diese Beschränkung und folglich kaum eine echte Einsparung an Zeit. Außerdem kann man zumeist ohnehin recht gut schätzen, in welchem Bereich der durch die Suche zu ermittelnde Wert liegen wird.

3.2.4 PAB und SCOUT

Einen etwas anders gearteten Ansatz zur effizienten Ermittlung von exakten **Minimax-Werten** repräsentieren „Palphabeta" [Fishburn & Finkel (1980)] und SCOUT [Pearl (1980)]. Diese Verfahren laufen zuerst einen Pfad entlang bis zu einem *Endknoten*, wo sie einen statischen Wert zugeordnet erhalten. Daraufhin wird angenommen, daß dieser Pfad bereits „gute" Züge für beide Seiten enthält, indem für die Alternativen nur überprüft wird, ob sie auch tatsächlich nicht „besser" sind. Eine solche Überprüfung kann gegenüber der Berechnung eines **Minimax-Werts** für den entsprechenden Teilbaum Aufwand einsparen. Diese Vorgangsweise riskiert allerdings, daß sich Alternativen als „besser" herausstellen können, wonach *Such-Wiederholungen* für die jeweiligen Teilbäume erforderlich werden, um die *Werte* zu ermitteln.

Wollen wir uns als erstes mit „Palphabeta" (im folgenden durch PAB abgekürzt) auseinandersetzen. (Das „P" steht für „principal variation".) Prozedur 3.7 zeigt dieses Verfahren in unserem Formalismus. Der erste Zug wird jeweils durch einen rekursiven Aufruf untersucht. Die Schleife (LOOP) über die restlichen Züge enthält Aufrufe von FAB. Von diesen ist insbesonders der erste (unkonditionale) erwähnenswert, da er mit einem **minimalen Fenster** erfolgt: Unter der Annahme ganzzahliger Werte v enthält das Intervall $(v, v+1)$ überhaupt keinen Wert. Der Aufruf von FAB mit einem **minimalen Fenster** dient nur dazu festzustellen, ob eine Alternative einen besseren Wert liefert als den bisher besten. Wenn dies der Fall ist, wird erneut FAB aufgerufen, diesmal aber mit einem „nach oben geöffneten Fenster", um den *Wert* zu ermitteln.

Das folgende Beispiel soll zeigen, daß und wie PAB gegenüber AB (oder auch FAB) Aufwand einsparen kann. Durch etwaige Such-Wiederholungen kann PAB durchaus auch weniger effizient

```
fct PAB (POSITION) : int;


    M := SELECT-MOVE (POSITION);
    if M = null then
        BEST := STAT-EVAL-NM (POSITION);
    else
        BEST := -PAB (M (POSITION));
        M := SELECT-MOVE (POSITION);
        LOOP:
        while M ≠ null do
            V := -FAB (M (POSITION), -BEST - 1, -BEST);
            if V > BEST then
                BEST := -FAB (M (POSITION), -∞, -V);
            end if;
            M := SELECT-MOVE (POSITION);
        end while LOOP;
    end if;
    PAB := BEST;
end fct PAB;


MM-VALUE := PAB (ROOT);
```

Prozedur 3.7

sein, was letztlich von der Beschaffenheit der Bäume abhängt. (Wir werden noch auf Effizienzvergleiche der Verfahren eingehen.)

Beispiel 3.3:

Der Baum in Abb. 3.7 entsteht aus dem in Abb. 3.1, indem am rechten Nachfolger der Wurzel die Reihenfolge der Züge vertauscht wird (durch einen Pfeil angedeutet). Da für das Nachvollziehen von PAB die Negamax-Darstellung günstiger erscheint, sind die Werte in Abb. 3.7 entsprechend dieser angegeben (im Gegensatz zu Abb. 3.1). Es wird dem Leser als Übung empfohlen nachzuvollziehen, daß PAB im linken Teilbaum der Wurzel die gleichen Knoten untersucht wie AB. An dem mit einem Stern gekennzeichneten Knoten im rechten Teilbaum wird der Vergleich interessant. AB kann hier nach Untersuchung des ersten unmittelbaren Nachfolgers *nicht* abschneiden, da noch keine Schranke (außer $+\infty$) vorliegt. PAB hingegen versorgt den Aufruf von FAB mit dem **minimalen Fenster** und damit mit einer *künstlichen Schranke* ($+4$). Diese genügt hier für ein **„cutoff"**, da $+4 \geq +4$ erfüllt ist. Tatsächlich ergibt die Auswertung des Ausdrucks $\max(-\max(4, -y), 1)$ den richtigen Wert für den rechten Nachfolger der Wurzel (nämlich 1), ohne daß der Wert y dabei relevant wäre.

Interessant ist noch zu überlegen, wie sich das ältere Verfahren mit künstlichen Schranken (AAB) hier verhält. Ein Aufruf von AB bzw. FAB mit BETA = 4 ergibt das gleiche **„cutoff"** wie bei Anwendung von PAB. Ein Wert > 4 für BETA bewirkt hingegen das gleiche Verhalten wie $+\infty$.

Die Idee für das Überprüfen der Alternativen zum ersten Zug bei SCOUT basiert auf anderen Überlegungen. Und zwar wurde hier die Prozedur SOLVE so adaptiert, daß sie nicht zwischen G und V unterscheidet, sondern zwischen den Werten, die größer sind als ein vorgegebener, und den übrigen. Das Ergebnis ist die Prozedur TEST, die in [Pearl (1980)] in einer Minimax-Formulierung zu finden ist. [Campbell & Marsland (1983)] gaben zwar erstmals eine Negamax-Formulierung an, die jedoch leider nicht korrekt ist. Sie berücksichtigt nicht, daß alternierend die Relationen „$>$" und „$\leq$" verwendet werden müssen, sondern wechselt zwischen „$>$" und „$<$". Die Formulierung in Prozedur 3.8 behebt diesen Fehler durch

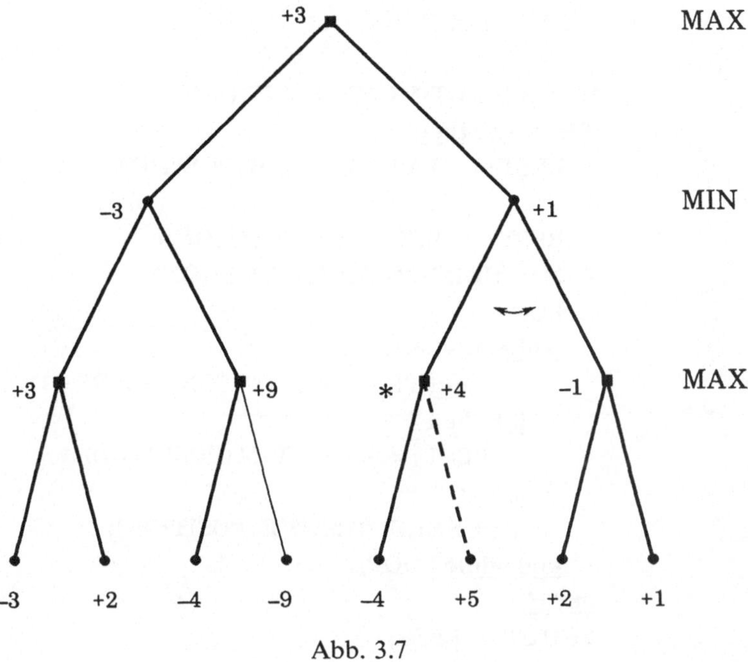

Abb. 3.7

die Parametrisierung des rekursiven Aufrufs mittels $-VALUE - 1$.
(Dadurch kann sie zwar für reelle Zahlenwerte nicht eingesetzt werden, PAB aber schließlich auch nicht.) Analog dazu muß TEST auch
beim Aufruf von SCOUT aus parametrisiert werden (siehe Prozedur
3.8). Man beachte auch die dadurch ins Auge springende Ähnlichkeit zwischen SCOUT und PAB, die bei der Formulierung in [Pearl
(1980)] bzw. [Pearl (1984)] nur schwer erkennbar ist. Im Gegensatz
zu FAB kann TEST (ohne Erweiterungen) jedoch keine Information
über die Lage des Werts für etwaige Such-Wiederholungen bereitstellen.

Ein erwähnenswerter Unterschied zwischen PAB und SCOUT
besteht noch in der Art der Durchführung von Such-Wiederholungen. PAB verwendet dazu wiederum FAB, während SCOUT sich
rekursiv aufruft. Es gibt mittlerweile veröffentlichte Prozeduren, die
so formuliert sind, daß auch das Überprüfen der Alternativen zum
ersten Zug durch einen rekursiven Aufruf erfolgt. Die ausgefeilteste
Version (auch im Sinne von leichten Optimierungen) dürfte die namens „Negascout" in [Reinefeld (1983)] sein.

Aufbauend auf die Grundidee von PAB und SCOUT wurden
auch Möglichkeiten zur *parallelen* Suche entwickelt (siehe etwa

```
fct SCOUT (POSITION) : int;

    M := SELECT-MOVE (POSITION);
    if M = null then
        BEST := STAT-EVAL-NM (POSITION);
    else
        BEST := -SCOUT (M (POSITION));
        M := SELECT-MOVE (POSITION);
        LOOP:
        while M ≠ null do
            B := not TEST (M (POSITION), -BEST - 1);
            if B then
                BEST := -SCOUT (M (POSITION));
            end if;
            M := SELECT-MOVE (POSITION);
        end while LOOP;
    end if;
    SCOUT := BEST;
end fct SCOUT;


fct TEST (POSITION, VALUE) : bool;

    M := SELECT-MOVE (POSITION);
    if M = null then
        B := (STAT-EVAL-NM (POSITION) > VALUE);
    else
        LOOP:
        while M ≠ null do
            B := not TEST (M (POSITION), -VALUE - 1);
            if B then
                exit LOOP;
            end if;
            M := SELECT-MOVE (POSITION);
        end while LOOP;
    end if;
    TEST := B;
end fct TEST;


MM-VALUE := SCOUT (ROOT);
```

Prozedur 3.8

[Marsland & Campbell (1982)]). Indem sie von einer guten Anordnung im Baum ausgehen (siehe 3.6.1), versuchen sie, diesen geeignet aufzuspalten. Obwohl dieser Ansatz bereits wesentlich erfolgreicher ist als der im Zusammenhang mit mehreren „Fenstern", bringt auch er für eine größere Anzahl von Prozessoren leider keine zufriedenstellenden Einsparungen.

3.3 „Depth-First Iterative-Deepening"

Analog zu dem in Kapitel 2 erörterten Verfahren **DFID** ist es auch für die Suche zur Berechnung eines **Minimax-Werts** möglich, iterativ immer tiefer zu suchen. Wie bereits erwähnt wurde, ist ein solches Vorgehen in Programmen für *2-Personen-Spiele* sogar schon viel länger im Einsatz. Die erste Erwähnung davon dürfte in [Scott (1969)] erfolgt sein. Da in diesem Kontext üblicherweise keine **Lösungen** gefunden werden (sondern nur die Auswahl des nächsten Zugs erfolgt), ist hier auch nicht das Finden einer **optimalen Lösung** der Grund für das iterative Vorgehen. Hauptsächlich ist es dadurch motiviert, daß aufgrund der üblichen Spielregeln (real-)zeitliche Beschränkungen vorgegeben sind. Selbst wenn aber eine Suche etwa mit α-β durch eine feste Tiefenbeschränkung gesteuert wird, ist es oft sehr schwer vorhersagbar, wie lange sie brauchen wird. (Dies hängt von Eigenschaften der jeweiligen Situation aus der jeweiligen Domäne ab, und steht mit der Häufigkeit von „**cutoffs**" im Zusammenhang.) Wenn jedoch bekannt ist, wie lange eine Suche bis zur Tiefe i gedauert hat, so läßt sich daraus deutlich besser vorhersagen, wie lange die darauffolgende zur Tiefe $i+1$ brauchen wird.

Während dies der einzige (wenn auch recht wichtige) Aspekt ist, der in [Scott (1969)] erörtert wurde, gibt es auch noch andere, die von Bedeutung sind. Bezüglich des zusätzlichen Aufwands durch das wiederholte Durchsuchen von Teilen des Baums gilt sinngemäß das gleiche wie für **DFID**. Im Gegensatz zum Suchen nach einer **Lösung** eines **Problems** kann bei der begrenzten Suche für ein *2-Personen-Spiel* durch das iterative Vorgehen jedoch sogar Aufwand eingespart werden. Darauf dürfte erstmals in [Slate & Atkin (1977)] hingewiesen worden sein, wo folgende Vorgangsweise beschrieben ist: Beginnend mit einer Suche zur Tiefe 2 (plus „**quiescence search**", auf die wir in 3.6.3 noch eingehen werden), wird solange die Such-Tiefe um 1 erhöht, wie (schätzungsweise) noch Zeit für eine folgende Iteration verbleibt. (In manchen Programmen wird die Such-Tiefe jeweils um 2 erhöht.) Jede Suche (zur Tiefe i) merkt sich die **Hauptvariante**, mit der die nachfolgende Suche (zur Tiefe $i+1$) begonnen wird. Da es vielfach recht wahrscheinlich ist, daß sich diese **Hauptvariante** auch hier als „gute" Zugfolge für beide Seiten herausstellt, ergibt sich dadurch oft eine bessere Anordnung der Züge, als wenn direkt zur Tiefe $i+1$ gesucht würde. Diese Anordnung wiederum hat einen starken Einfluß auf die Effizienz von α-β (und auch der anderen Verfahren), da dadurch die Häufigkeit von „**cutoffs**" beeinflußt wird. (Auf diese Beziehung werden wir in Unterkapitel 3.5 noch näher eingehen.) Entsprechende Effekte können ganz allgemein mittels spezieller Tabellen erzielt werden, die nützliche Information von einer Iteration zur nächsten weitergeben (siehe 3.6.1).

Auch im Zusammenhang mit der Verwendung eines „aspiration window" (etwa in AAB) ist „depth-first iterative-deepening" sehr nützlich. Der **Minimax-Wert** der Iteration i kann zur Bestimmung des „Fensters" für die Iteration $i+1$ herangezogen werden. Da sich auch dieser normalerweise nicht gravierend von einer Iteration zur nächsten ändert, bedeutet dies ein geringes Risiko, daß die Suche mit einem anderen „Fenster" wiederholt werden muß.

3.4 „Best-First Search"

Die meisten Programme für *2-Personen-Nullsummen-Spiele mit vollständiger Information* basieren derzeit auf „**minimaxing**", wobei die Suche mittels „**backtracking**" gesteuert wird. Zumeist erfolgt sie in der Form von „**iterative-deepening**", was pragmatisch vor allem bezüglich des Speicherbedarfs sehr günstig ist. Es gibt jedoch aus theoretischer Sicht sehr interessante Ansätze, „best-first search" einzusetzen. Dabei ist es wichtig zu unterscheiden, ob ein **Minimax-Wert** berechnet wird oder ob überhaupt ein anderer Ansatz vorliegt.

In Kapitel 2 stellt **A*** das prototypische Verfahren für „best-first search" dar. Läßt sich dieses auch für die Auswahl von Zügen ohne vollständige Suche zu realen Endsituationen adaptieren? Ein Versuch in diese Richtung findet sich in [Harris (1974)]. Die **heuristische** Komponente der **Bewertungsfunktion** h soll hier die Anzahl von Zügen bis zum tatsächlichen Gewinn schätzen. Leider ist diese bei

komplexen Spielen wie Schach nur sehr schwer abzuschätzen, und
pragmatisch ist es oft gar nicht günstig bzw. auch bedeutungslos,
dieses Kriterium zu minïmieren. Wenn man meint, tatsächlich auf
Gewinn zu stehen (und selbst das ist meist nur schwer abzuschätzen), sollte viel eher darauf geachtet werden, *sicher* zu gewinnen.
Konzeptuell ist dieses Kriterium jedoch noch viel problematischer
für solche Spielsituationen, die nicht gewonnen sind. Verlorene
Spielsituationen mögen dabei noch weniger von Bedeutung sein, obwohl auch in solchen noch versucht werden kann, dem Gegner
Schwierigkeiten zu bereiten. Die Majorität der „interessanten"
Spielsituationen ist jedoch remis, und wie soll das hier gewählte Kriterium dazu beitragen, eine solche Spielsituation zu verbessern? (Es
wird in [Harris (1974)] leider nicht berichtet, inwieweit dieses Kriterium bei der tatsächlich verwendeten **Bewertungsfunktion** überhaupt
berücksichtigt ist.)

Ein interessanter Aspekt bei diesem Ansatz ist der, die Suche zu
variabler Tiefe zu steuern. Indem jedoch immer nur die Teile des
Spielbaums mit für den Ziehenden günstigen Werten untersucht werden, könnten Drohungen des Gegners dadurch zu wenig Beachtung
finden. Wie weit dieser Ansatz tatsächlich erfolgversprechend ist,
kann aufgrund der wenigen in [Harris (1974)] angegebenen Resultate nicht endgültig gesagt werden. Es wird berichtet, daß die **A***-ba-
sierten Programme gegen Programme mit **α-β** (mit gleicher **Bewertungsfunktion** und gleichen Zeit- und Speicherbedingungen) von insgesamt vier Partien (aus zwei verschiedenen Spielen) alle gewonnen
haben. Über diese Programme liegt jedoch keine Information vor,
außer daß das Schachprogramm (aufgrund einer Schätzung) auch
nach damaligem Standard sehr schwach gewesen sein dürfte. Somit
kann man vermuten, daß es nur sehr seichte Bäume untersucht hat,
wodurch simples **„minimaxing"** sehr fehleranfällig wird. Umso eher
können grobe Fehler unter solchen Bedingungen durch die Suche zu
variabler Tiefe vermieden werden. [Berliner (1978)] deutete jedenfalls an, daß eine überzeugende Implementierung nötig wäre, um
diesen Ansatz entsprechend beurteilen zu können.

Entsprechend der Darstellung solcher Spiele mittels **zerlegbarer
Produktionssysteme** scheint jedoch überhaupt eine Adaptierung von
AO* (statt **A***) passender zu sein. Tatsächlich wurde von [Stockman
(1979)] ein Verfahren zur Berechnung von **Minimax-Werten** mittels
„best-first search" entwickelt, das auf der Sicht von **Spielbäumen** als
UND/ODER-Bäume beruht.

3.4.1 SSS* und DUAL*

In diesem Zusammenhang ist es allerdings nötig, den Begriff eines **Lösungs-Baums** an die Erfordernisse anzupassen. Schließlich gehen wir nicht vom tatsächlichen *Lösen* eines Spiels aus, sondern von der Berechnung eines **Minimax-Werts** aufbauend auf **heuristischen Bewertungen** für (künstliche) *Endknoten*. Somit sei im folgenden unter einem **künstlichen Lösungs-Baum** ein solcher verstanden, der zusätzlich zu tatsächlichen *Ziel*-Knoten (im Sinne der Erfüllung der *Endebedingung* des **Produktionssystems**) auch *künstliche Endknoten* entsprechend akzeptiert. Analog dazu seien in diesem Kontext auch die übrigen Begriffe im Zusammenhang mit **UND/ODER-Graphen** erweitert – insbesondere „**solved**" (siehe Definition 2.4). Klarerweise gehen von MAX-Knoten jeweils **1-Konnektoren** aus, und von MIN-Knoten jeweils *ein* **Konnektor**, der alle Möglichkeiten von MIN repräsentiert.

Außerdem ist es notwendig, eine spezielle Berechnung der Kosten eines **künstlichen Lösungs-Baums** T zu definieren: f_T sei das Minimum aller **heuristischen** Werte der in T enthaltenen *Endknoten*. Es sind in jedem solchen T ja *alle* möglichen Antworten von MIN auf *eine* Variante von MAX enthalten, und MIN nimmt nach Konvention jeweils das Minimum. (Es sei noch darauf hingewiesen, daß dies eine gänzlich andersartige Berechnung ist als etwa die im Beispiel 2.3, wo mit Summen der Kosten von Knoten gerechnet wird.)

Die zentrale Beobachtung von [Stockman (1979)] (mit Beweis) ist nun die folgende: Der **Minimax-Wert** eines Knotens n kann nicht kleiner sein als der *Wert* jedes beliebigen **künstlichen Lösungs-Baums**, dessen Wurzel dieser Knoten n ist. Es gilt also

$$MM(n) \geq f_T(n).$$

Zusätzlich gibt es auch einen speziellen **künstlichen Lösungs-Baum** T_0 mit dem maximalen Wert, der gleich dem **Minimax-Wert** ist:

$$MM(n) = f_{T_0}(n).$$

Schließlich entscheidet sich MAX für einen solchen Baum mit maximalem Wert.

Aufbauend auf diese Beobachtung kann man sich das Verfahren SSS* („state space search") so vorstellen, daß es im Raum der **künst-**

lichen Lösungs-Bäume nach demjenigen mit maximalem Wert sucht. Eine solche Sicht zeigt auch die Verwandtschaft mit der Betrachtungsweise im Zusammenhang mit den *Branch-and-Bound-Verfahren* aus dem Bereich von *Operations Research*. [Kumar & Kanal (1983)] geben eine Beschreibung von SSS* an, die speziell auf diese Sicht ausgerichtet ist.

[Stockman (1979)] verwendet für die Formulierung von SSS* *Zustandsbeschreibungen* des Vorgehens, die wie folgt definiert sind:

Ein Tripel (n, s, h) beschreibt einen solchen „Zustand", wobei n einen bestimmten Knoten des **Spielbaums** bezeichnet, $s \in \{$LIVE, SOLVED$\}$ den „Status" und $h \in [-\infty, +\infty]$ einen **heuristischen** Wert des Zustands („merit"). Ein solches Tripel repräsentiert eine Menge von **künstlichen Lösungs-Bäumen**. Den „Status" s kann man in bezug auf diese Bäume interpretieren. Bezüglich n selbst zeigt LIVE an, daß noch kein Nachfolger **generiert** wurde, währenddessen SOLVED bedeutet, daß die Untersuchung von n abgeschlossen ist. Der Wert h stellt eine obere Schranke bezüglich $f_T(n)$ dar, wobei T ein beliebiger **künstlicher Lösungs-Baum** ist, der in n wurzelt.

In Anlehnung an **A*** und **AO*** verwendet SSS* eine Liste namens OPEN, in der die Tripel entsprechend der Werte h angeordnet sind, hier jedoch so, daß die größeren Werte zuerst kommen. Dadurch ist es möglich, verschiedene Teil-**Lösungen** gewissermaßen gleichzeitig zu verfolgen, wobei mit der jeweils „vielversprechendsten" – der mit maximalem h – fortgesetzt wird (vergleiche auch 2.1.3). Aufbauend darauf erfolgt die Formulierung von SSS* in [Stockman (1979)] primär durch die Definition eines „state space operator", der die jeweiligen Aktionen bezüglich OPEN steuert. Wir wollen jedoch eine Formulierung wählen, die eher zu den übrigen Prozeduren in diesem Buch paßt (in teilweiser Anlehnung an die Beschreibung von DUAL* in [Marsland *et al.* (1987)]).

Die in Prozedur 3.9 angegebene Formulierung von SSS* verwendet ebenfalls die oben beschriebenen Tripel für die Zustandsbeschreibungen. Jedoch ist hier OPEN nicht explizit angeführt, sondern wird im Sinne eines *abstrakten Datentyps* ausschließlich mittels Prozeduren verwaltet, welche die entsprechenden Aktionen durchführen. (Wir werden uns mit informalen Erklärungen dieser Prozeduren begnügen, da vollständige Kodierungen zu sehr ins „Detail" führen würden.) So etwa führen PUSH und POP die üblichen Aktionen auf Stacks durch: Hinauflegen und Herunternehmen eines Elements. Zu Beginn wird OPEN mittels PUSH jeweils mit einer

Zustandsbeschreibung bezüglich der Wurzel (ROOT) initialisiert, die den „Status" LIVE und eine obere Schranke (etwa $+ \infty$) enthält. Daraufhin wird in einer Schleife (LOOP) solange das „oberste" Ele-

```
fct SSS* (ROOT, BOUND) : int;

PUSH (ROOT, LIVE, BOUND);
LOOP:
while true do
   POP (NODE, STATUS, MERIT);
   case STATUS of
      SOLVED: if NODE = ROOT then
                 exit LOOP;
              else
                 case SIDE-TO-MOVE (NODE) of
                    MIN:  PURGE (SUBTREE (PARENT (NODE)));           {1}
                          PUSH (PARENT (NODE), SOLVED, MERIT);
                    MAX: if NEXT-SIBLING (NODE) ≠ null then          {2}
                          PUSH (NEXT-SIBLING (NODE), LIVE, MERIT);
                         else                                        {3}
                          PUSH (PARENT (NODE), SOLVED, MERIT);
                         end if;
                 end case;
              end if;
      LIVE:    if TERMINAL (NODE) then                               {4}
                  INSERT (NODE, SOLVED,
                       min (STAT-EVAL (NODE), MERIT));
               else
                  case SIDE-TO-MOVE (NODE) of
                     MIN:  PUSH (FIRST-SUCC (NODE), LIVE, MERIT);    {5}
                     MAX: forall SUCC in SUCCESSORS (NODE) do        {6}
                          PUSH (SUCC, LIVE, MERIT);
                  end case;
               end if;
   end case;
end while LOOP;
SSS* := MERIT;
end fct SSS*;

MM-VALUE := SSS* (ROOT, +∞);
```

Prozedur 3.9

ment (mit maximalem h) bearbeitet, bis dieses identisch ist mit
(ROOT, SOLVED, MERIT), was zum Verlassen von LOOP und
SSS* führt. MERIT enthält sodann den **Minimax-Wert** der Wurzel
bzw. – falls die Initialisierung von BOUND zu klein gewählt war –
eine untere Schranke für diesen.

Die Fallunterscheidungen innerhalb von LOOP entsprechen
(mit Ausnahme der Abfragen zur Beendigung) genau denen in der
Definition des „state space operator" von [Stockman (1979)], wobei
die Numerierung in Prozedur 3.9 in Kommentarklammern eingeschlossen angegeben ist. Besondere Erwähnung erfordern noch die
durch PURGE und INSERT realisierten Aktionen. PURGE wird
im Fall 1 dazu verwendet, alle Tripel mit Nachfolgern des Elternknotens desjenigen Knotens aus OPEN zu entfernen, der eben bearbeitet wird. Diese Aktion beinhaltet auch die Möglichkeit, solche
Knoten zu entfernen, die zwar noch nicht untersucht wurden, am
Resultat aber ohnehin nichts mehr ändern könnten (in Entsprechung zu den **„cutoffs"** bei **α-β**). INSERT dient im Fall 4 dazu, ein
Tripel mit einem möglicherweise durch die statische Bewertung
eines *Endknotens* veränderten Wert richtig in OPEN einzuordnen.
„Richtig" bedeutet hier natürlich hinter (unter) allen anderen mit
höherem und vor (über) allen anderen mit geringerem Wert; zusätzlich ist jedoch folgendes zu beachten: Damit die weiter unten erwähnte *Dominanz* bezüglich **α-β** tatsächlich erfüllt ist, muß die Ein-
ordnung auch vor (über) allen solchen erfolgen, die gleichen Wert
haben, jedoch im Baum erst später (weiter rechts) vorkommen. Dies
war bei der ursprünglichen Beschreibung des „state space operator"
durch [Stockman (1979)] nicht korrekt und wurde später durch
[Campbell & Marsland (1983)] und [Roizen & Pearl (1983)] richtigge-
stellt. Gleiches gilt für die „richtige" Anordnung der Nachfolger bei
der **Expandierung** eines MAX-Knotens in Fall 6: Auch hier muß die
Anordnung so erfolgen, daß in OPEN die Beschreibungen von weiter links im Baum vorkommenden Knoten vor (über) den anderen
eingeordnet sind. (Der Wert ist vorerst ohnehin durch den des
expandierten Knotens vorgegeben und für alle Nachfolger gleich.)
Statt weiterer theoretischer Erläuterungen scheint ein Beispiel besser
geeignet zu sein, die „Details" zu vermitteln.

Beispiel 3.4:

Abb. 3.8 zeigt einen **Spielbaum**, der (als Extremfall) so angeordnet ist, daß **α-β** gegenüber vollständigem **„minimaxing"** keinen

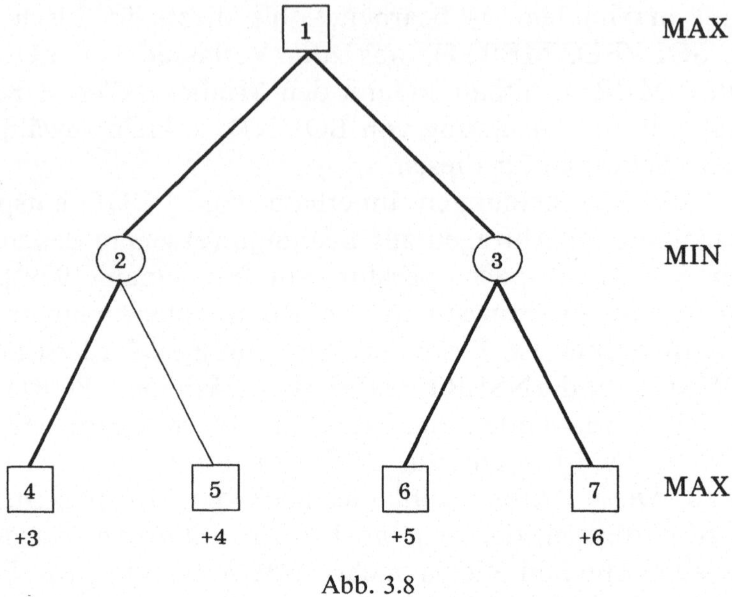

Abb. 3.8

einzigen Knoten einsparen kann. In Tabelle 3.1 findet sich eine Ablaufverfolgung des Vorgehens von SSS* (mit BOUND = $+\infty$) für diesen Baum, indem OPEN *nach* Durchführung der jeweiligen Aktionen im jeweiligen Schleifendurchlauf vollständig angegeben ist.

Schleifen-durchlauf	"Fall" des Operators	Liste OPEN	
–	–	$\{(1, \text{LIVE}, +\infty)\}$	
1	6	$\{(2, \text{LIVE}, +\infty)$	$(3, \text{LIVE}, +\infty)\}$
2	5	$\{(4, \text{LIVE}, +\infty)$	$(3, \text{LIVE}, +\infty)\}$
3	4	$\{(3, \text{LIVE}, +\infty)$	$(4, \text{SOLVED}, +3)\}$
4	5	$\{(6, \text{LIVE}, +\infty)$	$(4, \text{SOLVED}, +3)\}$
5	4	$\{(6, \text{SOLVED}, +5)$	$(4, \text{SOLVED}, +3)\}$
6	2	$\{(7, \text{LIVE}, +5)$	$(4, \text{SOLVED}, +3)\}$
7	4	$\{(7, \text{SOLVED}, +5)$	$(4, \text{SOLVED}, +3)\}$
8	3	$\{(3, \text{SOLVED}, +5)$	$(4, \text{SOLVED}, +3)\}$
9	1	$\{(1, \text{SOLVED}, +5)\}$	

Tabelle 3.1

Als erstes werden die beiden unmittelbaren Nachfolger (Knoten 2 und 3) der Wurzel (Knoten 1) **generiert**. Danach wird nur *ein* unmittelbarer Nachfolger des linken MIN-Knotens (2) **generiert** (Knoten 4), da für das Einschätzen der entsprechenden **künstlichen Lösungs-Bäume** vorerst *ein* Wert ermittelt wird. Da Knoten 4 ein *Endknoten* ist, erhalten wir einen solchen Wert unmittelbar durch die statische Bewertung. Aufgrund dieser erscheint nun Knoten 3 (mit Wert $+\infty$) vielversprechender. Da dessen erster Nachfolger (Knoten 6) im Vergleich zu Knoten 4 einen günstigeren Wert liefert, wird die Suche in diesem Teil weiter fortgesetzt, indem Knoten 7 – NEXT-SIBLING (6) – **generiert** wird. Nachdem auch dessen Wert nichts verändert (Minimum) und „NEXT-SIBLING (7) = null" erfüllt ist, wird Knoten 3 als SOLVED gekennzeichnet. Dieser ist ein MIN-Knoten, weshalb alle Tripel mit Nachfolgern seines Elternknotens (1) entfernt werden können. Davon ist hier konkret nur das Tripel mit Knoten 4 betroffen. Jedoch kann es auch Knoten geben, die überhaupt nicht behandelt wurden und deren Behandlung auch nichts mehr am Ergebnis ändern könnte: Welchen Wert Knoten 5 hier auch immer erhalten würde, an der Bevorzugung des Knotens 3 gegenüber 2 durch MAX kann sich nichts mehr ändern. Somit ist letztlich nur noch Knoten 1 als SOLVED vorhanden, weshalb die Schleife und SSS* beendet werden können.

Dem interessierten Leser wird empfohlen, sich den Ablauf von SSS* auch anhand der Bäume in Abb. 3.1 und 3.7 zu überlegen.

Aufgrund der allgemeinen Erörterungen und des Beispiels sollte es plausibel sein, daß SSS* jeweils den **Minimax-Wert** als Ergebnis liefert – zumindest immer dann, wenn die Schranke mit $+\infty$ initialisiert ist. Dieser ist ja der maximale Wert für die **künstlichen Lösungs-Bäume**, der für einen speziellen Baum T_0 auch erzielt wird. Daß nun SSS* nicht mit einem „schlechteren" Baum T_1 terminieren kann, ist anhand analoger Überlegungen zu denen bei **A*** verifizierbar. In Entsprechung zu den optimistischen Werten h, die niemals überschätzen, kann h bei SSS* niemals unterschätzen. (Diese Umkehrung hat natürlich damit zu tun, daß hier maximiert wird.) Ein Beweis auf dieser Basis findet sich in [Stockman (1979)].

Wie bereits angedeutet wurde, gibt es (bei „korrekter" Formulierung des Einordnens in OPEN) eine *Dominanz* von SSS* über **α-β**: Wenn SSS* einen beliebigen Knoten n untersucht, so muß dies **α-β** ebenfalls tun, wohingegen die Umkehrung nicht gilt. Dies hängt natürlich damit zusammen, daß **α-β** als „**depth-first search**" gegenüber einer „**best-first search**" bezüglich der Reihenfolge der Untersu-

```
fct DUAL* (ROOT, BOUND) : int;

    PUSH (ROOT, LIVE, BOUND);
    LOOP:
    while true do
        POP (NODE, STATUS, MERIT);
        case STATUS of
            SOLVED: if NODE = ROOT then
                        exit LOOP;
                    else
                        case SIDE-TO-MOVE (NODE) of
                            MAX: PURGE (SUBTREE (PARENT (NODE)));
                                 PUSH (PARENT (NODE), SOLVED, MERIT);
                            MIN: if NEXT-SIBLING (NODE) ≠ null then
                                    PUSH (NEXT-SIBLING (NODE), LIVE, MERIT);
                                 else
                                    PUSH (PARENT (NODE), SOLVED, MERIT);
                                 end if;
                        end case;
                    end if;
            LIVE:   if TERMINAL (NODE) then
                        INSERT (NODE, SOLVED,
                            max (STAT-EVAL (NODE), MERIT));
                    else
                        case SIDE-TO-MOVE (NODE) of
                            MAX: PUSH (FIRST-SUCC (NODE), LIVE, MERIT);
                            MIN: forall SUCC in SUCCESSORS (NODE) do
                                    PUSH (SUCC, LIVE, MERIT);
                        end case;
                    end if;
        end case;
    end while LOOP;
    DUAL* := MERIT;
end fct DUAL*;


MM-VALUE := DUAL* (ROOT, -∞);
```

Prozedur 3.10

chung eingeschränkt ist und folglich weniger Information in die Entscheidung über das Weglassen von Knoten einbeziehen kann. Eine formale Behandlung dieses Sachverhalts wird in [Stockman (1979)] angegeben. Inwieweit und unter welchen Bedingungen sich diese Dominanz nun tatsächlich auf die relative Effizienz dieser Verfahren auswirkt, wird im folgenden noch erörtert.

Wie wir bereits in Kapitel 2 gesehen haben, hat „best-first search" auch einen sehr bedeutsamen Nachteil: den enormen *Speicherbedarf.* Konkret bei SSS* sind (unter den üblichen Annahmen) $O(b^{d/2})$ Einträge in OPEN erforderlich. Es soll noch darauf hingewiesen werden, daß auch die Verwaltung dieser Einträge aufwendig ist.

Aufbauend auf Überlegungen und Untersuchungen mit *paralleler* Suche in [Kumar & Kanal (1984)] geben [Marsland *et al.* (1987)] ein Verfahren namens DUAL* an. Dieses entsteht aus SSS* dadurch, daß die jeweiligen Aktionen für MAX- und MIN-Knoten vertauscht werden und bezüglich OPEN und INSERT folgendes geändert wird: In OPEN kommen die kleineren Werte zuerst, was von INSERT entsprechend berücksichtigt werden muß. Außerdem muß noch geändert werden, daß bei DUAL* jeweils das *Maximum* von STAT-EVAL und MERIT genommen wird. Somit muß beim Aufruf auch eine *untere* Schranke als BOUND angegeben werden. Prozedur 3.10 zeigt dieses zu SSS* duale Verfahren, das durch diese Änderungen entsteht.

In [Kumar & Kanal (1984)] wird (ohne genauere Beschreibung des Verfahrens) angegeben, daß damit Werte für MIN-Knoten berechnet werden. Aufgrund der „dualen" Modifikationen ist eine solche Verwendung auch einleuchtend. Hingegen macht es möglicherweise Schwierigkeiten, sich vorzustellen, daß damit auch Werte für MAX-Knoten ermittelt werden können. Das folgende Beispiel soll dies illustrieren.

Beispiel 3.5:

Tabelle 3.2 gibt eine Ablaufverfolgung des Vorgehens von DUAL* (mit BOUND = $-\infty$) für den Baum in Abb. 3.8 an (analog zu Tabelle 3.1 für SSS*). Da DUAL* bei MAX-Knoten vorerst nur *einen* unmittelbaren Nachfolger untersucht, kommt nach der Wurzel (Knoten 1) nur der Knoten 2 nach OPEN. Das bedeutet, daß bis zu dessen Kennzeichnung als SOLVED nur

Schleifen-durchlauf	Liste OPEN
–	$\{(1, \text{LIVE}, -\infty)\}$
1	$\{(2, \text{LIVE}, -\infty)\}$
2	$\{(4, \text{LIVE}, -\infty) \quad (5, \text{LIVE}, -\infty)\}$
3	$\{(5, \text{LIVE}, -\infty) \quad (4, \text{SOLVED}, +3)\}$
4	$\{(4, \text{SOLVED}, +3) \quad (5, \text{SOLVED}, +4)\}$
5	$\{(2, \text{SOLVED}, +3)\}$
6	$\{(3, \text{LIVE}, +3)\}$
7	$\{(6, \text{LIVE}, +3) \quad (7, \text{LIVE}, +3)\}$
8	$\{(7, \text{LIVE}, +3) \quad (6, \text{SOLVED}, +5)\}$
9	$\{(6, \text{SOLVED}, +5) \quad (7, \text{SOLVED}, +6)\}$
10	$\{(3, \text{SOLVED}, +5)\}$
11	$\{(1, \text{SOLVED}, +5)\}$

Tabelle 3.2

noch Knoten in *diesem* Teilbaum untersucht werden können.
Danach erst kommt der nächste unmittelbare Nachfolger der
Wurzel – der Knoten 3 – nach OPEN (und wieder nur dieser
eine). Ganz allgemein ergibt sich also, daß DUAL* bei den üblichen **Spielbäumen** – mit einem MAX-Knoten als Wurzel – die
von dieser ausgehenden Teilbäume strikt einen nach dem anderen untersucht. Deshalb ist der Baum in Abb. 3.8 für DUAL*
(wie auch für **α-β**) extrem ungünstig angeordnet, woraus sich ergibt, daß hier alle Knoten untersucht werden müssen.

Dem interessierten Leser wird zum Vergleich mit den anderen
Verfahren auch für DUAL* empfohlen, sich den Ablauf anhand der
Bäume in Abb. 3.1 und 3.7 zu überlegen. Es sollte einsichtig sein,
daß DUAL* eher dann besser geeignet ist, wenn die Anordnung der
Knoten auch für **α-β** günstig ist. Wie bereits erwähnt, wird auf allgemeine Untersuchungen der relativen Effizienz dieser Verfahren im
folgenden noch eingegangen.

Am enormen *Speicherbedarf* ändern die „dualen" Modifikationen natürlich nichts. Zur Verbesserung in dieser Hinsicht geben
[Marsland & Srimani (1986)] ein auf SSS* aufbauendes Verfahren
namens PS* („phased search") an. Dieses unterteilt die Nachfolger
von MAX-Knoten in k Gruppen, die in Phasen nacheinander unter-

sucht werden. Die beschriebene Realisierung verwaltet die *teilweise* **expandierten** MAX-Knoten zwar in einer zusätzlichen Liste (BACKUP), insgesamt kann jedoch (in Abhängigkeit von k mehr oder weniger) viel Speicher eingespart werden: Es sind $O((b/k)^{d/2})$ Einträge in OPEN erforderlich, und die Größe von BACKUP ist davon ungefähr ein Faktor von k/b. Man kann PS*(k) auch als eine Möglichkeit sehen, die jeweiligen Vor- und Nachteile von SSS* und **α-β** je nach den Erfordernissen durch entsprechende Wahl von k auszubalancieren. In den Extremfällen stimmen sie folgendermaßen überein: bei Aufspaltung in nur *eine* Phase mit SSS* und bei Zuordnung einer Phase für *jeden einzelnen* unmittelbaren Nachfolger mit **α-β**.

3.4.2 B* und PB*

Bisher haben wir uns ausschließlich mit Verfahren auseinandergesetzt, die Bewertungen in Form von *Punktwerten* verwenden. Obwohl diejenigen, die mit **„minimaxing"** operieren, sehr gute Resultate erzielen, wird die Projektion der gesamten Information über eine Spielsituation in eine einzige Zahl allgemein als konzeptueller Mangel angesehen. Am bedeutendsten ist dabei, daß überhaupt keine Information über die *Unsicherheit* der Bewertung einfließt, obwohl wegen der Verwendung **heuristischer** Werte Unsicherheit inhärent vorhanden ist.

Das Verfahren **B*** von [Berliner (1979a)] verwendet als Bewertung einer Spielsituation jeweils *zwei* Zahlenwerte, einen *optimistischen* und einen *pessimistischen*. Diese geben eine *obere* und eine *untere Schranke* für den **delphischen Wert** an, sodaß die Bewertung durch ein *Intervall* ausgedrückt wird. ([Ibaraki (1986)] bezeichnet ein auf solchen Schranken basierendes Modell als „informed" und gibt auch für **α-β** und SSS* entsprechende Verallgemeinerungen an.)

Wie bereits darauf hingewiesen wurde, ist man am *Wert* für die Wurzel eigentlich gar nicht so interessiert, sondern vielmehr daran, eine geeignete Zugauswahl zu treffen. Aus diesem Grund nützt **B*** auch die Schranken um nachzuweisen, daß *ein* Zug (im Sinne der **heuristischen** Bewertungen) der „beste" ist. Die *Endebedingung* des Verfahrens lautet in diesem Sinn folgendermaßen: Der pessimistische Wert *eines* unmittelbaren Nachfolgers der Wurzel (des „besten") ist nicht schlechter als der optimistische Wert *jedes beliebigen anderen* unmittelbaren Nachfolgers der Wurzel.

Diese Bedingung kann bereits erfüllt sein, ohne daß das Intervall für die Wurzel auf einen einzigen Wert reduziert ist, sodaß dadurch Aufwand eingespart werden kann. Deshalb wird sie in Anlehnung an **B*** in [Barth (1988)] ebenfalls für diejenigen Fälle verwendet, in denen „Intervall Alpha-Beta" tatsächlich Intervalle als Ergebnis liefert.

Die Aufgabe der Steuerung von **B*** ist es nun, durch eine möglichst effiziente Suche zu erreichen, daß diese Bedingung erfüllt ist. Im Sinne einer „best-first search" kann dies so versucht werden, daß immer der Knoten mit der besten Bewertung **expandiert** wird. Dadurch soll (und kann oft auch) erreicht werden, daß der pessimistische Wert des „besten" unmittelbaren Nachfolgers an der Wurzel so angehoben wird, daß er nicht schlechter ist als der optimistische Wert jedes beliebigen anderen unmittelbaren Nachfolgers. Wenn dies erreicht wird, ist nachgewiesen, daß dieser der beste ist (entsprechend der Bewertungen). Daher heißt diese **Strategie** von **B*** auch PROVEBEST.

Zusätzlich kennt **B*** auch noch eine andere **Strategie** namens DISPROVEREST. Bei dieser wird versucht, die optimistischen Werte aller Alternativen so zu senken, daß die Bedingung zur Beendigung erfüllt wird. Da dabei in Teilen des Baums gesucht wird, in denen die „besten" Spielsituationen *nicht* vermutet werden, geht **B*** damit genau genommen über das Schema einer *klassischen* „best-first search" hinaus.

Prozedur 3.11 zeigt eine Formulierung von **B***, die an jene von [Palay (1983)] angelehnt ist. (Diese ist leichter verständlich als die Formulierungen in [Berliner (1979a)] bzw. [Palay (1982)] und diesen gegenüber geringfügig modifiziert.) Da sich die Aktionen an der Wurzel von denjenigen im Baum unterscheiden, ist es sinnvoll, eine Aufspaltung in zwei Teile vorzunehmen: B*-TOP für die Wurzel und B*-LOWER für den Rest.

B*-TOP beginnt damit, mittels EXPAND die unmittelbaren Nachfolger der Wurzel zu **generieren** und ihnen Intervalle als Bewertungen zuzuordnen. Von diesen Nachfolgern wird folgendermaßen einer als derzeit „bester" (BEST) ausgezeichnet: Es wird einer von denen mit maximalem optimistischen Wert genommen, wobei als zweites Kriterium der höchste pessimistische Wert dient. Zur Überprüfung der *Endebedingung* des Verfahrens ist es noch notwendig, den maximalen optimistischen Wert der übrigen unmittelbaren Nachfolger der Wurzel zu ermitteln (ALT-OPT). Wenn diese Bedin-

```
fct B*-TOP (ROOT) : node-type;

    EXPAND (ROOT);
    BEST := NODE-MAX-OPT (ROOT);
    ALT-OPT := MAX-OPT-ALT (ROOT, BEST);
    LOOP:
    while BEST.PESS < ALT-OPT do
        STRATEGY := SELECT-STRATEGY (ROOT);
        case STRATEGY of
            PROVEBEST:      NEXT := BEST;
            DISPROVEREST:  NEXT := ALTERNATIVE (ROOT, BEST);
        end case;
        B*-LOWER (NEXT, STRATEGY);
        BEST := NODE-MAX-OPT (ROOT);
        ALT-OPT := MAX-OPT-ALT (ROOT, BEST);
    end while LOOP;
    B*-TOP := BEST;
end fct B*-TOP;


proc B*-LOWER (NODE, STRATEGY);

    if not EXPANDED (NODE) then
        EXPAND (NODE);
    else
        NEXT := SELECT-SUCC (NODE, STRATEGY);
        B*-LOWER (NEXT, STRATEGY);
    end if;
    NODE.OPT := -MAX-PESS-SUCC (NODE);
    NODE.PESS := -MAX-OPT-SUCC (NODE);
end proc B*-LOWER;


POSITION := B*-TOP (ROOT);
```

Prozedur 3.11

gung erfüllt ist – der pessimistische Wert von BEST ist nicht kleiner
als ALT-OPT – kann die Suche beendet werden. Solange dies jedoch
nicht der Fall ist, wählt SELECT-STRATEGY eine der beiden möglichen **Strategien** von **B*** aus und steuert dementsprechend die Fortsetzung der Suche. Im Fall von PROVEBEST wird im Teilbaum von
BEST fortgesetzt, im Fall von DISPROVEREST in demjenigen

eines mittels ALTERNATIVE ausgewählten alternativen unmittelbaren Nachfolgers. Dies erfolgt durch den Aufruf von B*-LOWER, wobei der ausgewählte Nachfolger und die **Strategie** als Parameter mitgegeben werden. Unter Verwendung der Ergebnisse davon werden erneut BEST und ALT-OPT ermittelt, worauf wieder die *Endebedingung* von **B*** überprüft wird.

B*-LOWER verfolgt durch rekursive Aufrufe und unter Berücksichtigung der **Strategie** solange einen Pfad, bis ein noch nicht **expandierter** Knoten erreicht ist. Dieser wird dann **expandiert**, und seinen unmittelbaren Nachfolgern werden Intervalle als Bewertungen zugeordnet. Unter Verwendung der Intervalle der jeweiligen Nachfolger wird das neue Intervall des eben behandelten Knotens neu berechnet. Dies erfolgt in dieser Formulierung in Anlehnung an die **Negamax-Regel**. Nachdem auf diese Art der eben untersuchte Pfad um einen Knoten erweitert wurde, wird wieder zu B*-TOP zurückgekehrt und rückgerechnet. (In diesem Punkt unterscheidet sich diese Formulierung von denjenigen in [Berliner (1979a)] und [Palay (1982)].)

Für eine konkrete Verwendung von **B*** bleibt natürlich noch folgendes zu klären: Wie wird die **Strategie** ausgewählt (SELECT-STRATEGY), und wie werden im Fall von DISPROVEREST an der Wurzel (ALTERNATIVE) bzw. je nach **Strategie** im Baum (SELECT-SUCC) die jeweiligen Nachfolger ermittelt? Das globale Ziel dabei soll es sein, möglichst schnell den Nachweis zu erbringen, daß ein unmittelbarer Nachfolger der Wurzel besser ist als alle anderen. Aufbauend auf probabilistischen Annahmen über die Verteilung des **delphischen Werts** im Intervall finden sich in [Palay (1982)] und
[Palay (1983)] entsprechende Kriterien. Ganz allgemein sollte dabei auch **heuristisches** *Wissen* der jeweiligen Domäne einfließen. Im folgenden Beispiel sind diese Entscheidungen rein willkürlich so gewählt, daß ein Eindruck über die grundsätzliche Vorgangsweise von **B*** gewonnen werden kann.

<u>Beispiel 3.6:</u>

Abb. 3.9(*a*) zeigt den Beginn einer Suche mit **B***, nachdem bereits die Wurzel **expandiert** wurde. Die Zahlen in eckigen Klammern geben die jeweiligen Intervalle der Bewertungen an, wobei diese hier zur besseren Veranschaulichung aus der Sicht des

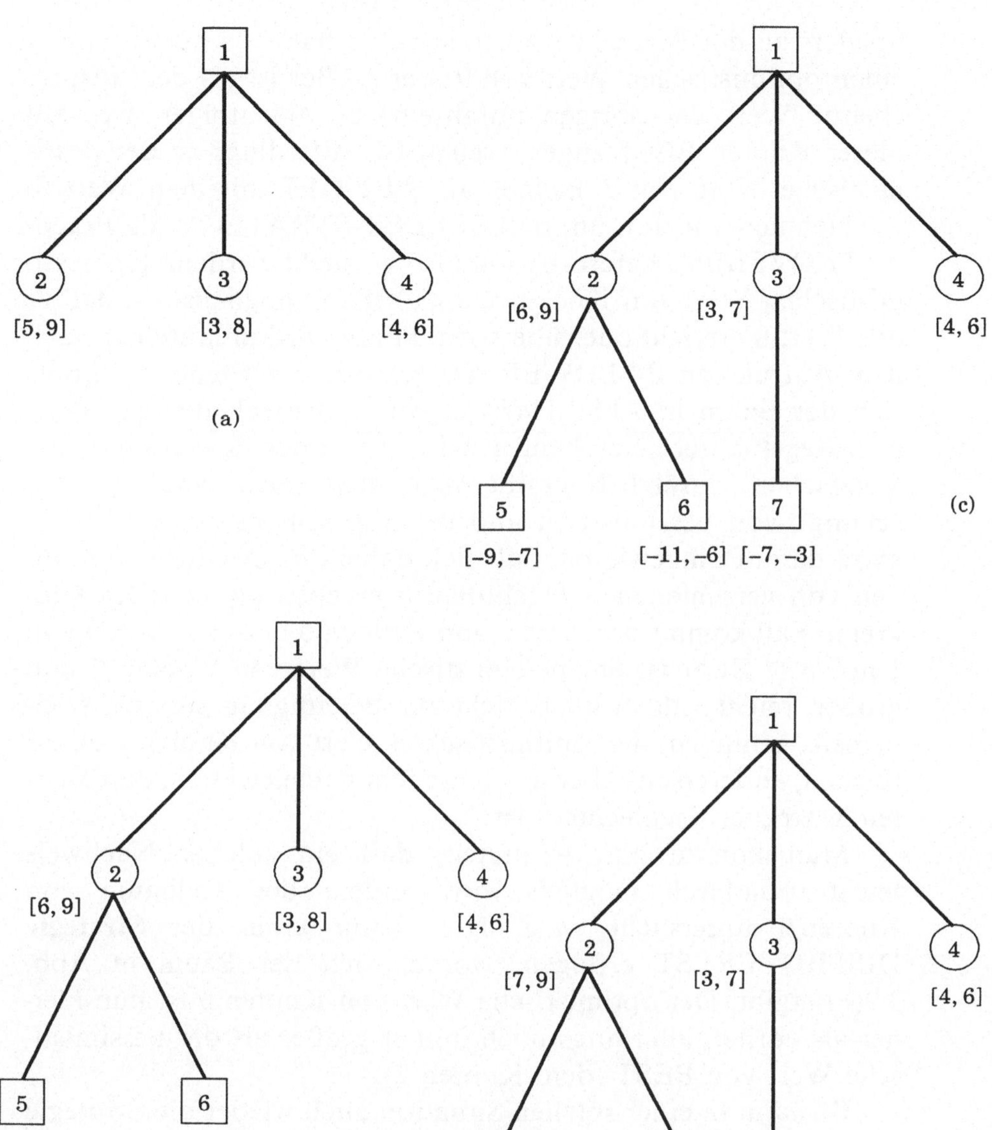

Abb. 3.9

Spielers an der Wurzel zu sehen sind. So hat etwa der Knoten 2 einen optimistischen Wert von 9, der größer ist als der entsprechende Wert der übrigen unmittelbaren Nachfolger, weshalb dieser Knoten BEST zugewiesen wird. Allerdings ist der pessimistische Wert von 5 kleiner als ALT-OPT mit dem Wert 8.

Nehmen wir nun an, daß SELECT-STRATEGY als Ergebnis PROVEBEST liefert. Es soll also versucht werden, den pessimistischen Wert von Knoten 2 anzuheben, möglichst so, daß er den Wert 8 erreicht oder übertrifft. Somit wird unmittelbar nach dem Aufruf von B*-LOWER der Knoten 2 **expandiert**, woraus sich der Baum in Abb. 3.9(b) ergibt. Entsprechend der **Nega-max-Regel** ändern sich beim Rückrechnen der Bewertungen die Vorzeichen, zusätzlich ergibt sich auch noch eine „Vertauschung" von pessimistisch und optimistisch. Es sei auch noch extra darauf hingewiesen, daß sich dabei die jeweiligen Schranken von verschiedenen Nachfolgern ergeben können: Im konkreten Fall kommt der Wert 6 von Knoten 6 und der Wert 9 von Knoten 5. Zwar ist der pessimistische Wert von Knoten 2 nun größer, reicht jedoch noch nicht zur Beendigung aus. Es ist einerseits gelungen, den optimistischen Wert von Knoten 4 zu erreichen, andererseits aber ist noch nicht nachgewiesen, daß Knoten 3 wirklich „schlechter" ist.

Man könnte nun vermuten, daß ein solcher Nachweis leichter dadurch möglich wird, indem der Teilbaum von Knoten 3 untersucht wird. Dies kann unter der **Strategie** DISPROVEREST erfolgen, woraus sich der Baum in Abb. 3.9(c) ergibt. Der optimistische Wert von Knoten 3 ist nun kleiner als vorher, allerdings noch immer größer als der pessimistische Wert von BEST (dem Knoten 2).

B* kann in einer solchen Situation auch wieder die **Strategie** ändern, sodaß hier erneut unter PROVEBEST der Teilbaum von Knoten 2 untersucht wird. B*-LOWER geht nun den Pfad zum Knoten 6 entlang, wonach dieser **expandiert** wird. (Die Auswahl von Knoten 6 ist plausibel, da von diesem der pessimistische Wert 6 des Knotens 2 stammt. In dieser speziellen Situation ist sie sogar eindeutig, da die Schranke −7 des Knotens 5 ohnehin schon für die Beendigung ausreichen würde.) Daraus ergibt sich der Baum in Abb. 3.9(d). Durch das Rückrechnen der Bewertungen erhält nun Knoten 2 einen pessimistischen Wert von 7, der nicht mehr schlechter ist als der maximale optimistische Wert

der Alternativen. Somit kann **B*** mit dem Ergebnis enden, daß
Knoten 2 der beste ist, ohne den Wert genau bestimmt zu haben.

Dem aufmerksamen Leser mag aufgefallen sein, daß die Intervalle durch die weitere Untersuchung nur kleiner (aber jedenfalls
nicht größer) geworden sind. In diesem Sinn sollten die Bewertungen auch unbedingt miteinander in Einklang stehen. [Berliner
(1979a)] berichtet, daß bei Simulationen leicht erhöhter Aufwand
entstand, wenn dies nicht der Fall war. Viel bedeutender ist jedoch,
daß das gesamte Ergebnis dadurch in Frage gestellt werden kann.
So etwa wurde im Beispiel der Knoten 4 aufgrund seiner Bewertung
überhaupt nicht weiter untersucht. Wenn sich durch eine solche Untersuchung aber etwa auch ein optimistischer Wert von 10 ergeben
könnte, wäre letztlich der ganze „Beweis" hinfällig.
Es sei an dieser Stelle noch einmal darauf hingewiesen, daß **B***
grundsätzlich auch für *1-Personen-Spiele* (**Probleme**) Verwendung
finden kann. (Klarerweise muß die Prozedur dafür leicht modifiziert
werden, insbesondere hinsichtlich des Rückrechnens von Werten.)
Die Idee dabei ist jedoch nicht das unmittelbare Finden einer gesamten **Lösung** (schon gar nicht einer **optimalen**), sondern vielmehr
die Ermittlung eines nächsten Schrittes, der zu einer *„zufriedenstellenden"* **Lösung** führt. Entsprechend der Erörterungen am Beginn
dieses Kapitels könnte ein solcher „real" ausgeführt werden, während parallel dazu bereits nach einem geeigneten übernächsten
Schritt gesucht wird. [Palay (1982)] argumentiert jedoch, daß **B*** hier
gegenüber der Verwendung in *2-Personen-Spielen* Vorzüge einbüßt.
Etwa führt die **Strategie** DISPROVEREST bei *1-Personen-Spielen*
zu erhöhtem Such-Aufwand. Bedeutender dürfte sein, daß es offensichtlich noch viel schwieriger ist, in diesem Kontext zu geeigneten
Intervallen für die Bewertungen zu kommen. [Berliner (1979a)] gibt
an, daß besonders die Ermittlung pessimistischer Schätzungen sehr
problematisch ist. (Wegen der bei den **Problemen** üblichen Minimierung entsprechen diese dabei den oberen Schranken.) Bei *2-Perso-
nen-Spielen* kann man diese Problematik umgehen, indem pessimistische Schätzungen auf optimistische Schätzungen für den Gegner
zurückgeführt werden oder auch umgekehrt. Leider ist dennoch die
Ermittlung geeigneter Schranken das größte Hindernis bei der Verwendung von **B***.
Im folgenden wollen wir noch eine konzeptuelle Weiterentwicklung von **B*** behandeln. Die Intervalle dieses Verfahrens bieten im

Gegensatz zu *Punktwerten* die Möglichkeit, Unsicherheit zum Ausdruck zu bringen. Allerdings lassen sie noch völlig offen, wo innerhalb des Intervalls der **delphische Wert** zu erwarten ist. Im Sinne der Steuerung der Suche finden sich in [Palay (1982)] entsprechende Annahmen über die Verteilung.

Im nächsten Schritt werden überhaupt *Wahrscheinlichkeitsverteilungen* als Bewertungen verwendet (siehe [Palay (1983)]). Das Verfahren, das mit solchen Bewertungen arbeitet und auf **B*** aufbaut, heißt **PB*** („probability-based B*"). Konkret wurde die Annahme von Gleichverteilungen als unrealistisch angesehen und im weiteren primär mit Normalverteilungen hantiert. (Wie solche für konkrete Bewertungen ermittelt werden können, werden wir noch kurz andeuten.)

Während die **Rückrechen-Regel** für Intervalle noch naheliegend ist, stellt sich natürlich die Frage, wie eine solche für Verteilungen aussehen soll. Nehmen wir an, $D(n)$ sei eine Zufallsvariable, welche die Lage des **delphischen Werts** für die durch den Knoten n repräsentierte Spielsituation beschreibt, und $F_{D(n)}(x) = W(D(n) \le x)$ sei eine entsprechende Verteilungsfunktion. Wenn n ein *Endknoten* ist, muß $F_{D(n)}$ durch eine **Bewertungsfunktion** geliefert werden. Ansonsten soll die Berechnung in Anlehnung an die **Negamax-Regel** folgendermaßen erfolgen:

$$F_{D(n)}(x) = OPP_{MAX_{F_{D(n_1)},\ldots,F_{D(n_k)}}}(x)$$

Die Knoten n_i – mit $i = 1 \ldots k$ – seien die unmittelbaren Nachfolger von n, und OPP bzw. MAX sollen wie folgt berechnet werden:

$$OPP_{F_{D(n)}}(x) = W(-D(n) \le x)$$

$$= W(D(n) \ge -x)$$

$$= 1 - W(D(n) < -x)$$

unter der Voraussetzung von Stetigkeit

$$= 1 - F_{D(n)}(-x)$$

$$MAX_{F_{D(n_1)},\ldots,F_{D(n_k)}}(x) = W((\max_{1 \le i \le k} D(n_i)) \le x)$$

$$= W(D(n_i) \le x) \ \text{für alle } i \text{ mit } 1 \le i \le k$$

unter der Voraussetzung von Unabhängigkeit

$$= \prod_{i=1}^{k} W(D(n_i) \le x)$$

$$= \prod_{i=1}^{k} F_{D(n_i)}(x)$$

Es ist interessant anzumerken, daß trotz der Anlehnung an die **Negamax-Regel** hier analog zur „product-propagation rule" multipliziert wird (vergleiche 3.1.5). Gleichermaßen ist die Voraussetzung von Unabhängigkeit erforderlich, um die äußerst aufwendige Berechnung bedingter Wahrscheinlichkeiten zu vermeiden. (Außerdem sind die tatsächlichen Abhängigkeiten nicht genügend bekannt.) Jedoch darf nicht übersehen werden, daß die Bedeutungen der jeweiligen Wahrscheinlichkeiten gänzlich unterschiedlich sind: Während hier Unsicherheiten bezüglich der Schätzungen zum Ausdruck gebracht werden, soll bei dem anderen Ansatz ein *Punktwert* die „Wahrscheinlichkeit zu gewinnen" repräsentieren.

Ein weiterer Aspekt bezüglich der Realisierung von **PB*** ist der, unter welchen Bedingungen eine Spielsituation eine andere *dominiert*. Im Fall von *Punktwerten* kann dies über die Relation „$\ge$" ausgedrückt werden. Bei Verwendung von Intervallen haben wir gefordert, daß der pessimistische Wert der einen Spielsituation größer oder gleich dem optimistischen der anderen sein muß. Wenn die Bewertungen Wahrscheinlichkeitsverteilungen sind, kann man auch ein weniger striktes Kriterium verwenden. Seien $F_{D(n)}$ und $F_{D(m)}$ entsprechende Verteilungsfunktionen, dann können wir sagen, daß die Spielsituation n die Spielsituation m *mit Wahrscheinlichkeit ε dominiert*, wenn gilt:

$$W(D(n) \ge D(m)) \ge \varepsilon$$

Wir werden im folgenden davon ausgehen, daß eine Funktions-Prozedur namens DOMINANCE für die Berechnung dieser Wahr-

scheinlichkeit zur Verfügung steht. (Bezüglich näherer Angaben darüber siehe [Palay (1983)].) Damit wären die wesentlichen Voraussetz-
zungen für eine Formulierung von **PB*** geschaffen.

Prozedur 3.12 zeigt eine Formulierung, die analog zu der von **B***
in Prozedur 3.11 ist. **PB*** besteht hier ebenfalls aus zwei Teilen –
PB*-TOP und PB*-LOWER – welche die analogen Aufgaben erfül-

```
fct PB*-TOP (ROOT, EPSILON) : node-type;


    EXPAND (ROOT);
    BEST := NODE-HIGHEST-CHANCE-TERMINATION (ROOT);
    ALT-DISTRIBUTION := DISTRIBUTION-MAX-ALT (ROOT, BEST);
    LOOP:
    while DOMINANCE (BEST.DISTRIBUTION, ALT-DISTRIBUTION) <
        EPSILON do
      STRATEGY := SELECT-STRATEGY (ROOT);
      case STRATEGY of
        PROVEBEST:      NEXT := BEST;
        DISPROVEREST:  NEXT := ALTERNATIVE (ROOT, BEST);
      end case;
      PB*-LOWER (NEXT, STRATEGY);
      BEST := NODE-HIGHEST-CHANCE-TERMINATION (ROOT);
      ALT-DISTRIBUTION := DISTRIBUTION-MAX-ALT (ROOT, BEST);
    end while LOOP;
    PB*-TOP := BEST;
end fct PB*-TOP;


proc PB*-LOWER (NODE, STRATEGY);


  if not EXPANDED (NODE) then
    EXPAND (NODE);
  else
    NEXT := SELECT-SUCC (NODE, STRATEGY);
    PB*-LOWER (NEXT, STRATEGY);
  end if;
  NODE.DISTRIBUTION := OPPOSITE (MAX-DISTRIBUTION-SUCC (NODE));
end proc PB*-LOWER;


POSITION := PB*-TOP (ROOT, EPSILON);
```

Prozedur 3.12

len wie die entsprechenden Teile der **B***-Formulierung. Da auch sonst weitestgehend strukturelle Übereinstimmung vorliegt, soll im folgenden nur noch auf die Unterschiede eingegangen werden.

PB*-TOP besitzt einen zusätzlichen Parameter: EPSILON. Damit kann vorgegeben werden, welche *Dominanz* mindestens gefordert ist, bevor die Suche beendet werden kann. Dieser Parameter wird in die modifizierte Bedingung für die Beendigung von LOOP einbezogen – und damit auch in die *Endebedingung* von **PB***. Wenn das Ergebnis von DOMINANCE zwischen der Verteilung von BEST und der Verteilung des maximalen Werts der Alternativen (ALT-DISTRIBUTION) größer oder gleich EPSILON ist, kann erfolgreich beendet werden. Es soll noch angemerkt werden, daß ein Wert von 1 für EPSILON zu einem äquivalenten Kriterium zu dem von **B*** führt. Zusätzlich bietet sich hier allerdings die Möglichkeit, durch einen kleineren Wert eine frühere Terminierung zu erreichen. Außerdem kann man EPSILON nicht nur als Konstante sondern auch als *Funktion* verwenden, etwa in Abhängigkeit der Zeit: Wenn eine gewisse Zeit hindurch die ursprünglich geforderte Dominanz nicht erreicht werden konnte, wird diese entsprechend reduziert.

Die Ermittlung des Knotens BEST erfolgt in PB*-TOP durch die Routine NODE-HIGHEST-CHANCE-TERMINATION: Diese berechnet für jeden unmittelbaren Nachfolger der Wurzel die Wahrscheinlichkeit, daß durch die Untersuchung seines Teilbaums die Suche beendet werden kann, wenn dieser Knoten der „beste" ist. Derjenige mit höchster Wahrscheinlichkeit wird BEST zugewiesen. Diese Methode entspricht der Ermittlung durch NODE-MAX-OPT in B*-TOP (obwohl dieser Zusammenhang möglicherweise nicht so offensichtlich ist). Ebenso entspricht DISTRIBUTION-MAX-ALT in PB*-TOP MAX-OPT-ALT in B*-TOP.

Die Auswahl einer geeigneten **Strategie** muß ebenfalls an Verteilungen als Bewertungen angepaßt werden. Im Fall von DISPROVEREST kann ALTERNATIVE hier entsprechend einer geeigneten Auswahl einer Alternative durch B*-TOP folgendermaßen vorgehen: Es wird die *Dominanz* jeder Alternative gegenüber BEST berechnet und der Knoten mit der höchsten ausgewählt.

Die Auswahl von NEXT im Baum durch SELECT-SUCC innerhalb von PB*-LOWER kann ebenfalls entsprechend B*-LOWER an Verteilungen angepaßt werden. Das Rückrechnen der Bewertungen erfolgt schließlich unter Verwendung der bereits erörterten Funktionen *OPP* und *MAX*.

Wie soll nun die **Bewertungsfunktion** Wahrscheinlichkeitsverteilungen ermitteln? Wollen wir einmal davon ausgehen, daß sie – wie für **B*** ohnehin erforderlich – pessimistische Werte p und optimistische o berechnen kann. Zusätzlich soll die **Bewertungsfunktion** realistische Schätzungen r liefern – etwa in dem Sinn, wie sie von Verfahren mit *Punktwerten* verwendet werden. Aufbauend auf ein solches Tripel (p, r, o) und eine kleine reelle Zahl c definiert [Palay (1983)] eine Verteilungsfunktion $F(x)$ folgendermaßen:

Wenn $x < r$ ist, wird eine *Normalverteilung* mit dem Mittelwert r und der Standardabweichung von $(r - p + c)/3$ genommen; für $x = r$ erhält F den Wert $\frac{1}{2}$; und wenn $x > r$ ist, wird wiederum eine Normalverteilung mit dem Mittelwert r gewählt, diesmal jedoch mit der Standardabweichung von $(o - r + c)/3$. (Der Wert c dient für solche Fälle, wenn entweder p oder o gleich r sind, um den Wert von 0 für den jeweiligen Teil zu vermeiden.)

Obwohl auf diese Art recht elegant aus (p, r, o) Verteilungsfunktionen gebildet werden können, soll hier doch noch einmal darauf hingewiesen werden, daß gerade die Ermittlung zuverlässiger Werte p und o die größte Schwierigkeit für einen Einsatz von **B*** darstellt. Es wird bei diesem Verfahren der **Bewertungsfunktion** eine noch viel wesentlichere Bedeutung zuteil als bei solchen, die auf **„minimaxing"** beruhen. **PB*** nützt die verfügbare Information zwar bereits besser aus als **B***, ist letztlich aber genauso von der Qualität der **Bewertungsfunktion** abhängig. Auf Ansätze zur Behandlung dieser Problematik etwa für die Domäne Schach werden wir noch kurz eingehen.

Eine weitere Verwendung des Werts r für **B*** bzw. **PB*** ist die, die Suche in zwei Phasen einzuteilen: In der ersten – der „selection phase" – wird aus der Sicht des Spielers an der Wurzel versucht nachzuweisen, daß für einen Zug der Wert r nicht schlechter ist als die Werte o aller anderen; in der darauffolgenden – der „verification phase" – müssen auch für den Gegner die optimistischen Aspekte berücksichtigt werden. Falls diese nicht mit dem von der ersten Phase ausgewählten Knoten den Nachweis führen kann, wird die Kontrolle wieder zurückgegeben. Diese Variationen namens SVB* und PSVB* kann man sich so vorstellen, daß die jeweilige Phase selbst wieder als **B*** bzw. **PB*** realisiert ist (mit entsprechenden Schranken bzw. Verteilungen). Da die *Dominanz* mit r statt mit p leichter zu zeigen ist, ist auch die ausschließliche Verwendung der „selection phase" von Interesse: SB* bzw. analog dazu PSB*. Weitere Ausführungen in diese Richtung findet der interessierte Leser in [Palay (1983)].

3.5 Die Effizienz der Minimax-Verfahren im Vergleich

Nachdem wir nun verschiedenste Verfahren erörtert haben, sollen auch Vergleiche gezogen werden. Abgesehen davon, konkrete Implementierungen für spezielle Domänen im direkten Wettkampf oder anhand von Benchmark-Tests zu vergleichen, gibt es auch die Möglichkeit, einige Verfahren auf abstrakter Ebene zu vergleichen. So etwa stellt sich die Frage, welche Verfahren zur Berechnung von **Minimax-Werten** unter welchen Bedingungen effizienter sind als andere.

Die üblichen *Modellannahmen* für solche Vergleiche sind denen für die bisher behandelten Analysen ähnlich. Es werden **Spielbäume** angenommen, in denen die Anzahl b unmittelbarer Nachfolger eines Knotens konstant ist. Die zu vergleichenden Verfahren sollen den (exakten) **Minimax-Wert** für die konstante Tiefe d liefern (den Wert, den etwa NEGAMAX als Ergebnis hat, wenn es alle Pfade genau d Halbzüge tief untersucht). Im allgemeinen werden die behandelten Verfahren wie **α-β** oder DUAL* jedoch nicht alle Knoten in einem solchen Baum untersuchen. Die Frage ist nun, wieviele Knoten sie – insbesondere im Vergleich – tatsächlich untersuchen müssen. Üblicherweise bezieht man sich dabei nur auf die Knoten in der Tiefe d und betrachtet deren Anzahl als repräsentatives Maß für die Effizienz: NBP („number of bottom positions").

Damit im Zusammenhang betrachtet man auch die *durchschnittliche* Anzahl von unmittelbaren Nachfolgern eines Knotens, die ein Verfahren untersucht. Diese wird oft als **„branching factor"** bezeichnet. Leider wird dieser Begriff nicht einheitlich verwendet: Etwa wird fallweise der *Verzweigungsgrad b* („branching degree") auch so genannt. In [Knuth & Moore (1975)] und darauf aufbauend etwa auch in [Pearl (1984)] wird ein formal definierter Begriff (als Grenzwert für $d \to \infty$) mit dieser Bezeichnung versehen, der die erstgenannte Bedeutung modelliert.

Die bisherigen Annahmen reichen jedoch nicht aus, da die Effizienz dieser Verfahren sehr stark von der Anordnung der Knoten und ihrer Bewertungen abhängt. Bevor wir das Verhalten unter diffizileren Annahmen erörtern, sei dasjenige in den beiden Extremfällen kurz angerissen.

3.5.1 Ungünstigste und günstigste Bedingungen

Wie wir bereits an dem äußerst einfachen Beispiel in Abb. 3.8 gesehen haben, gibt es Bäume, in denen etwa α-β überhaupt nichts einsparen kann. In solchen Fällen mit extrem ungünstiger Anordnung müssen also von α-β genau so viele *Endknoten* untersucht werden wie etwa von NEGAMAX: b^d. Solche Situationen des „worst case" kommen jedoch praktisch nicht vor. (Sie müßten sogar mit extra Aufwand ganz speziell herbeigeführt werden.)

Andererseits ist es interessant zu überlegen, was im günstigsten Fall eingespart werden kann. Zu diesem Zweck wollen wir uns vorerst ansehen, wie sich SOLVE (Prozedur 3.1) zum *Lösen* eines **Spielbaums** mit *zwei* möglichen Werten bei bester Anordnung dieser Werte verhält. Diese liegt vor, wenn MAX immer sofort „S = win" und MIN „S $\neq$ win" vorfindet. Egal welcher Fall nun vorliegt, es muß genau die jeweilige **Strategie** untersucht werden: In einer „Schicht" von Halbzügen werden b unmittelbare Nachfolger untersucht, in der benachbarten nur 1 unmittelbarer Nachfolger. Somit ergibt sich für jeweils zwei Schichten ein Faktor von b, also ein **„branching factor"** von $b^{1/2}$. Die Anzahl der im günstigsten Fall von SOLVE untersuchten *Endknoten* ist damit $b^{d/2}$, wenn d gerade ist.

Aufgrund der strukturellen Übereinstimmung von SOLVE mit TEST (Prozedur 3.8) zur Überprüfung, ob der **Minimax-Wert** größer als ein vorgegebener ist oder nicht, kann das *Bewerten* eines **Spielbaums** im allgemeinen nur aufwendiger sein und keinesfalls weniger aufwendig. (Für die **Minimax-Werte** $+\infty$ und $-\infty$ stimmt der Aufwand überein.) Anhand der Bestimmung des Werts R haben wir in 3.1.2 gesehen, daß dafür *zwei* **Strategien** mit *einem* gemeinsamen Knoten erforderlich sind. Analog dazu ist es selbst unter der Voraussetzung, daß der **Minimax-Wert** v (mit $-\infty < v < +\infty$) bereits vorher bekannt ist, notwendig, die Aussagen „$MM(Wurzel) \geq v$" und „$MM(Wurzel) \leq v$" zu überprüfen. (TEST kann leicht so modifiziert werden, daß es „$\geq$" und auch „$\leq$" überprüft.) Folglich ist dafür im günstigsten Fall zumindest die Untersuchung von $2b^{d/2} - 1$ *Endknoten* erforderlich, wenn d gerade ist. Für ungerade Werte d ergeben sich zwei verschieden große Bäume für den jeweiligen Nachweis und eine Gesamtzahl von mindestens $b^{(d+1)/2} + b^{(d-1)/2} - 1$ *Endknoten.*

Ein sorgfältig ausgearbeiteter Beweis für dieses Resultat findet sich in [Knuth & Moore (1975)]. Ein Beweis dafür, daß α-β diese optimistischen Schranken bei perfekter Anordnung der Knoten tatsächlich erreicht, wurde erstmals von [Slagle & Dixon (1969)] veröffentlicht. (Das Resultat selbst ist schon länger bekannt.) Als einfaches Beispiel soll der Baum in Abb. 3.1 dienen: Hier kann α-β wegen der perfekten Anordnung gegenüber NEGAMAX 3 *Endknoten* einsparen ($2^2 + 2^1 - 1 = 5$ gegenüber $2^3 = 8$). Der auf jeden Fall zu untersuchende Baum minimaler Größe wird „minimal tree" genannt. (In Abb. 3.1 ist dies der mit fetten Linien gekennzeichnete Teilbaum.) Im übrigen erreichen diesen günstigsten Fall auch PAB, SCOUT, SSS* und DUAL*.

Darauf, daß der „minimal tree" auf jeden Fall untersucht werden muß, baut auch ein Ansatz für *parallele* Suche auf (siehe [Akl *et al.* (1982)]). Zuerst werden Knoten untersucht, die ohnehin nicht weggelassen werden können. Dabei werden günstige Schranken für die nachfolgende Suche ermittelt, sodaß geringerer Mehraufwand bei der parallelen Ausführung entsteht.

Im allgemeinen ist es also günstig, wenn die Knoten so angeordnet sind, daß diejenigen mit den jeweils besten Werten für den am Zug befindlichen Spieler zuerst untersucht werden. Aufgrund der in [Knuth & Moore (1975)] angegebenen Einteilung in verschiedene Klassen von Knoten ist ersichtlich, daß diese Anordnung jedoch nicht überall im Baum erforderlich ist. Andererseits kann bei Untersuchung von Bäumen mit *variabler* Such-Tiefe auch eine andere Anordnung die günstigste sein. Jedenfalls gibt es immer eine „perfekte" Anordnung, in der maximal eingespart werden kann. Obwohl diese Einsparungen sehr groß und pragmatisch äußerst bedeutsam sind, liegt doch immer noch *exponentielles Wachstum* vor, allerdings stark „gedämpft". Die perfekte Anordnung erlaubt, in etwa doppelt so tief zu suchen wie im „worst case".

3.5.2 Der „durchschnittliche" Fall

Insbesondere durch den quantitativ doch recht großen Spielraum zwischen dem günstigsten und dem ungünstigsten Fall ist es wünschenswert, Aussagen über den „durchschnittlichen" Fall treffen zu können. Die entscheidende Frage ist dabei, wie man diesen geeignet definiert. Einerseits sollte dadurch natürlich möglichst gut das Verhalten in der „Praxis" modelliert werden, andererseits sollte das Modell geeignet untersucht werden können. Für solche Untersuchungen werden sowohl probabilistische Analysen als auch Simulationen am Computer eingesetzt. (Auch Benchmark-Tests mit existierenden Programmen für konkrete Domänen können für solche Untersuchungen herangezogen werden, jedoch ist fraglich, inwieweit die Resultate verallgemeinerbar sind.) Während Analysen die exaktesten Resultate liefern, sind sie für realistische Modelle meist nur äußerst schwer durchführbar. Simulationen stellen daher eine sehr wertvolle, zusätzliche Möglichkeit dar, allgemeinere Vergleiche ziehen zu können. (Bei diesen darf zwar die erforderliche Rechenzeit nicht vernachlässigt werden, sie verliert mit zunehmender Verbilligung der Hardware allerdings immer mehr an Bedeutung.) Grundsätzlich sollten die Methoden je nach den Gegebenheiten gezielt eingesetzt werden und einander ergänzen.

Im folgenden ist eine sehr grobe Übersicht über bereits durchgeführte Untersuchungen und deren Resultate zu finden. (Da eine detaillierte Behandlung bei weitem den Rahmen des vorliegenden Buches sprengen würde, wird der an einer solchen speziell interessierte Leser auf die zitierte Literatur verwiesen.) Im wesentlichen lassen sich dabei zwei Richtungen je nach der Modellierung der Anordnung der Werte unterscheiden: In der einen Richtung wird angenommen, daß die Anordnung völlig zufällig ist. (Jede der möglichen Anordnungen ist gleich wahrscheinlich.) In der anderen Richtung wird (aufbauend auf die praktischen Erfahrungen) angenommen, daß die bereits erörterte **Heuristik** eine günstigere Anordnung erzielt. (Wie man sich leicht vorstellen kann, ist hier sowohl die Modellierung an sich als auch die Untersuchung der Modelle noch weitaus komplexer.)

Die „zufällige" Anordnung wird zurückgehend auf die Untersuchung in [Fuller *et al.* (1973)] folgendermaßen probabilistisch modelliert: Jeder *Endknoten t* erhält einen numerischen Wert $V = $ STATEVAL(t) zugewiesen. Diese Werte werden für alle *Endknoten* als *unabhängig und identisch verteilte Zufallsvariablen* behandelt, die durch eine *Verteilungsfunktion* $F_V(v) = W(V \leq v)$ charakterisiert sind. Obwohl insbesondere durch die Annahme der *Unabhängigkeit* die Durchführbarkeit von Analysen begünstigt ist, konnten insbesondere die Resultate für **α-β** nur in Teilschritten erzielt werden (siehe [Fuller *et al.* (1973)], [Knuth & Moore (1975)], [Baudet (1978b)] und [Pearl (1982)]).

Die wichtigsten Aussagen lassen sich wie folgt zusammenfassen: Für beliebige kontinuierliche Verteilungen haben **α-β**, SSS* und SCOUT den gleichen **„branching factor"** – mit der in [Knuth &

Moore (1975)] formal definierten Bedeutung. (Obwohl SSS* α-β in gewisser Hinsicht *dominiert*, sind beide Verfahren *asymptotisch* äquivalent.) Aufgrund eines Resultats von [Tarsi (1983)] kann sogar geschlossen werden, daß diese drei Verfahren damit *asymptotisch optimal* sind (unter den entsprechenden Voraussetzungen). Die absoluten Größen der Werte haben hier keinen Einfluß, sondern die „Rangordnung". Da außerdem jede stetige Verteilung mit Wahrscheinlichkeit 0 gleiche Werte liefert, gelten diese Resultate auch für beliebige Verteilungen, die ausschließlich *unterschiedliche Werte* liefern. Unter diesen Voraussetzungen gibt es auch Formeln, die angeben, wieviele *Endknoten* für die jeweiligen Verfahren *zu erwarten* sind. (Diese Formeln ergeben meist höhere Zahlen als entsprechende Simulationen, da diese Simulationen üblicherweise – wie auch in der Praxis – gleiche Werte zulassen. Die Verfahren sind dadurch begünstigt, da auch bei Gleichheit schon **„cutoffs"** erfolgen können.) Grob abgeschätzt kann die Such-Tiefe unter solchen Bedingungen mit diesen Verfahren gegenüber vollständigem **„minimaxing"** um $\frac{4}{3}$ erhöht werden. (Während dies gegenüber dem „worst case" bereits große Einsparungen bedeutet, zeigt die Praxis, daß aufgrund der **heuristischen** Anordnungen noch viel mehr eingespart werden kann.) Eine wesentlich umfassendere Behandlung dieses speziellen Themas ist in [Pearl (1984)] zusammengestellt. (Jedoch wird dort die Auswirkung von gezielter Anordnung nur an einem bestimmten Modell und nur für SOLVE behandelt.)

Es sind allerdings (noch) nicht für alle bekannten Verfahren zur Berechnung eines **Minimax-Werts** entsprechende Analysen durchgeführt worden, weshalb auch nicht für alle entsprechende Formeln existieren. Um aber dennoch Aussagen etwa über PAB oder DUAL* machen zu können, wurden auch für den Fall zufälliger Anordnung Simulationen durchgeführt (siehe etwa [Campbell & Marsland (1983)] und [Marsland *et al.* (1987)]). Es sei darauf hingewiesen, daß bei diesen gleiche Werte zugelassen waren, weshalb sich geringere Knotenzahlen ergaben als bei der Auswertung der (verfügbaren) Formeln.

Ein anders gearteter Ansatz zur Berücksichtigung von *Abhängigkeiten* bezüglich des jeweiligen Pfades im Baum ist in [Knuth & Moore (1975)] zu finden. Hier werden den b Kanten zu den unmittelbaren Nachfolgern jedes Knotens zufällige Werte zugeordnet. Die Werte der *Endknoten* ergeben sich als Summe der Werte aller Kanten des jeweiligen Pfades. Ein ähnliches Schema wird auch in [Fuller *et al.* (1973)] vorgeschlagen, allerdings mit Zuordnungen aus einem anderen Wertebereich. Über Untersuchungen von α-β anhand dieses Modells berichten [Newborn (1977)] und [Darwish (1983)]. Einerseits modellieren diese Schemata auf einfache Art die etwa bei Schach im allgemeinen vorhandene Abhängigkeit der Werte der *Endknoten* von den zu ihnen führenden Pfaden, andererseits wird auch hier das gezielte Anordnen nicht berücksichtigt.

[Reinefeld & Marsland (1987)] vergleichen α-β und „Negascout" (die bereits in 3.2.4 erwähnte Variante von PAB und SCOUT) analytisch anhand eines einfachen Modells, welches das Anordnen berücksichtigt (durch die Parameter „Anzahl zusätzlich untersuchter unmittelbarer Nachfolger an Knoten, wo **„cutoff"** möglich ist" und „Häufigkeit des Wechsels der **Hauptvariante**"). Die Ergebnisse zeigen die auch in der Praxis beobachtete leichte Präferenz von „Negascout" gegenüber α-β.

Am ehesten läßt sich zwischen dem in [Marsland & Campbell (1982)] vorgeschlagenen Modell eines „strongly ordered tree" und den in der Praxis untersuchten Bäumen eine Beziehung herstellen: In einem solchen Baum ist in 70% der Fälle der als erster untersuchte unmittelbare Nachfolger an einem Knoten der mit dem besten Wert, und in 90% der Fälle befindet sich der beste innerhalb des ersten Viertels der untersuchten unmittelbaren Nachfolger. Die erste dieser Bedingungen läßt sich leicht und praktisch ohne nennenswerten Zusatzaufwand während der Suche überprüfen. Insbesondere unter Berücksichtigung dieses (ersten) „Parameters" für Such-Bäume wurden auch Simulationen für mehrere Verfahren durchgeführt: Für die Fälle von 50% und 80% siehe [Campbell & Marsland (1983)] und für 60% [Marsland *et al.* (1987)]. Die Chancen für die übrigen Züge in den verbleibenden Fällen (daß diese zum besten Nachfolger führen) wurden dabei entweder als gleichverteilt oder entsprechend einer geometrischen Verteilung angenommen.

Wie sieht es nun mit diesem Parameter tatsächlich in der Praxis aus? Da leider keine Statistiken darüber verfügbar waren, wurden als Basis für die Untersuchungen in [Kaindl *et al.* (1988)] entsprechende Daten mit dem Schachprogramm Merlin ermittelt. (Dieses Programm wurde von Helmut Horacek, Marcus Wagner und dem Autor des vorliegenden Buches erstellt und erreichte bei der 4. Computerschachweltmeisterschaft den geteilten 10. Rang bei 22 Teilnehmern. Näheres siehe [Kaindl (1985)].) In Merlin sind zwar viele **Heuristika** zur Anordnung der Züge implementiert (grundsätzliches zu diesem Thema wird noch in 3.6.1 erörtert), dennoch war das Ergebnis überraschend hoch: Aus 438 Zugentscheidungen (zumeist unter Turnierbedingungen) ergab sich ein Mittelwert von 90,3% (mit einer Standardabweichung von 8,2%) für die relative Häufigkeit, daß der erste untersuchte Zug an einem Knoten bereits den besten Wert oder ein **„cutoff"** erzielt.

Um wenigstens irgendeinen Vergleich mit anderen Programmen ziehen zu können, wurde versucht, diesen Parameter aus den Daten in [Gillogly (1978), Table 4.1] für das Schachprogramm Tech (aus den Läufen für sechs Stellungen) zu schätzen. Man kann vermuten, daß trotz der (bewußt) einfach gehaltenen Struktur dieses Programms ein Wert zwischen 70% und 80% für diesen Parameter erreicht wurde.

Deshalb wurden in [Kaindl *et al.* (1988)] primär „very strongly ordered trees" untersucht (mit einer Chance > 70% dafür, daß der erste unmittelbare Nachfolger bereits der mit dem besten Wert ist). Im folgenden wollen wir kurz Teile derjenigen Resultate skizzieren, die durch das Variieren dieses Parameters erzielt wurden. Abb. 3.10(a) (für $d = 5$ und $b = 20$) und Abb. 3.10(b) (für $d = 6$ und $b = 20$) zeigen Diagramme, die das Verhalten der angeführten Verfahren dabei darstellen. (NS ist die bereits erwähnte optimierte Variante von PAB und SCOUT [Reinefeld (1983)], und INS („informed NS") speichert Informationen ab, die im Fall von *Such-Wiederholungen* nützlich sein können (siehe [Marsland *et al.* (1987)]). Diese Erweiterungen kommen in dieser Hinsicht der Verwendung einer „transposition table" (diese wird noch besprochen) gleich. Die Abszisse gibt den Prozentwert für den besprochenen Parameter der Anordnung des ersten Zugs an. (Die Chancen für die restlichen Züge wurden bei den diesen Diagrammen zugrundeliegenden Simulationen gleichverteilt angenommen.) Die Ordinate gibt in Prozenten die durchschnittlichen NBP-Daten relativ zum „minimal tree" an. (Somit würden im Fall einer „100%-igen" Anordnung alle untersuchten Verfahren den NBP-Wert des „minimal tree" erzielen und die Linien die Abszisse berühren.)

Beide Diagramme zeigen, daß die Einsparungen mit zunehmender Verbesserung der Anordnung auch bei Annäherung an deren Optimum noch recht hoch sind. Relativ gesehen profitieren diejenigen Verfahren mit *linearem* Speicherbedarf am meisten. Jedoch werden wir noch im folgenden erörtern, daß zum *Erreichen einer guten Anordnung* in der Praxis Tabellen erforderlich sind − und damit

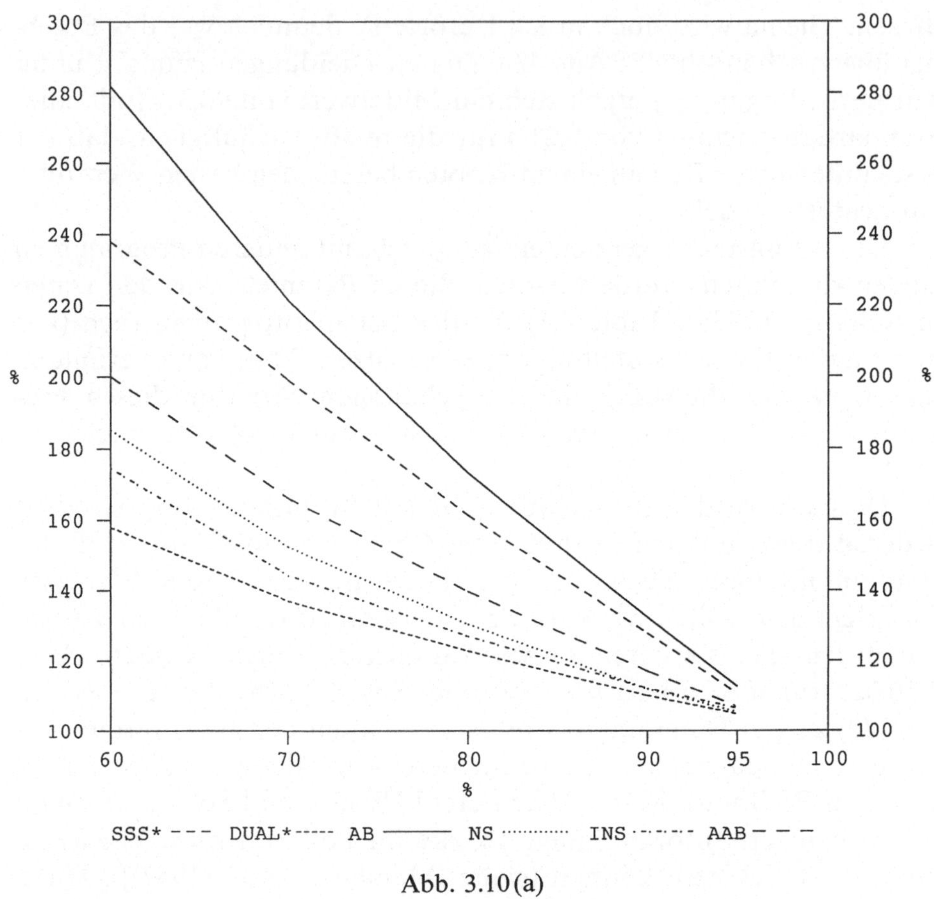

Abb. 3.10(a)

auch wieder erhöhter Speicherbedarf. In der Gegenüberstellung lassen die Diagramme vermuten, daß für gerade und ungerade Such-Tiefen jeweils andere Verfahren am effizientesten sind. (Gründe dafür können in der zitierten Literatur nachgelesen werden.)

Besonders erwähnenswert ist noch das Verhalten von AB und AAB. (Für die Simulationen wurden bezüglich des „Fensters" und der Häufigkeit von *Such-Wiederholungen* Erfahrungswerte von Merlin verwendet.) Während AB „pur" jeweils am ineffizientesten ist (bei „zufälliger" Anordnung ist das Verhalten noch weit ungünstiger), liegt AAB im Vergleich viel besser. Inwieweit die anderen Verfahren durch ein solches „Fenster" profitieren können, müßte noch genau untersucht werden. Ein wichtiges Resultat in [Kaindl *et al.* (1988)] ist auch, daß AAB bei zunehmender Such-Tiefe relativ zu den anderen Verfahren immer effizienter wird. Allerdings kann bei

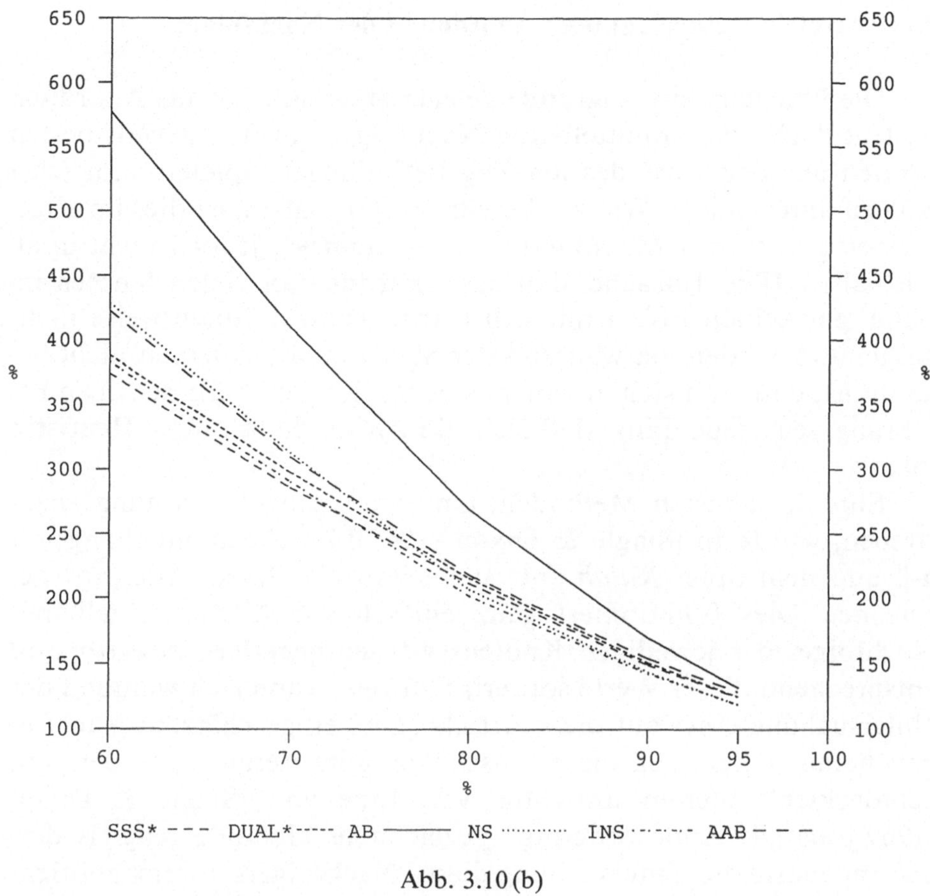

Abb. 3.10 (b)

zunehmender Verbesserung der Anordnung AAB im Vergleich zu den anderen immer weniger „gewinnen" (siehe auch Abb. 3.10(a)).

3.6 Zusätzliche Aspekte und Heuristika

Außer der „puren" Funktionsweise der einzelnen Such-Verfahren und deren Effizienz sind in dem hier behandelten Kontext noch eine Reihe zusätzlicher Aspekte sowohl von theoretischer als auch praktischer Bedeutung. So etwa ist nicht nur von Interesse, *was* durch „gute" Anordnung der Knoten an Effizienz gewonnen werden kann, sondern auch, *wie* eine solche Anordnung grundsätzlich erreicht werden kann, ohne dafür selbst wieder zuviel während der Suche investieren zu müssen.

3.6.1 Erreichen einer „guten" Anordnung der Nachfolger

Die üblicherweise zugrunde gelegte **Heuristik** für das Anordnen besteht darin, die unmittelbaren Nachfolger mit den jeweils besten Werten aus der Sicht des am Zug befindlichen Spielers möglichst früh zu untersuchen. Wie wir bereits erörtert haben, ist dies im allgemeinen günstig zur Maximierung von **„cutoffs"**, jedoch nicht in allen Fällen. (Die Tatsache, daß das Anordnen an vielen Knoten im Baum gar keinen Effekt mit sich bringt, kann normalerweise nicht ausgenutzt werden, da während der Suche im allgemeinen nicht bekannt ist, daß man sich an einem solchen Knoten befindet.) Die Erfahrung zeigt jedenfalls, daß sich die Anwendung dieser **Heuristik** lohnt.

Eine der ältesten Methoden, um eine solche Anordnung anzustreben, wurde in [Slagle & Dixon (1969)] im Zusammenhang mit α-β und dem Spiel *Kalah* untersucht und als „fixed ordering" bezeichnet. Dies funktioniert ganz einfach so: Alle unmittelbaren Nachfolger des jeweiligen Knotens werden **generiert**, *bewertet* und entsprechend dieser Werte sortiert. Fallweise kann sich während der Untersuchung eines auf diese Art als „gut" eingeschätzten Nachfolgers herausstellen, daß diese Einschätzung im Vergleich zu den nun „entdeckten" Werten unrichtig war. Eine von [Slagle & Dixon (1969)] als „dynamic ordering" bezeichnete Methode reagiert darauf, indem sie die Untersuchung dieses Nachfolgers vorerst abbricht und mit einem anderen fortsetzt. Für beide Methoden des Anordnens wurden gegenüber „zufälliger" Anordnung Effizienzsteigerungen bei α-β beobachtet. Allerdings wurde auch darauf hingewiesen, daß die Verbesserung von „dynamic" gegenüber „fixed ordering" nur noch gering war, da man sich bereits der perfekten Anordnung näherte.

Wenn man „dynamic ordering" im Rahmen einer **„depth-first search"** so weit treibt, daß nach der **Generierung** jedes einzelnen Knotens die globale Anordnung neu vorgenommen wird, entsteht die Untersuchungsreihenfolge einer **„best-first search"**. Konkret geht α-β dann so vor wie SSS*.

Es gibt jedoch zwei Gründe, warum diese Methoden nicht so günstig sind (und heute kaum eingesetzt werden): Zum einen kostet die im Fall von **„cutoffs"** teilweise überflüssige **Generierung** und Bewertung zu viel, zum anderen ist die übliche **Bewertungsfunktion** für Spielsituationen oft ohnehin für das Anordnen weniger geeignet als billigere Methoden, die bereits die zu diesen Situationen führenden Züge speziell im Sinne des Anordnens bewerten. Solche Methoden können auf domänenspezifischen **Heuristika** basieren, etwa bei *Schach* unter anderem im Zusammenhang mit Schlagezügen. Etwas allgemeiner einsetzbar sind solche Methoden, die mittels spezieller Tabellen aus der Suche selbst gewonnene Informationen über „gute" Züge für die spätere Verwendung aufheben. Dies steht direkt mit dem „Widerlegen" von Zügen des Gegners im Sinne eines **„cutoffs"** im Zusammenhang. Am bekanntesten ist hier die „killer heuristic": Wenn ein Zug y den Zug x widerlegt, so ist es oft sehr wahrscheinlich, daß y in „ähnlichen" Spielsituationen auch andere Züge widerlegt. Folglich erweist es sich als nützlich, y in einer Tabelle zu speichern und etwa in der gleichen Such-Tiefe des Baums immer wieder in der Anordnung zu bevorzugen.

Wie bereits angedeutet wurde, sind solche Tabellen auch für **„depth-first iterative-deepening"** nützlich. Insbesondere werden hier auch solche eingesetzt, die für viele Spielsituationen Information unter anderem über den „besten" Zug (von dieser Situation aus) speichern. Zumeist erweist sich dieser Zug in der folgenden Iteration wieder als „sehr gut" und sollte daher überhaupt als erster untersucht werden.

Solche Tabellen spielen jedoch auch noch eine andere wichtige Rolle: Sie ermöglichen den Such-Verfahren für *Bäume*, allgemeinere *Graphen* entsprechend zu behandeln, indem gemeinsame Nachfolger als solche erkannt werden können (und nicht nochmal untersucht werden müssen). Die erste Erwähnung dieser Art Tabelle mit der Bezeichnung „transposition table" dürfte in [Greenblatt *et al.* (1967)] erfolgt sein. Man muß sich natürlich darüber im klaren sein, daß der Speicherbedarf einer solchen Tabelle den für die Durchführung von **„backtracking"** bei weitem übertrifft. Im Gegensatz zu einer Implementierung etwa von SSS* ist die übliche Realisierung einer „transposition table" mittels Hash-Tabelle jedoch effizienter und zugleich flexibler, da bei Gefahr eines Überlaufs Einträge „verdrängt" werden können.

Bezüglich detaillierter Angaben über das Anordnen der Züge in einer konkreten Domäne (Schach) sei der interessierte Leser auf [Slate & Atkin (1977)] verwiesen. Ganz allgemein soll noch erwähnt werden, daß jede einzelne der erwähnten **Heuristika** gegenüber zufälligem Anordnen große Einsparungen bringt, bei ihrer Kombinationen jedoch „Überlagerungen" der Einsparungseffekte auftreten.

3.6.2 Statische Bewertungsfunktionen

Im Unterkapitel 2.5 haben wir erörtert, was eine Bewertungsfunktion etwa für **A*** schätzen soll und wie geeignete **Heuristik** für dieses Schätzen mit *vereinfachten Modellen* in Zusammenhang steht. Im Unterkapitel 3.1 hat sich gezeigt, daß im Kontext von 2-Personen-Spielen bei weitem nicht so klar ist, *was* überhaupt geschätzt wird. Hier werden wir andeuten, *wie* Bewertungsfunktionen grundsätzlich aufgebaut sind (bzw. sein sollten) und welche Eigenschaften sie haben. (Für die darauffolgende Erörterung von **„quiescence"** ist ein ungefähres Verständnis davon erforderlich.) An sich handelt es sich dabei um *Wissensrepräsentation,* in deren Kontext dieses Thema jedoch zumeist nicht behandelt wird.

Im allgemeinen wird versucht, Merkmale von Spielsituationen dahingehend zu modellieren, daß sich daraus Vorteile für den einen oder den anderen Spieler abschätzen lassen. Diese Abschätzungen erfolgen so, daß Werte berechnet werden. Durch die Kombination der Werte mehrerer solcher Merkmale wird angestrebt, eine Abschätzung der gesamten Spielsituation dahingehend zu erhalten, welcher der Spieler darin im Vorteil ist und „um wieviel". Die naheliegendste und am längsten verwendete Form der Kombination ist ein *lineares Polynom*:

$$V = \sum_{m \in M} c_m m$$

M sei die Menge der verwendeten Merkmale, deren jeweilige Werte *m* mit einem zugehörigen *konstanten* Faktor c_m gewichtet werden. Beispiele für solche Merkmale sind etwa bei *Schach* oder *Dame* die „Materialdifferenz" oder der Vorteil eines Spielers hinsichtlich seiner „Beweglichkeit" (englisch: mobility). Wie bereits erörtert wurde, ist es konzeptuell fragwürdig, alles über den „Wert" einer Spielsituation durch eine einzige Zahl zum Ausdruck bringen zu wollen. Jedoch kann etwa die Verwendung von Vektoren der Merkmale wie in [Newell *et al.* (1963)] als gleichbedeutend zum Sonderfall der Verwendung eines solchen Polynoms mit entsprechend hoher Abstufung der Gewichtungsfaktoren betrachtet werden.

Eine grundsätzliche Problematik ergibt sich auch dadurch, daß gewisse Merkmale nicht in jeder Phase eines Spiels die gleiche Rolle spielen. (Ein Beispiel ist bei Schach die Königsstellung im Mittelbzw. Endspiel.) Naheliegenderweise kann man mehrere Funktionen erstellen – für jede Phase eine. Jedoch sind meist die Übergänge zwischen diesen Teilfunktionen problematisch, da es sehr schwierig ist, „Sprungstellen" zu vermeiden. Ganz allgemein führen künstlich in der Bewertungsfunktion erzeugte große Veränderungen der Werte, die durch kleine Veränderungen eines Merkmals ausgelöst werden, zu „blamablen Effekten" (siehe [Berliner (1979b)] bezüglich näherer Angaben zum „blemish effect" und [Ackley & Berliner (1983)] bezüglich illustrativer Beispiele).

Lineare Funktionen haben den Nachteil, daß sie nur durchschnittliche Relationen zwischen Merkmalen darstellen können. Deshalb sind sie unzureichend für spezielle Situationen, in denen andere Verhältnisse vorliegen. Aus diesem Grund verwendete [Samuel (1967)] in seinem berühmten Programm für *Checkers* letztlich „signature tables" statt wie zuvor lineare Polynome (siehe auch [Samuel (1963)]). Diese Tabellen geben für die jeweiligen Werte der Einzelmerkmale den Funktionswert an. Trotz geschickter Realisierung war es zusätzlich nötig, die Wertebereiche stark einzuschränken, weshalb [Berliner (1979b)] auch hier Probleme mit dem „blemish effect" vermutet.

Nicht-lineare Funktionen sind wiederum aus anderen Gründen problematisch. Die erhöhte Sensitivität kann Stabilitätsprobleme einhandeln. Z. B. ergibt sich bei der Multiplikation zweier Variablen mit einem Wertebereich 0..50 ein solcher für das Ergebnis von 0..2500. Das folgende Beispiel zeigt eine weitere Problematik: Wenn I die „Intensität eines Schmerzes" und D seine „Dauer" zum Ausdruck bringen soll, könnte das dadurch verursachte „Leiden" etwa durch das Produkt von I und D modelliert werden. Wenn nun eine solche „Bewertungsfunktion" minimiert wird, kann versucht werden, $D = 0$ zu erreichen – etwa durch „Selbstmord". Deshalb nennt [Berliner (1979b)] eine solche Konstruktion, in der die Möglichkeit zur im allgemeinen unerwünschten Manipulation von Variablen besteht, „suicide construction".

Wegen all dieser Probleme entwickelte Berliner im Rahmen der Arbeiten an seinem *Backgammon*-Programm BKG die Methode SNAC (Smoothness, Non-linearity, Application Coefficients). Ein „application coefficient" A ist eine Variable, deren Wert sich entsprechend der Natur der Domäne im Verhältnis zur einzelnen Aktion (Zug) langsam verändert. Ein typisches Beispiel dafür ist eine Variable, welche die jeweilige Phase eines Spiels graduell zum Ausdruck bringt. (Eine solche findet auch erfolgreich in dem Programm für *Othello* von [Rosenbloom (1982)] Anwendung.) Diese Variablen A_m (zugeordnet dem Merkmal *m*) ersetzen (bzw. ergänzen) die Konstanten c_m im Polynom. Dadurch ergeben sich einerseits *globale nicht-lineare* Beziehungen, andererseits aber fließende Übergänge und *lokale Linearität*. Nähere Angaben findet der interessierte Leser in [Berliner (1979b)] und [Ackley & Berliner (1983)].

Weitere Probleme mit statischen Bewertungsfunktionen zeigt [Horacek (1984)] auf. Insbesondere die *Unsicherheit* der Werte und die Tatsache, daß sie üblicherweise nicht berücksichtigt wird, erzeugen fallweise grobe Fehler. Leider ist es beim derzeitigen Stand der Wissenschaft kaum möglich, in einer interessanten Domäne geeignete Bewertungen für **B*** bzw. **PB*** durch eine *statische* Bewertungsfunktion allein zu ermitteln. (Auf einen Ansatz durch *Suche* werden wir noch kurz eingehen.) Deshalb wurde im Rahmen der Arbeiten am Schachprogramm Merlin versucht, für besonders schwer einschätzbare Merkmale entsprechende Mechanismen zur Behandlung der Unsicherheit in das Schema von **„minimaxing"** zu integrieren (siehe [Horacek *et al.* (1986)] und [Horacek (1988)]).

Pragmatisch sind der Konstruktion sehr komplexer Bewertungsfunktionen insofern Grenzen gesetzt, als innerhalb einer tiefen Suche sehr viele Aufrufe erforderlich sind. Daher wirkt sich eine zu hohe Laufzeit der Bewertungsfunktion gravierend auf die mögliche Anzahl untersuchter Knoten aus, und damit auch auf die Such-Tiefe. Da diese in *dynamischen* Domänen wie Schach für die Qualität der Zugentscheidungen sehr wesentlich ist (wir werden dies in Beispiel 3.7 aufzeigen), würde eine ungünstige *Balance* entstehen. Eine Realisierung mittels *paralleler* Hardware entschärft diese Problematik allerdings (siehe [Condon & Thompson (1982)]). Es gibt auch die Möglichkeit, ausschließlich an der Wurzel eine umfassende Analyse der Situation durchzuführen, wonach innerhalb des Baums nur noch darauf aufbauend und damit effizient bewertet wird (bezüglich einer umfassenden Behandlung dieses Ansatzes und seiner hardwaremäßigen Unterstützung siehe [Ebeling (1986)]).

Es ist noch sehr wichtig darauf hinzuweisen, daß *statische* Bewertungsfunktionen üblicherweise auch tatsächlich fast ausschließlich *statische* Aspekte berücksichtigen. Genau die in der jeweils bewerteten Situation vorhandenen Ausprägungen der Merkmale sind relevant (etwa bei Schach die zu diesem Zeitpunkt am Brett befindlichen Figuren). *Dynamische* Aspekte hinsichtlich der konkreten Weiterentwicklung der Situation fließen nicht oder nur sehr simplifiziert ein (etwa in Form einer einfachen „Abtauschanalyse" durch Abzählen von angreifenden und verteidigenden Figuren).

Kompliziertere Ansätze liefern in *dynamischen* Domänen zumeist ebenfalls noch viel zu unzuverlässige Ergebnisse und sind außerdem hinsichtlich ihrer Laufzeit viel zu teuer. Aus der Sicht des *Planens* läßt sich dafür folgende Charakterisierung angeben: Die statischen Bewertungsfunktionen können in solchen Domänen bestenfalls messen, wie der derzeitige Stand bezüglich des Erreichens von Zielen ist (z. B. durch Abzählen der vorhandenen Figuren). Sie können jedoch nicht feststellen, ob und wie ein solches Ziel erreicht werden kann (z. B. indem der Gegner so bedroht wird, daß ein Materialgewinn gar nicht verhindert werden kann).

3.6.3 „Quiescence" und der Horizont-Effekt

Die bisherigen Erörterungen – insbesondere hinsichtlich der theoretischen Baummodelle – suggerieren, daß **„minimaxing"** alle Züge (mit Ausnahme von **„cutoffs"**) bis zu einer *fixen* Tiefe untersucht, wo die resultierenden Stellungen statisch bewertet werden. Nachdem wir nun erörtert haben, wie das Bewerten mittels **statischer Bewertungsfunktion** erfolgt, wollen wir kurz ansehen, welche Konsequenzen ein solches Vorgehen hat. Als Domäne ist hier *Schach* gewählt (jene Domäne, in der **„minimaxing"** ursprünglich studiert und die resultierenden Phänomene entdeckt wurden).

Beispiel 3.7:

Abb. 3.11 zeigt sehr einfache Fragmente aus Schachstellungen, die *taktische* Muster repräsentieren. (Für das Verständnis des folgenden wird nur Wissen darüber vorausgesetzt, wie die Figuren ziehen können, und daß die relativen **heuristischen** Werte von Dame, Turm und Bauer ungefähr 9, 5 und 1 sind.) Die **statische Bewertungsfunktion** sei so angenommen, daß sie einfach die Werte der Figuren auf dem Brett für jede Seite addiert und diese Summen subtrahiert. (Obwohl die tatsächlich verwendeten **Bewertungsfunktionen** verschiedenste *positionelle* und *strategische* Feinheiten beinhalten können, ist das Merkmal „Materialdifferenz" ohnehin das dominierende.)

Was würde eine Suche der Tiefe 1 in Abb. 3.11 (*a*) als Ergebnis liefern, wenn Weiß am Zug ist? Th3×Dh7 gewinnt als einziger Zug Material, weshalb die Entscheidung auf diesen Zug fallen würde. Allerdings sei darauf hingewiesen, daß die *statischen*

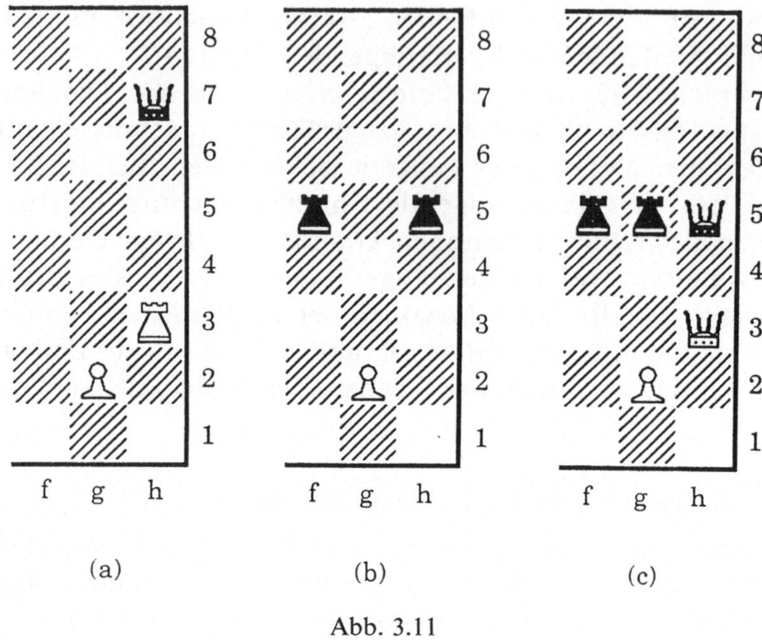

(a)   (b)   (c)

Abb. 3.11

Bewertungen vor und nach diesem Zug stark differieren (um 9, den Wert einer Dame). Was würde eine Suche der Tiefe 1 ergeben, wenn Schwarz am Zug ist? Während alle übrigen Züge nichts am Wert ändern, gewinnt Dh7×Th3 (vorerst) einen Turm. Da damit die Tiefe 1 (der Horizont) erreicht ist, wird dieser Wert genommen und folglich objektiv ein grober Fehler gemacht. (Schließlich kann ja Weiß im nächsten Zug die Dame schlagen und damit insgesamt Material gewinnen.)

Worauf sind solche Fehler grundsätzlich zurückzuführen? Gemäß der Terminologie von [Berliner (1974)] haben wir hier ein (äußerst einfaches) Beispiel des **Horizont-Effekts** (englisch: horizon effect) vor uns. Dieser wird meist auf die fixe Grenze der Suche zurückgeführt, hat jedoch fundamental ebensoviel mit der **Bewertungsfunktion** und deren Zusammenspiel mit der Suche zu tun. Bereits [Shannon (1950)] und [Turing *et al.* (1953)] haben auf die Bedeutung eines Konzepts hingewiesen, das (von Shannon) als „**quiescence**" bezeichnet wurde. So etwa kann eine Stellung mit dem Muster aus Abb. 3.11(*a*) *nicht* als „**quiescent**" bezeichnet werden, da durch das Schlagen der Dame der Wert (Materialdifferenz) drastisch verändert wird. In solch einfachen Fällen kann eine „Abtauschanalyse" abhelfen, doch bereits bei etwas komplizierteren Situationen sind die **statischen Bewertungsfunktionen** überfordert.

Beispiel 3.8:

Insbesondere mehrere „hängende" Figuren sind problematischer einzuschätzen (siehe Abb. 3.11(b)): Der interessierte Leser wird aufgefordert herauszufinden, wie eine (durchaus tiefere) Suche *entdecken* könnte, ob durch den „Doppelangriff" g2-g4 ein Turm gewonnen werden kann – in Abhängigkeit des nicht gezeigten Teils einer Stellung. (Als Hinweis sei angemerkt, daß z. B. die Möglichkeiten von Schachgeboten durch die Türme dabei entscheidend sein können.) Allgemein können solche Aspekte in komplizierten *Kombinationen* auftreten. Etwa müssen in Abb. 3.11(c) zuerst noch die Damen getauscht werden, bevor das Muster aus Abb. 3.11(b) entsteht.

Solche *taktischen* Verwicklungen können in noch viel größerer Komplexität auftreten, wodurch äußerst *dynamische* Situationen entstehen. Während deren korrekte Behandlung bei Schach eine notwendige Bedingung für gute Entscheidungen bedeutet, spielen Suche und Bewertung auch bei *positionellen* Aspekten eine ähnliche Rolle: Die **statische Bewertungsfunktion** stellt etwa fest, wie gut eine Figur bereits steht, und die Suche *entdeckt*, ob und wie sie auf gute Felder gebracht werden kann.

„**Quiescence**" hat also nicht nur etwas mit den Eigenschaften eines speziellen Spiels zu tun, sondern insbesondere mit der verwendeten **statischen Bewertungsfunktion**. (Leider sind die Techniken, „bessere" zu bauen, nicht sehr weit entwickelt. Andererseits stellt sich die Frage, ob nicht zur Einschätzung *dynamischer* Aspekte ohnehin Suche geeigneter ist.) In [Kaindl (1988b)] findet sich die Definition eines Modellbegriffs für „**quiescence**", den wir zur Illustration hier übernehmen wollen.

Definition 3.1:

Es sei eine **statische Bewertungsfunktion** f vorausgesetzt, die **heuristische** Werte (HV) liefert. Ein Knoten k sei genau dann „n**-ply-quiescent**", wenn der Wert HV von k, der durch f zugeordnet wird, gleich dem **Minimax-Wert** von k ist, der aus einer vollständigen Suche des Teilbaums unterhalb von k bis zur Tiefe n resultiert, wobei die *Endknoten* **heuristische** Werte von f zugeordnet erhalten.

Für den üblichen Fall in der Praxis, daß die **statischen Bewertungsfunktionen** Ergebnisse aus einem Teilbereich der ganzen Zahlen liefern, würde die Forderung nach strikter Gleichheit äußerst selten erfüllt werden. Deshalb ist eine Lockerung etwa im Sinn einer „kleinen Differenz" realistischer. (Das Modell in [Kaindl (1988b)] geht mit dem Ziel möglichst starker Vereinfachungen von zweiwertigen Funktionen aus, sodaß dort die Forderung nach Gleichheit angemessen ist.)

Wenn also *Endknoten* an einem fixen Horizont nicht **„quiescent"** sind, kann der **Horizont-Effekt** zu groben Fehlentscheidungen führen. Dabei werden von [Berliner (1974)] zwei Erscheinungsformen unterschieden: Der *„negative"* **Horizont-Effekt** äußert sich so, daß durch Konzessionen Probleme über den Horizont geschoben werden und die Suche so tut, als wären sie gar nicht vorhanden. Der *„positive"* hingegen bewirkt, daß angenommen wird, ein Vorteil könne erzielt werden, obwohl der Gegner diesen in Wirklichkeit verhindern kann. Auch hier werden die Antworten des Gegners durch die Einschaltung forcierter Sequenzen über den Horizont geschoben. Eine Variation davon führt dazu, daß ein tatsächlich erreichbarer Vorteil nur teilweise oder gar nicht erzielt wird, da seine Realisierung unmittelbar versucht wird, während sie später noch effektiver erfolgen könnte. Die im folgenden behandelte Möglichkeit, die Such-Tiefe variabel zu gestalten, stellt das derzeit beste Mittel zur Vermeidung des **Horizont-Effekts** dar.

3.6.4 Variable Such-Tiefe

Nachdem wir nun eine sehr bedeutende Problematik im Zusammenhang mit strikt *fixer* Such-Tiefe erörtert haben, wollen wir die prinzipiellen Ansätze der Suche mit *variabler* Such-Tiefe streifen. Die Zielsetzung der meisten davon ist jedoch nicht nur gegen den **Horizont-Effekt** gerichtet, sondern ganz allgemein auf größere Effizienz. Schließlich können die Verfahren für **„minimaxing"** selbst im besten Fall das exponentielle Wachstum der Bäume nur (wenn auch stark) „dämpfen". Außerdem sind meist viele der nach den Spielregeln möglichen Züge „schlecht", weshalb sollten sie also bei der Suche berücksichtigt werden? (Insbesondere die Schachspieler unter den Lesern werden es vorerst höchstwahrscheinlich absurd finden, *alle* Züge bis zu einer fixen Such-Tiefe zu betrachten.) Es soll jedoch darauf hingewiesen werden, daß diese Problematik äußerst diffizil ist (siehe auch [Kaindl *et al.* (1986)]).

Bereits [Shannon (1950)] und [Turing *et al.* (1953)] schlugen vor, *forcierte* Varianten in der Domäne Schach (mit Schlagezügen und Schachgeboten) auch vom Horizont aus noch tiefer zu untersuchen. Das Ziel solcher *selektiver* Suchen ist es, Stellungen zu erreichen, die von der **statischen Bewertungsfunktion** besser eingeschätzt werden können, da sie (eher) **„quiescent"** sind (vor allem hinsichtlich des dominierenden Terms „Materialdifferenz"). In diesem Sinn erhielt ein solches Vorgehen die Bezeichnung **„quiescence search"**.

Im Hinblick auf das *Bewerten* von Spielsituationen kann man auch folgende Sicht vertreten: Die **„quiescence search"** sei eine **Bewertungsfunktion**, die *dynamisch* – unter Verwendung einer **statischen Bewertungsfunktion** – dadurch „besser" bewertet, daß die *statisch* bewerteten Knoten eher **„quiescent"** sind. Dabei wird implizit vorausgesetzt, daß die Werte durch eine Suche (mittels **„minimaxing"**) im allgemeinen besser werden.

Es ist interessant darauf hinzuweisen, daß die meisten der heutigen Turnierprogramme für Schach kaum mehr als die historisch vorgeschlagenen Kriterien für Züge in der **„quiescence search"** beinhalten. Ihre volle Suche (zu einem im wesentlichen fixen Horizont) wurde jedoch weitaus tiefer (teils durch die ausgefeilteren Such-Techniken, vielmehr aber noch durch die ungeheure Steigerung der Geschwindigkeit der Hardware). Die offensichtlichen Fälle des **Horizont-Effekts** wurden dabei immer seltener. [Berliner (1981)] zeigt auf, daß und warum dieser Effekt bei tiefer Suche die Zugentscheidung an der Wurzel nicht sehr oft beeinflußt.

Trotzdem erscheint ein weiterer Ausbau der **„quiescence search"** vor allem im Hinblick auf die Eingeschränktheit der üblichen Kriterien sinnvoll. In [Kaindl (1982a, b)] finden sich ein Modell für informiertere **„quiescence search"** und Angaben über die Realisierung im Schachprogramm Merlin. Die Ergebnisse damit sind für die berücksichtigten Kriterien sehr gut, es ist jedoch sehr aufwendig, umfassende und lückenlose Kriterien bereitzustellen. Insbesondere die Kontrolle einer solchen Suche ist sehr schwierig und konnte nur durch ausgefeilte Mechanismen erzielt werden.

Ein weiterer Ansatz mit der Bezeichnung **„forward pruning"** sieht überhaupt folgendes vor: Es sollen nur *„plausible"* Züge untersucht werden, die restlichen werden einfach weggelassen. (Aus Gründen der irreführenden Ähnlichkeit der Bezeichnungen sei hier explizit darauf hingewiesen, daß dies grundsätzlich von **„backward pruning"** zu unterscheiden ist, das durch **„cutoffs"** beweisbar nichts am Resultat ändert.) Die prinzipielle Problematik bei diesem Ansatz besteht natürlich darin, daß ein Zug vorerst „unplausibel" erscheinen kann, tatsächlich aber „sehr gut" ist (etwa ein „Opfer"). Somit gibt es hier immer die Möglichkeit, „das Kind mit dem Bade auszuschütten", also durch Weglassen eines wichtigen Zugs in der Suche eine falsche Entscheidung zu treffen. Deshalb findet diese Methode heute kaum im gesamten Baum Verwendung, sondern meist erst im Anschluß an einige Schichten voller Suche von der Wurzel entfernt. Allerdings verwischt sich dabei ein wenig die Abgrenzung zur **„quiescence search"**.

Grundsätzlich kann man verschiedene Formen von **„forward pruning"** unterscheiden. Die eine mit der Bezeichnung **„*tapered* forward pruning"** betrachtet in Abhängigkeit der Tiefe im Baum eine jeweils vorgegebene Anzahl von Zügen – je tiefer desto weniger (siehe etwa [Greenblatt *et al.* (1967)]). Eine andere namens **„*aspiration* forward pruning"** schätzt vorerst Werte für die Züge (bzw. die aus diesen resultierenden Spielsituationen). Diese Schätzungen werden mit dem durch die aktuellen Werte von ALPHA und BETA bestimmten Intervall verglichen (bezüglich dieser Werte siehe Prozedur 3.5). Wenn eine Schätzung außerhalb dieses Intervalls liegt, wird der entsprechende Zug weggelassen, da er – falls die Schätzung korrekt ist – ohnehin nicht das Ergebnis beeinflussen würde (siehe etwa [Berliner (1974)]). Obwohl diese Form konzeptuell viel interessanter ist, kann **„*tapered* forward pruning"** nach den bisherigen Erfahrungen leichter in eine brauchbare Implementierung umgesetzt werden. Eine weitere Form mit der Bezeichnung **„*method of analogies*"** sieht vor, die gleichen Züge in „ähnlichen" Situationen nicht immer wieder neu zu untersuchen (siehe [Adelson-Velskiy *et al.* (1975)]). Insbesondere dieser Ansatz ist sehr interessant, jedoch entsprechend schwierig umzusetzen.

Der aus heutiger Sicht vielversprechendste Ansatz zum Erreichen variabler Such-Tiefe besteht darin, den *Horizont der vollen Suche variabel* zu gestalten. In sehr einfacher – aber effektiver – Form erfolgt dies ansatzweise in vielen der heutigen Turnierprogramme für Schach dadurch, daß die Erwiderungen auf Schachgebote „nicht für die Tiefe gezählt" werden. (Dies ist programmiertechnisch so gemeint, daß etwa bei der Formulierung in Prozedur 2.4 beim rekursiven Aufruf mit einem solchen Zug DEPTH *nicht* reduziert wird.) Immer wenn also ein solcher Halbzug in einem Pfad vorkommt, wird dieser um jeweils einen Halbzug tiefer untersucht. Dadurch wird der Horizont bei gewissen *forcierten* Varianten variabel, leider jedoch auch in solchen Fällen, die wegen ihres Werts das Ergebnis der Suche gar nicht beeinflussen können. (Aufgrund der im allgemeinen sehr wenigen legalen Züge in Situationen, wenn der König im Schach steht, ist dies hier nicht so bedeutend, bei anderen Kriterien – etwa im Zusammenhang mit Schlagezügen – aber sehr wohl.) Deshalb wurde dieses Kriterium in Merlin so verfeinert, daß eine *optimistische Schätzung* des Werts besser sein muß als der bis dahin beste Wert an diesem Knoten (BEST in Prozedur 3.6). Auf ähnliche Weise war auch die Berücksichtigung von „*forcierten*" Schachgeboten selbst und von Schlagezügen möglich. Nähere Angaben und ein allgemeines Modell für das *Erweitern des Horizonts* finden sich in [Kaindl (1983)].

Die grundsätzliche Problematik bezüglich entsprechender Schätzungen besteht darin, daß sie einerseits sehr viel *Wissen* über die Domäne erfordern und andererseits trotzdem mit eher großer Unsicherheit behaftet sind. Daher bietet sich an, durch Suche entsprechende Informationen zu gewinnen, inwieweit eine Variante nicht nur *forciert,* sondern auch für das Ergebnis von Bedeutung ist. Unter Verwendung von „minimalen Fenstern" (wie in Prozedur 3.7) zeigt ein solches Vorgehen – zumindest im Zusammenspiel mit ultraschneller Spezialhardware – sehr gute Erfolge. (Siehe [Anantharaman *et al.* (1988)] bezüglich der Realisierung in dem Automaten ChipTest, der 1987 überzeugend die von der ACM organisierte (offene) Nordamerikanische Computerschachmeisterschaft gewann.) Auch eine *Kombination* von *Wissen* und solcher *Suche* könnte möglicherweise sinnvoll sein.

Die bisher erwähnten Ansätze zur Realisierung variabler Such-Tiefe basieren alle auf dem Konzept von **„minimaxing"**. Wie sieht es in diesem Zusammenhang mit dem Schema von **B*** aus? Aufgrund der Zielsetzung dieses Verfahrens sollten eigentlich gar keine „künstlichen" Kriterien zur Tiefenbeschränkung erforderlich sein. Die wirkliche Schwierigkeit für eine Realisierung besteht allerdings darin, geeignete Schranken (bzw. bei **PB*** Verteilungsfunktionen) als Bewertung zu ermitteln. Trotzdem gibt es bereits zwei zum Teil recht erfolgreiche Implementierungen auf dieser Basis, allerdings nur für eine verhältnismäßig stark eingeschränkte Domäne: solche Schachsituationen, in denen mit rein taktischen Mitteln bereits Materialgewinn oder Matt erzwungen werden kann.

Die eine Implementierung erfolgte im Programm PARADISE

(siehe [Wilkins (1982)]). Genau genommen entspricht diese der einfacher zu realisierenden Variation SB*, wobei noch eine Menge zusätzlicher Mechanismen zur Steuerung eingesetzt sind: teils solche, die auf einfacheren, von [Berliner (1974)] beschriebenen, aufbauen, teils solche im Zusammenhang mit *Planen* sowie auch noch weitere. Grundsätzlich wird versucht, möglichst viel *Wissen* der Domäne in Form von *Mustern* (englisch: patterns) zu verwenden. Die Resultate sind insbesondere dort sehr gut, wo sehr tiefe Suche für die richtige Zugauswahl erforderlich ist. Jedoch sind die für Anwendung des *Wissens* erforderlichen Berechnungen sehr aufwendig und damit langsam. Außerdem kann das *Wissen* immer unvollständig sein, wodurch Fehler hervorgerufen werden können. Noch bedeutender scheint, daß nicht klar ist, wie dieser Ansatz erweitert werden sollte.

Die Implementierung von **PB*** geht hier einen grundsätzlich anderen Weg (siehe [Palay (1983)]). Für die Bewertung selbst wird wiederum *Suche* eingesetzt. Da die Verteilungsfunktionen über die Werte p, r und o aufgebaut werden, müssen diese durch Suche ermittelt werden. Für r kann direkt **„minimaxing"** eingesetzt werden (aus Effizienzgründen jedoch nur sehr „seicht"). Für die beiden anderen Werte ist es jedoch erforderlich, mögliche „Drohungen" zu berücksichtigen. Die hier gewählte Möglichkeit verwendet die Idee des „null-move", d. h. eines Zugs, der gar nichts verändert. Bei Schach gibt es einen solchen legal zwar nicht, im allgemeinen würde er aber ohnehin schlechtere Resultate liefern als die realen Züge. Genau darin begründet sich der Ansatz, auf diese Weise „Drohungen" für beide Seiten zu erkennen. Konkret wird so vorgegangen, daß zuerst in der bewerteten Stellung der „null-move" und im Anschluß daran eine **„depth-first search"** der Tiefe 1 im Sinne von **„minimaxing"** plus (einfacher) **„quiescence search"** durchgeführt wird. Dies ergibt aus der Sicht des eigentlich am Zug befindlichen Spielers – der probeweise nichts tut – den Wert p. Der Wert o könnte durch Einschaltung eines „null-move" für den Gegner nach dem eigenen ersten Zug erfolgen. Aus Effizienzgründen wird hier jedoch der Wert p des Elternknotens (negativ) verwendet. Die Resultate (genau genommen mit PSB*) sind sogar besser als die von PARADISE, dies dürfte aber nicht zuletzt auch auf die Verwendung von Verteilungsfunktionen statt Intervallen zurückzuführen sein. Viel wesentlicher scheint, daß durch eine solche Kombination von Suchen in zwei Ebenen (in einer dynamischen Domäne) die explizite Handhabung umfangreichen *Wissens* über die spezielle Domäne umgangen werden kann.

Leider ist allerdings auch die dynamische Ermittlung der Bewertungen durch Suche sehr aufwendig.

Zuletzt sei noch auf zwei Ansätze hingewiesen, die versuchen, domänenunabhängig für eine variable Such-Tiefe zu sorgen. [McAllester (1985)] gibt ein Verfahren an, das mit folgender Grundidee anstrebt, die Unsicherheit des Werts an der Wurzel trotz sehr selektiver Suche gering zu halten: Es wird über die *Anzahl* von *Endknoten* Buch geführt, deren Wert sich ändern muß, um den Wert an der Wurzel um eine bestimmte Größe zu verändern. Während dies auf **„minimaxing"** beruht, verwendet das von [Rivest (1988)] vorgeschlagene Verfahren „Annäherungen" an „Max-" und „Min-Operatoren". Diese erlauben es, jenen *Endknoten* zu bestimmen und als nächsten zu untersuchen, von dessen Wert der „angenäherte" Wert der Wurzel am meisten abhängt. Beide Verfahren müssen für eine verläßliche Einschätzung sowohl praktisch als auch theoretisch noch besser untersucht werden.

3.7 Die Qualität der Entscheidungen

Wie bereits festgestellt wurde, ist **„minimaxing"** bei weitem die am häufigsten eingesetzte Methode in den entsprechenden Domänen. Dies liegt abgesehen von der relativ einfachen Implementierbarkeit und dem – bei Verwendung von **„backtracking"** – geringen Speicherbedarf natürlich daran, daß sie im allgemeinen auch die besten Resultate in der Praxis bringt (insbesondere dann, wenn die verbrauchte Zeit als Basis für den Vergleich genommen wird). Sehr lange wurde dieses Vorgehen auch überhaupt nicht in Frage gestellt. Jedoch weiß man seit der Entdeckung des folgenden Phänomens durch [Nau (1980)] (und mittlerweile auch durch weitere Arbeiten) daß sich **„minimaxing"** unter gewissen Bedingungen „pathologisch" verhält: Es wurde nachgewiesen, daß – unter solchen Bedingungen – die Entscheidungen basierend auf **„minimaxing"** mit zunehmender Such-Tiefe systematisch *schlechter* werden können.

Grundsätzlich ist die Entdeckung und Untersuchung dieses Phänomens sehr wichtig. Allzuoft wird **„minimaxing"** eingesetzt, ohne die Nützlichkeit überhaupt in Frage zu stellen oder über Alternativen nachzudenken. Leider sind andererseits die theoretischen Untersuchungen über den allgemein beobachteten Nutzen von immer tieferer Suche mit **„minimaxing"** noch nicht so überzeugend. Fallweise werden die theoretischen Arbeiten auch so interpretiert, als sei diese Methode prinzipiell schlecht. Eine vollständige Behandlung dieser Thematik würde hier zu weit führen. (Eine umfassende und kritische Erörterung der Aspekte und eine Übersicht über die Modelle findet sich in [Kaindl (1988b)].) Es soll aber die grundsätzliche Problematik angerissen werden. (Auf Vergleiche mit anderen **Rückrechen-Regeln** wurde in 3.1.5 eingegangen.)

[Pearl (1984)] betont folgenden konzeptuellen Mangel der **Minimax-Regel**. Sie berechnet *Funktionen* (*max* bzw. *min*) *von Schätzungen* – so als ob diese die **tatsächlichen Werte** wären – anstatt *Schätzungen der Funktionen*. (Analog dazu ist im allgemeinen der Durchschnitt von Produkten ungleich dem Produkt von Durchschnitten.) Möglicherweise spielt dieser Mangel bei der „Pathologie" in den theoretischen Modellen eine Rolle. In diesen werden die Verteilung der **tatsächlichen Werte** und/oder die Wahrscheinlichkeiten von Fehlern der **Bewertungsfunktion** an den einzelnen Knoten als *unabhängig* angenommen. Pearl konstruierte sogar ein „reales" Spiel, dessen **Spielbäume** genau die Struktur und die Eigenschaften von theoretisch angenommenen besitzen. Dazu ist es allerdings notwendig, die Ausgangssituation eines solchen Spiels durch rein zufälliges Zuordnen zweier Werte zu den einzelnen Feldern (unabhängig verteilt) aufzubauen. Diese Werte entsprechen aufgrund der Regeln des Spiels genau denen der *Endknoten* eines Baums mit *b* als konstantem Verzweigungsgrad und *d* als konstanter Tiefe. Untersuchungen von [Nau (1983a, b)] zeigen anhand von zwei verschiedenen Ansätzen für die Modellierung von Abhängigkeiten zwischen den Werten, daß durch diese Abhängigkeiten die „Pathologie" verschwindet. [Beal (1980, 1982)] und [Bratko & Gams (1982)] berichten im wesentlichen das gleiche: Zuerst wurden sowohl für die **tatsächlichen** als auch die **heuristischen Werte** *unabhängige* Verteilungen angenommen, wonach eine dieser Annahmen durch Abhängigkeiten zwischen den **tatsächlichen Werten** in Form von „clustering" ersetzt wurde.

Aber auch diese Untersuchungen können den enormen Nutzen, der in der Praxis beobachtbar ist, nicht überzeugend theoretisch erklären. So etwa zeigen die Tabellen in [Nau (1983a)] nur sehr leichte Verbesserungen bezüglich der Qualität der Entscheidungen durch **„minimaxing"**, wenn die Such-Tiefe erhöht wird. Die in [Pearl (1984)] untersuchten Modelle hinsichtlich „improved visibility" und

„traps" simplifizieren leider so stark, daß die Aussagekraft der Resultate fraglich ist (siehe [Kaindl (1988b)]).

Wie steht es mit dem Argument von [Nilsson (1980), S. 116], daß die rückgerechneten Werte schließlich auf **„look-ahead"** basieren und deshalb von Merkmalen abhängen, die dem Ende des Spiels näher sind? Die Situation in der Domäne Schach sieht derzeit so aus: Die schnellsten Automaten untersuchen im Mittelspiel alle Fortsetzungen etwa 8 bis höchstens 10 Halbzüge (4 bis 5 Züge) voraus, mit anschließender **„quiescence search"**. Obwohl dies bereits die Untersuchung enorm großer Bäume und sehr gute Resultate mit sich bringt, ist es im Vergleich zur nötigen Tiefe bis zum *tatsächlichen* Ende praktisch unbedeutend. Interessanterweise ist der Nutzen von **„minimaxing"** im Endspiel geringer, obwohl hier offensichtlich das Ende viel näher ist.

Keines dieser Modelle berücksichtigt jedoch die Eigenschaft der üblichen **Bewertungsfunktionen** in *dynamischen* Domänen, praktisch nur *statische* Aspekte einzubeziehen. Mit den *dynamischen* Aspekten muß sich eben die *Suche* auseinandersetzen. Deshalb basiert das Modell in [Kaindl (1988b)] auf dem Konzept der **„quiescence"** (genauer dem in Definition 3.1 wiedergegebenen der **„n-ply-quiescence"**). Die zusätzlichen neuen Annahmen spiegeln Beobachtungen aus der Praxis wider: Die Fehler beim Bewerten von Situationen, die **„quiescent"** sind, sind kleiner als die, bei denen dies nicht der Fall ist. (Wozu wird schließlich **„quiescence search"** verwendet?) Außerdem sind in *dynamischen* Domänen (bezüglich der existierenden **Bewertungsfunktionen**) die meisten Situationen *nicht* **„quiescent"**. Dieses Modell soll helfen, die Kluft zwischen Theorie und Praxis hinsichtlich der Qualität von Entscheidungen durch **„minimaxing"** zu überbrücken.

Epilog

Am Ende dieses Buchs sollen noch kurz einige globalere Zusammenhänge gestreift werden. So ist es etwa wichtig darauf hinzuweisen, daß durch *Suche* allein nicht alle **Probleme** gelöst werden können. In den frühen Tagen der AI-Forschung wurde teilweise angenommen oder zumindest gehofft, daß dies möglich sei. Aufgrund der Komplexität der meisten **Probleme** ist jedoch mittlerweile offensichtlich, daß man auch bei weiterer Steigerung der Hardware-Geschwindigkeit an fundamentale Grenzen stößt.

Andererseits dürfte aber auch klar sein, daß die seit einiger Zeit teilweise anzutreffende Sicht, daß nur das *Wissen* eines AI-Systems dessen „Intelligenz" bestimmt, sehr einseitig ist. Bereits im Vorwort wurde bemerkt, daß man *Wissen und Suche gemeinsam* als „Grundpfeiler" für das Problemlösen und allgemeiner für die AI betrachten kann. Diese müssen einander entsprechend ergänzen, was sich auch im Begriff der **heuristischen** *Suche* manifestiert.

Wir haben erörtert, wie bedeutsam eine geeignete *Darstellung* von **Problemen** für das *Lösen* ist. Diese hat sehr viel mit Modellierung und mit der Darstellung von *Wissen* zu tun. (Vielleicht erscheint nicht zuletzt deshalb die Bedeutung von *Wissen* so dominant, da eben dieser Vorgang – insbesondere bei der Behandlung von **Problemen** der realen Welt – sehr viel Mühe bereitet.) In diesem Zusammenhang ist jedoch die Sicht von [Lenat (1983)] interessant, gemäß der auch ein solcher Vorgang grundsätzlich als *Suche* (in einem Raum von *Darstellungen*) betrachtet werden kann. Somit erscheint letztlich die Frage, ob nun *Suche* oder *Wissen* im allgemeinen bedeutender für die „Intelligenz" eines AI-Systems ist, als irrelevant. Es gibt jedoch Anzeichen dafür, daß gewisse Eigenschaften von Domänen Hinweise auf eine Präferenz im speziellen Kontext geben könnten. ([Kaindl (1988a)] versucht ansatzweise, dies aufzuzeigen.)

Es soll auch nicht der Eindruck entstehen, als sei **heuristische** *Suche* das einzige Mittel zum *Problemlösen*. In der AI wird in diesem engeren methodischen Zusammenhang üblicherweise auch *Planen* behandelt. (Da sich die gemeinsame Behandlung dieser Thematik in *einem* Buch als zu umfangreich herausgestellt hat, ist die Erörterung von *Planen in der AI* als eigenes Buch vorgesehen, an dem ich bereits arbeite.) Dabei kann man Methoden des Planens als Mittel für das *Problemlösen* sehen, es gibt jedoch auch zwischen *Suche* und *Planen* viele Gemeinsamkeiten und Ergänzungen.

Einen wesentlichen Bestandteil des vorliegenden Buchs stellen die Präsentation, Erläuterung und die Erörterung der Eigenschaften verschiedenster *Such-Verfahren* dar. Aus didaktischen Gründen und zum Erreichen einer gewissen Allgemeinheit wurde dabei auf viele „Details" verzichtet. (Oftmals wird für die theoretische Behandlung nach Einfachheit gestrebt, um eine solche zu erleichtern bzw. überhaupt erst zu ermöglichen.) Es sollte jedoch klar sein, daß bei einem praktischen Einsatz viele Details und Spezialfälle zu berücksichtigen sind, wodurch alles noch komplizierter wird. Umso bedeutender ist deshalb aber das Verständnis allgemeiner Schemata, um mit Hilfe dessen die auftretenden Schwierigkeiten zu meistern.

Im Vergleich zu den anderen Teilgebieten der AI ist **heuristische Suche** bereits relativ gut erforscht – nicht zuletzt wegen der übertriebenen Hoffnungen in den frühen Tagen der AI und den daraus resultierenden Anstrengungen, diesen Bereich zu untersuchen. Dem aufmerksamen Leser dieses Buchs dürfte jedoch nicht entgangen sein, daß es aber auch hier noch viele offene Fragen gibt. Insbesondere hinsichtlich der geeigneten Ausnutzung von *Parallelität* der Hardware stellt sich für die nächste Zukunft eine bedeutende Aufgabe.

Literatur

Ackley, D. H., und Berliner, H. J. 1983. *The QBKG System: Knowledge Representation for Producing and Explaining Judgements.* Technical Report CMU-CS-83-116, Computer Science Dept., Carnegie-Mellon University, März 1983.

Adelson-Velskiy, G. M., Arlazarov, V. L., und Donskoy, M. V. 1975. Some Methods of Controlling the Tree Search in Chess Programs. *Artificial Intelligence* 6(4), 361-71.

Akl, S. G., Barnard, D. T., und Doran, R. J. 1982. Design, Analysis, and Implementation of a Parallel Tree Search Algorithm. *IEEE Trans. on Pattern Analysis and Machine Intelligence* PAMI-4(2), 192-203.

Amarel, S. 1968. On representations of problems of reasoning about actions. In *Machine Intelligence 3*, Ed. D. Michie, 131-71. Edinburgh: Edinburgh University Press.

Anantharaman, T., Campbell, M., und Hsu, F. 1988. Singular Extensions: Adding Selectivity to Brute-Force Searching. Computer Science Dept., Carnegie-Mellon University, wird veröffentlicht.

Bagchi, A., und Mahanti, A. 1983. Search algorithms under different kinds of heuristics – A comparative study. *JACM* 30(1), 1-21.

Bagchi, A., und Mahanti, A. 1985. Three Approaches to Heuristic Search in Networks. *JACM* 32(1), 1-27.

Bagchi, A., und Srimani, P. K. 1985. Weighted Heuristic Search in Networks. *Journal of Algorithms* 6(4), 550-76.

Ballard, B. W. 1983. The *-Minimax Search Procedure for Trees Containing Chance Nodes. *Artificial Intelligence* 21(3), 327-50.

Banerji, R. B. 1980. *Artificial Intelligence: A Theoretical Approach.* Amsterdam: North-Holland.

Barr, A., und Feigenbaum, E. A. 1981. *The Handbook of Artificial Intelligence, Vol. I.* Los Altos, Calif.: Kaufmann.

Barr, A., und Feigenbaum, E. A. 1982. *The Handbook of Artificial Intelligence, Vol. II.* Los Altos, Calif.: Kaufmann.

Barth, T. 1988. *Neue Varianten von Suchverfahren und Stellungs-bewertungen im Computerschach.* Dissertation. Institut für Praktische Informatik, Technische Universität Wien, Jänner 1988.

Baudet, G. M. 1978a. *The Design and Analysis of Algorithms for Asynchronous Multiprocessors.* Ph. D. Dissertation. Computer Science Dept., Carnegie-Mellon University.

Baudet, G. M. 1978b. On the Branching Factor of the Alpha-Beta Pruning Algorithm. *Artificial Intelligence* **10**(2), 173-99.

Beal, D. 1980. An analysis of minimax. In *Advances in Computer Chess 2*, Ed. M. R. B. Clarke, 103-9. Edinburgh: Edinburgh University Press.

Beal, D. 1982. Benefits of minimax search. In *Advances in Computer Chess 3*, Ed. M. R. B. Clarke, 17-24. Oxford, U. K.: Pergamon.

Bellman, R. 1957. *Dynamic Programming.* Princeton, N. J.: Princeton University Press.

Berliner, H. J. 1974. *Chess as Problem Solving: The Development of a Tactics Analyzer.* Ph. D. Dissertation. Computer Science Dept., Carnegie-Mellon University, März 1974.

Berliner, H. J. 1978. A Chronology of Computer Chess and its Literature. *Artificial Intelligence* **10**(2), 201-14.

Berliner, H. J. 1979a. The B* Tree Search Algorithm: A Best-First Proof Procedure. *Artificial Intelligence* **12**(1), 23-40.

Berliner, H. J. 1979b. On the Construction of Evaluation Functions for Large Domains. *Proceedings IJCAI-79*, Tokyo, Japan, 53-5. Los Altos, Calif.: Kaufmann.

Berliner, H. J. 1980. Backgámmon Computer Program Beats World Champion. *Artificial Intelligence* **14**(1), 205-20.

Berliner, H. J. 1981. An Examination of Brute Force Intelligence. *Proceedings IJCAI-81*, Vancouver, British Columbia, 581-7. Los Altos, Calif.: Kaufmann.

Bibel, W. 1982. *Automated Theorem Proving.* Braunschweig: Vieweg.

Bisiani, R. 1987. Beam Search. In [Shapiro (1987)], 56-8.

Bratko, I., und Gams, M. 1982. Error analysis of the minimax principle. In *Advances in Computer Chess 3*, Ed. M. R. B. Clarke, 1-15. Oxford, U. K.: Pergamon.

Brownston, L., Farell, R., Kant, E., und Martin, N. 1985. *Programming Expert Systems in OPS5: An Introduction to Rule-Based Programming.* Reading, Mass.: Addison-Wesley.

Buchanan, B. G., und Shortliffe, E. H., Ed. 1984. *Rule-Based Expert Systems: The Mycin Experiments of The Stanford Heuristic Programming Project.* Reading, Mass.: Addison-Wesley.

Campbell, M. S., und Marsland, T. A. 1983. A Comparison of Minimax Tree Search Algorithms. *Artificial Intelligence* **20**(4), 347-67.

Chang, C. L., und Slagle, J. R. 1971. An Admissible and Optimal Algorithm for Searching AND/OR Graphs. *Artificial Intelligence* **2**(2), 117-28.

Chakrabarti, P. P., Ghose, S., und DeSarkar, S. C. 1988. Admissibility of AO*: When Heuristics Overestimate. *Artificial Intelligence* **34**(1), 97-113.

Chi, P., und Nau, D. S. 1987. Comparing Minimax and Product in a Variety of Games. *Proceedings AAAI-87*, Seattle, Washington, 100-4. Los Altos, Calif.: Kaufmann.

Christensen, J., und Korf, R. E. 1986. A Unified Theory of Heuristic Evaluation Functions and its Application to Learning. *Proceedings AAAI-86*, Philadelphia, Pennsylvania, 148-52. Los Altos, Calif.: Kaufmann.

Cohen, P. R., und Feigenbaum, E. A. 1982. *The Handbook of Artificial Intelligence, Vol. III.* Los Altos, Calif.: Kaufmann.

Condon, J. H., und Thompson, K. 1982. Belle Chess Hardware. In *Advances in Computer Chess 3*, Ed. M. R. B. Clarke, 45-54. Oxford, U. K.: Pergamon.

Darwish, N. M. 1983. A Quantitative Analysis of the Alpha-Beta Pruning Algorithm. *Artificial Intelligence* **21**(4), 405-33.

Davis, R. 1976. *Applications of meta-level knowledge to the construction, maintenance and use of large knowledge bases.* Ph. D. Dissertation. Computer Science Dept., Stanford University, 1976. Nachdruck in *Knowledge-based systems in artificial intelligence*, Ed. R. Davis und D. B. Lenat, 1980, 227-490. New York: McGraw-Hill.

Davis, R., und King, J. 1977. An overview of production systems. In *Machine Intelligence 8*, Ed. E. W. Elcock und D. Michie, 300-32. Chichester: Ellis Horwood.

de Champeaux, B. 1983. Bidirectional heuristic search again. *JACM* **30**(1), 22-32.

de Champeaux, B., und Sint, L. 1977. An improved bidirectional heuristic search algorithm. *JACM* **24**(2), 177-91.

Dechter, R., und Pearl, J. 1985. Generalized best-first strategies and the optimality of A*, *JACM* **32**(3), 505-36.

Dijkstra, E. W. 1959. A note on two problems in connexion with graphs. *Numerische Mathematik* **1**, 269-71.

Doran, J. E., und Michie, D. 1966. Experiments with the Graph Traverser program. *Proceedings of the Royal Society of London* **294**(A), 235-59.

Dörfler, W., und Mühlbacher, J. 1973. *Graphentheorie für Informatiker.* Berlin: Walter de Gruyter.

Dreyfus, S. E., und Law, A. M. 1977. *The Art and Theory of Dynamic Programming.* New York: Academic Press.

Ebeling, C. 1986. *All the Right Moves: A VLSI Architecture for Chess.* Ph. D. Dissertation, Computer Science Dept., Carnegie-Mellon University, veröffentlicht von MIT Press, Cambridge, Mass.

Feigenbaum, E., Buchanan, B., und Lederberg, J. 1971. Generality and problem-solving: a case study using the DENDRAL program. In *Machine Intelligence 6*, Ed. B. Meltzer und D. Michie, 165-90. Edinburgh: Edinburgh University Press.

Field, R., Mohyeldin-Said, K., und Pohl, I. 1984. An Investigation of Dynamic Weighting in Heuristic Search. *Proceedings ECAI-84*, Pisa, 277-8. Amsterdam: Elsevier.

Fikes, R. E. 1970. REF-ARF: A System for Solving Problems Stated as Procedures. *Artificial Intelligence* **1**(1-2), 27-120.

Fishburn, J. P., und Finkel, R. A. 1980. *Parallel alpha-beta search on Arachne.* Technical Report 394, Computer Sciences Dept., University of Wisconsin-Madison, Juli 1980.

Fuller, S. H., Gaschnig, J. G., und Gillogly, J. J. 1973. *Analysis of the alpha-beta pruning algorithm.* Dept. of Computer Science Report, Carnegie-Mellon University, Juli 1973.

Gaschnig, J. 1979. *Performance measurement and analysis of certain search algorithms.* Ph. D. Dissertation. Computer Science Dept., Carnegie-Mellon University, Mai 1979.

Gelperin, D. 1977. On the Optimality of A*. *Artificial Intelligence* **8**(1), 69-76.

Gillogly, J. J. 1978. *Performance Analysis of the Technology Chess Program.* Ph. D. Dissertation. Computer Science Dept., Carnegie-Mellon University, März 1978.

Golden, B., und Ball, M. 1978. Shortest paths with Euclidean distances: An explanatory model. *Networks* **8**, 297-314.

Golomb, S., und Baumert, L. 1965. Backtrack programming, *JACM* **12**(4), 516-24.

Greenblatt, R. D., Eastlake, D. E., und Crocker, S. D. 1967. The Greenblatt chess program. *Proceedings Fall Joint Computer Conference*, 801-10. Washington, D. C.: IEEE Computer Society Press.

Hall, P. A. V. 1971. Branch-and-bound and beyond. *Proceedings IJCAI-71*, London, England, 641-50. Los Altos, Calif.: Kaufmann.

Hall, P. A. V. 1973. Equivalence between AND/OR graphs and context-free grammars. *CACM* **16**(7), 444-5.

Harris, L. R. 1974. The Heuristic Search under Conditions of Error. *Artificial Intelligence* **5**(3), 217-34.

Hart, P. E., Nilsson, N. J., und Raphael, B. 1968. A formal basis for the heuristic determination of minimum cost paths. *IEEE Trans. Systems Science and Cybernetics* **SSC-4**(2), 100-7.

Hart, P. E., Nilsson, N. J., und Raphael, B. 1972. Correction to „A formal basis for the heuristic determination of minimum cost paths". *SIGART Newsletter* **37**, 28-9.

Held, M., und Karp, R. M. 1970. The traveling salesman problem and minimum spanning trees. *Operations Research* **18**, 1138-62.

Hopcroft, J. E., und Ullman, J. D. 1979. *Introduction to Automata Theory, Languages, and Computation.* Reading, Mass.: Addison-Wesley.

Horacek, H. 1984. Some Conceptual Defects of Evaluation Functions. *Proceedings ECAI-84*, Pisa, 269-72. Amsterdam: Elsevier.

Horacek, H. 1988. Reasoning with uncertainty in computer chess. In *Advances in Computer Chess 5*, Ed. H. Berliner und D. Beal. North-Holland, im Druck.

Horacek, H., Kaindl, H., und Wagner, M. 1986. Decision Making in Unclear Situations. *Proceedings GWAI-86 und 2. Österreichische Artificial Intelligence Tagung*, Ottenstein, Austria, 17-27. Berlin: Springer-Verlag, Informatik-Fachbericht 124.

Horacek, H., Kaindl, H., und Wagner, M. 1987. Probabilities in Game-Playing: Possible Meanings and Applications. *Proceedings 3. Österreichische Artificial Intelligence Tagung*, Wien, Austria, 12-23. Berlin: Springer-Verlag, Informatik-Fachbericht 151.

Huyn, N., Dechter R., und Pearl, J. 1980. Probabilistic Analysis of the Complexity of A*. *Artificial Intelligence* **15**(3), 241-54.

Ibaraki, T. 1986. Generalization of Alpha-Beta and SSS* Search Procedures. *Artificial Intelligence* **29**(1), 73-117.

Johnson, D. T., und Schubert, L. K. 1982. A planning control strategy that allows for the cost of planning. *Proceedings EMCSR-82*, Wien, Austria, 965-71. Amsterdam: North-Holland.

Kaindl, H. 1982a. Quiescence Search in Computer Chess. *SIGART Newsletter* **80**, 124-31, Nachdruck in *Computer Game-Playing: Theory and Practice*, Ed. M. A. Bramer, 1983, 39-52. Chichester: Ellis Horwood.

Kaindl, H. 1982b. Dynamic Control of the Quiescence Search in Computer Chess. *Proceedings EMCSR-82*, Wien, Austria, 973-8. Amsterdam: North-Holland.

Kaindl, H. 1983. Searching to Variable Depth in Computer Chess. *Proceedings IJCAI-83*, Karlsruhe, BRD, 760-2. Los Altos, Calif.: Kaufmann.

Kaindl, H. 1985. Merlin, AI in Österreich. *Journal der Österreichischen Gesellschaft für Artificial Intelligence* 4(4), 16-9.

Kaindl, H. 1988a. Towards a Theory of Knowledge. In *Advances in Computer Chess 5*, Ed. H: Berliner und D. Beal. North-Holland, im Druck.

Kaindl, H. 1988b. Minimaxing: Theory and Practice. Erscheint in *AI Magazine*.

Kaindl, H., Horacek, H., und Wagner, M. 1986. Selective Search versus Brute Force. *Journal of the International Computer Chess Association* 9(3), 140-5.

Kaindl, H., Wagner, M., und Horacek, H. 1988. *Comparing Various Pruning Algorithms on Very Strongly Ordered Game Trees: The Details.* Technical Report 50, Institut für Statistik und Informatik, Universität Wien, Jänner 1988.

Knuth, D. E. 1973. *The Art of Computer Programming, Vol. 3: Sorting and Searching.* Reading, Mass.: Addison-Wesley.

Knuth, D. E., und Moore, R. W. 1975. An Analysis of Alpha-Beta Pruning. *Artificial Intelligence* 6(4), 293-326.

Korf, R. E. 1985. Depth-First Iterative-Deepening: An Optimal Admissible Tree Search. *Artificial Intelligence* 27(1), 97-109.

Korf, R. E. 1987. Real-Time Heuristic Search: First Results. *Proceedings AAAI-87*, Seattle, Washington, 133-8. Los Altos, Calif.: Kaufmann.

Kowalski, R. 1972. AND/OR graphs, theorem proving graphs, and bidirectional search. In *Machine Intelligence 7*, Ed. B. Meltzer and D. Michie, 167-94. Edinburgh: Edinburgh University Press.

Kumar, V., und Kanal, L. 1983. A General Branch and Bound Formulation for Understanding and Synthesizing And/Or Tree Search Procedures. *Artificial Intelligence* 21(1-2), 179-98.

Kumar, V., und Kanal, L. 1984. Parallel Branch-and-Bound Formulations for AND/OR Tree Search. *IEEE Trans. on Pattern Analysis and Machine Intelligence* **PAMI-6**(6), 768-78.

Kwa, J. B. H. 1988. On the Consistency Assumption, Monotone Criterion and the Monotone Restriction. *SIGART Newsletter* **103**, 29-31.

Lenat, D. B. 1983. The role of heuristics in learning by discovery: Three case studies. In *Machine Learning: An Artificial Intelligence Approach*, Ed. R. S. Michalski, J. G. Carbonell und T. M. Mitchell, 243-306. Palo Alto, Calif.: Tioga Press.

Levi, G., und Sirovich, F. 1976. Generalized And/Or Graphs. *Artificial Intelligence* 7(3), 243-59.

Mackworth, A. K. 1977. Consistency in Networks of Relations. *Artificial Intelligence* **8**(1), 99-118.

Mackworth, A. K. 1987. Constraint Satisfaction. In [Shapiro (1987)], 205-11.

Mahanti, A., und Bagchi, A. 1985. AND/OR Graph Heuristic Search Methods. *JACM* **32**(1), 28-51.

Mahanti, A., und Ray, K. 1988. Network search algorithms with modifiable heuristics. In *Search in Artificial Intelligence,* Ed. L. Kanal und V. Kumar, 200-22. New York: Springer-Verlag.

Markov, A. A. 1951. *Theory of Algorithms.* Israel Programme for Scientific Translations, 1962. Original in Russisch, Steklov-Institut, 1951.

Marsland, T. A., und Campbell, M. 1982. Parallel search of strongly ordered game trees. *Comput. Surveys* **14**(4), 533-51.

Marsland, T. A., und Srimani, N. 1986. Phased State Space Search. *Proceedings Fall Joint Computer Conference*, Dallas, Texas, 514-8. Washington, D. C.: IEEE Computer Society Press.

Marsland, T. A., Reinefeld, A., und Schaeffer, J. 1987. Low Overhead Alternatives to SSS*. *Artificial Intelligence* **31**(2), 185-99.

Martelli, A. 1977. On the Complexity of Admissible Search Algorithms. *Artificial Intelligence* **8**(1), 1-13.

Martelli, A., und Montanari, U. 1978. Optimizing decision trees through heuristically guided search. *CACM* **21**(12), 1025-39.

Mathlab Group. 1977. *MACSYMA reference manual.* Computer Science Laboratory. Massachusetts Institute of Technology.

Maurer, H. 1969. *Theoretische Grundlagen der Programmiersprachen.* Mannheim: BI.

McAllester, D. A. 1985. *A New Procedure for Growing Min-Max Trees.* Technical Report, Artificial Intelligence Laboratory, Massachusetts Institute of Technology, Juli 1985.

McDermott, J. 1981. R1: The Formative Years. *AI Magazine* 2(2), 21-9.

McDermott, J., und Forgy, C. 1978. Production System Conflict Resolution Strategies. In *Pattern-Directed Inference Systems,* Ed. D. A. Waterman und F. Hayes-Roth, 177-199. New York: Academic Press.

Mero, L. 1984. A Heuristic Search Algorithm with Modifiable Estimate. *Artificial Intelligence* 23(1), 13-27.

Michie, D., und Ross, R. 1970. Experiments with the adaptive graph traverser. *Machine Intelligence 5,* Ed. B. Meltzer und D. Michie, 301-8. Edinburgh: Edinburgh University Press.

Moses, J. 1967. *Symbolic Integration.* Technical Report MAC-TR-47, Project MAC, Massachusetts Institute of Technology.

Moses, J. 1971. Symbolic integration: the stormy decade. *CACM* 14(8), 548-60.

Nau, D. S. 1980. Pathology on game trees: A summary of results. *Proceedings AAAI-80,* Stanford, Calif., 102-4. Los Altos, Calif.: Kaufmann.

Nau, D. S. 1983a. Pathology on Game Trees Revisited, and an Alternative to Minimaxing. *Artificial Intelligence* 21(1-2), 221-44.

Nau, D. S. 1983b. On game graph structure and its influence on pathology. *International J. of Computer and Information Sciences* 12(6), 367-383.

Nau, D. S., Kumar, V., und Kanal, L. 1984. General Branch and Bound, and its Relation to A* and AO*. *Artificial Intelligence* 23(1), 29-58.

Nau, D. S., Purdom, P., und Tzeng, C. 1986. Experiments on Alternatives to Minimax. *International J. of Parallel Programming* 15(2), 163-83.

Newborn, M. M. 1977. The Efficiency of the Alpha-Beta Search on Trees with Branch-dependent Terminal Node Scores. *Artificial Intelligence* 8(2), 137-53.

Newell, A., Shaw, J. C., und Simon, H. A. 1963. Chess-playing programs and the problem of complexity. In *Computers and Thought,* Ed. E. A. Feigenbaum und J. Feldman, 109-33. New York: McGraw-Hill.

Newell, A., und Simon, H. A. 1963. GPS: A program that simulates human thought. In *Computers and Thought,* Ed. E. A. Feigenbaum und J. Feldman, 279-93. New York: McGraw-Hill.

Newell, A., und Simon, H. A. 1972. *Human Problem Solving.* Englewood Cliffs, N. J.: Prentice-Hall.

Nilsson, N. J. 1971. *Problem-Solving Methods in Artificial Intelligence.* New York: McGraw-Hill.

Nilsson, N. 1980. *Principles of Artificial Intelligence.* Palo Alto, Calif.: Tioga.

Palay, A. J. 1982. The B* Tree Search Algorithm – New Results. *Artificial Intelligence* 18(2), 145-63.

Palay, A. J. 1983. *Searching with probabilities.* Ph. D. Dissertation, Computer Science Dept., Carnegie-Mellon University, veröffentlicht von Pitman, Boston, Mass., 1985.

Pearl, J. 1980. Asymptotic Properties of Minimax Trees and Game-Searching Procedures. *Artificial Intelligence* 14(2), 113-38.

Pearl, J. 1981. Heuristic search theory: A survey of recent results. *Proceedings IJCAI-81,* Vancouver, British Columbia, 24-8. Los Altos, Calif.: Kaufmann.

Pearl, J. 1982. The solution for the branching factor of the alpha-beta pruning algorithm and its optimality. *CACM* **25**(8), 559-64.

Pearl, J. 1984. *Heuristics: Intelligent Search Strategies for Computer Problem Solving.* Reading, Mass.: Addison-Wesley.

Pearl, J., und Kim, J. H. 1982. Studies in semi-admissible heuristics. *IEEE Trans. on Pattern Analysis and Machine Intelligence* **PAMI-4**(4), 392-99.

Pohl, I. 1970. First results on the effect of error in heuristic search. In *Machine Intelligence 5,* Ed. B. Meltzer und D. Michie, 219-36. Edinburgh: Edinburgh University Press.

Pohl, I. 1971. Bi-directional search. In *Machine Intelligence 6,* Ed. B. Meltzer und D. Michie, 127-40. Edinburgh: Edinburgh University Press.

Pohl, I. 1973. The avoidance of (relative) catastrophe, heuristic competence, genuine dynamic weighting and computational issues in heuristic problem solving. *Proceedings IJCAI-73,* Stanford, Calif., 12-7. Los Altos, Calif.: Kaufmann.

Pohl, I. 1977. Practical and theoretical considerations in heuristic search algorithms. In *Machine Intelligence 8,* Ed. E. W. Elcock und D. Michie, 55-72. Chichester: Ellis Horwood.

Politowski, G., und Pohl, I. 1984. D-node retargeting in bidirectional heuristic search. *Proceedings AAAI-84*, Austin, Texas, 274-7. Los Altos, Calif.: Kaufmann.

Post, E. 1943. Formal reductions of the general combinatorial problem. *American Jour. Math.* **65**, 197-268.

Nageshwara Rao, V., Kumar, V., und Ramesh, K. 1987. A Parallel Implementation of Iterative-Deepening-A*. *Proceedings AAAI-87*, Seattle, Washington, 178-82. Los Altos, Calif.: Kaufmann.

Reibman, A. L., und Ballard, B. W. 1983. Non-Minimax Search Strategies for Use against Fallible Opponents. *Proceedings AAAI-83*, Washington, D. C., 338-42. Los Altos, Calif.: Kaufmann.

Reinefeld, A. 1983. An improvement of the Scout tree search Algorithm. *Journal of the International Computer Chess Association* **6**(4), 4-14.

Reinefeld, A., und Marsland, T. A. 1987. A Quantitative Analysis of Minimal Window Search. *Proceedings IJCAI-87*, Mailand, Italien, 951-4. Los Altos, Calif.: Kaufmann.

Risch, R. H. 1969. The problem of integration in finite terms. *Trans. American Mathematics Society* **139**, 167-89.

Rivest, R. L. 1988. Game Tree Searching by Min/Max Approximation. *Artificial Intelligence* **34**(1), 77-96.

Roizen, I., und Pearl, J. 1983. A Minimax Algorithm Better than Alpha-Beta? Yes and No. *Artificial Intelligence* **21**(1-2), 199-220.

Rosenbloom, P. S. 1982. A World-Championship-Level Othello Program. *Artificial Intelligence* **19**(3), 279-320.

Samuel, A. L. 1963. Some studies in machine learning using the game of checkers. In *Computers and Thought*, Ed. E. A. Feigenbaum und J. Feldman, 71-105. New York: McGraw-Hill.

Samuel, A. L. 1967. Some studies in machine learning using the game of checkers II – Recent progress. *IBM Journal of Research and Development* **11**(6), 601-17.

Scott, J. J. 1969. A chess-playing program. In *Machine Intelligence 4*, Ed. B. Meltzer und D. Michie, 255-65. Edinburgh: Edinburgh University Press.

Shannon, C. E. 1950. Programming a computer for playing chess. *Philosophical Magazine* **41**(7), 256-75.

Shapiro, S. C., Ed. 1987. *Encyclopedia of Artificial Intelligence.* New York: Wiley.

Shortliffe, E. H. 1976. *Computer-Based Medical Consultations: MYCIN.* New York: American Elsevier.

Simon, H. A. 1983. Search and Reasoning in Problem Solving. *Artificial Intelligence* **21**(1-2), 7-29.

Simon, H. A., und Kadane, J. B. 1975. Optimal Problem-Solving Search: All-or-None Solutions. *Artificial Intelligence* **6**(3), 235-47.

Slagle, J. R. 1963. A heuristic program that solves symbolic integration problems in freshman calculus. In *Computers and Thought*, E. A. Feigenbaum und J. Feldman, 191-203. New York: McGraw-Hill.

Slagle, J. R. 1971. *Artificial Intelligence: The heuristic programming approach.* New York: McGraw-Hill.

Slagle, J. R., und Bursky, P. 1968. Experiments with a multipurpose theorem-proving heuristic program. *JACM* **15**(1), 85-99.

Slagle, J. R., und Dixon, J. K. 1969. Experiments with some programs that search game trees. *JACM* **16**(2), 189-207.

Slate, D. J, und Atkin, L. R. 1977. CHESS 4.5 – The Northwestern University chess program. In *Chess skill in man and machine*, Ed. P. W. Frey, 82-118. New York: Springer-Verlag.

Stockman, G. C. 1979. A Minimax Algorithm Better than Alpha-Beta? *Artificial Intelligence* **12**(2), 179-96.

Tarsi, M. 1983. Optimal search on some game trees. *JACM* **30**(3), 389-96.

Turing, A. M., Strachey, C., Audrey Bates, M., und Bowden, B. V. 1953. Digital computers applied to games. In *Faster than thought*, Ed. B. V. Bowden, 286-310. London: Pitman.

vanderBrug, G. J., und Minker, J. 1975. State space, problem-reduction, and theorem-proving – Some relationships. *CACM* **18**(2), 107-15.

vanderBrug, G. J. 1976. Problem representations and formal properties of heuristic search. *Information Sciences* **2**, 279-307.

von Neumann, J., und Morgenstern, O. 1947. *Theory of Games and Economic Behaviour.* Princeton, N. J.: Princeton University Press.

Waltz, D. 1975. Understanding line drawings of scenes with shadows. In *The Psychology of Computer Vision*, Ed. P. H. Winston, 19-91. New York: McGraw-Hill.

Wernicke, J. 1974. Ein intelligenter maschineller Spielpartner für das Nim-Spiel. *Angewandte Informatik* **1**, 6-8.

Wilkins, D. E. 1982. Using Knowledge to Control Tree Searching. *Artificial Intelligence* **18**(1), 1-51.

Winston, P. H. 1977. *Artificial Intelligence.* Reading, Mass.: Addison-Wesley.

Glossar

α-β

Bei Verwendung einer **„depth-first search"** kann die Berechnung des **Minimax-Werts** so verfeinert werden, daß gewisse Züge nicht untersucht werden müssen und trotzdem das Resultat (beweisbar) gleichbleibt. Die Grundidee entsprechender Verfahren (das bekannteste heißt **α-β**) läßt sich intuitiv etwa folgendermaßen formulieren: Wenn man bei der Vorausberechnung auf einen Zug des Gegners eine Widerlegung gefunden hat, ist es nicht mehr von Interesse, wie gut die noch nicht untersuchten Alternativen sind, da sich der Gegner ohnehin nicht für den widerlegten Zug entscheiden wird. Daher ist es auch nicht nötig, hier weitere Züge zu untersuchen. Für das Erkennen von widerlegten Zügen dienen die jeweiligen Schranken ALPHA und BETA.

A*

wird jenes klassische Verfahren für eine **„best-first search"** genannt, das eine **Bewertungsfunktion** dazu verwendet, die Kosten eines optimalen Pfades zu schätzen. Diese Schätzung basiert auf der Summe der Kosten vom *Start* bis zum bewerteten Knoten und einer Schätzung der Kosten eines optimalen Pfades von diesem Knoten zum *Ziel.*

AO*

wird jenes Verfahren für **UND/ODER-Graphen** genannt, das analog zu **A*** vorgeht (jedoch statt eines **Lösungs-Pfades** allgemeiner einen **Lösungs-Graphen** ermittelt).

B*

Im Gegensatz zu den klassischen Verfahren für **„best-first search"** (wie etwa **A*** oder **AO***) verwendet **B*** *zwei* Werte für jeden Knoten (einen *optimistischen* und einen *pessimistischen*); dadurch ist es hier zusätzlich möglich, für den Nachweis, daß eine von der Wurzel ausgehende Kante besser ist als alle anderen, die „schlechten" Teile des

Such-Graphen zu untersuchen (und damit eventuell die **Suche** früher zu terminieren).

„Backtracking"

realisiert eine **„depth-first search"** (rekursiv), indem nur der jeweils aktuelle Pfad – und eventuell bereits gefundene **Lösungen** – des Such-Baums gespeichert werden. Für den Fall eines allgemeinen Graphen muß dann allerdings zusätzlich eine Tabelle bereits durchsuchter Knoten mitgeführt werden, wenn die mehrmalige Suche gleicher Teile vermieden werden soll.

„Backward Pruning"

wird im Zusammenhang mit dem Verfahren α-β jenes „Beschneiden" des Such-Baums genannt, das (beweisbar) nichts am Resultat der Suche ändert. Somit ist es grundsätzlich vom **„forward pruning"** zu unterscheiden (trotz der irreführenden Ähnlichkeit der Bezeichnung).

„Best-First Search"

ist eine Suche, die nach dem Prinzip „das Beste zuerst" vorgeht, d. h. nach Möglichkeit jenen Teil des Such-Graphen zuerst untersucht, der für den Erfolg der Suche am „vielversprechendsten" erscheint. Dies ist aus klassischer Sicht (etwa bei **A***) jener Teil, der den Pfad mit minimalen geschätzten Kosten enthält, bei **B*** (etwas allgemeiner) jener, dessen Untersuchung voraussichtlich am meisten dazu beiträgt, die Suche zu terminieren. Die Schätzung dessen, was als „vielversprechend" erachtet wird, erfolgt üblicherweise im Rahmen einer **Bewertungsfunktion** unter Verwendung von **Heuristik**.

Bewertungsfunktion

Die Einschätzung von Elementen der **globalen Datenbasis** erfolgt üblicherweise mittels Bewertungsfunktion. Etwa bei **A*** werden die Kosten bis zu einem *Ziel* abgeschätzt, bei Spielen hingegen, welcher der Spieler im Vorteil ist und um wieviel. Diese Schätzungen erfolgen unter Verwendung von **Heuristik** des entsprechenden Problemgebiets. Sofern für das Schätzen (wie zumeist üblich) nicht wiederum **Suche** eingesetzt wird, spricht man auch von einer **statischen Bewertungsfunktion**.

„Branching Factor"

wird üblicherweise die durchschnittliche Anzahl von unmittelbaren
Nachfolgern genannt, die ein Verfahren von einem Knoten des
Such-Baums aus untersucht.

„Breadth-First Search"

ist eine Suche, die nach dem Prinzip „Breite zuerst" vorgeht, d. h.
nach Möglichkeit zuerst alle Knoten einer Ebene untersucht, bevor
sie sich denen der nächsttieferen zuwendet.

„Cutoff"

Wenn bei Verwendung von α-β an einem Knoten ein „Beschneiden"
des Baums im Sinne von **„backward pruning"** möglich ist, spricht
man von einem „cutoff".

„Depth-First Iterative-Deepening"

bezeichnet jenes Vorgehen einer Suche, bei dem unter Verwendung
von **„backtracking"** iterativ immer tiefer gesucht wird.

„Depth-First Search"

ist eine Suche, die nach dem Prinzip „Tiefe zuerst" vorgeht, d. h.
nach Möglichkeit einen Nachfolger des eben untersuchten Knotens
als nächsten behandelt. Zur Vermeidung allzu tiefer oder gar endlo-
ser Pfade in eine Richtung wird meist eine maximale Tiefe vorgegeben. Da bei einer solchen Suche der Graph nicht notwendigerweise
vollständig gespeichert werden muß, wird sie meist mittels **„backtracking"** realisiert.

Expandieren

eines Knotens heißt jener Vorgang im Rahmen einer **Suche**, der alle
unmittelbaren Nachfolger dieses Knotens **generiert** (und bewertet).

„Forward Pruning"

wird jenes „Beschneiden" des Such-Graphen genannt, das durch
heuristisches Nicht-Untersuchen von Möglichkeiten (von vornherein) entsteht. Somit können hier sehr wohl andere Ergebnisse entstehen als bei vollständiger Suche (ganz im Gegensatz zum **„backward
pruning"**).

Generieren

eines Knotens ist ein elementarer Schritt einer **Suche** und besteht
darin, die interne Darstellung jenes **Problemzustands** zu berechnen,
der dem generierten Knoten entspricht.

Heuristik

bedeutet etwa „Kunst des Entdeckens". Meist versteht man unter
einer Heuristik eine heuristische Regel (Methode, Faustregel), die im
allgemeinen (aber nicht unbedingt immer) die Effizienz eines Systems verbessert, das **Probleme** löst. Das Adjektiv „heuristisch" besagt etwa „nützlich zum Entdecken oder Herausfinden" (von **Lösungen**). Problem- und domänenspezifisches *Wissen* fließt meist über
heuristische Regeln ein, wenn exakte (*algorithmische*) Verfahren
nicht bekannt oder zu aufwendig sind.

„Hill-Climbing"

ist ein Verfahren zum Auffinden des Maximums (Minimums) einer
Funktion (**Bewertungsfunktion**). Es untersucht die lokale Umgebung
des aktuellen **Zustands**, indem es den zugehörigen Knoten **expandiert** (eventuell wird auch eine etwas größere Umgebung untersucht). Derjenige Schritt, der den stärksten Anstieg verspricht, wird
daraufhin (unwiderruflich) durchgeführt usw. Ein Nachteil dieses
einfachen Verfahrens ist, daß durch lokale Maxima das Auffinden
des absoluten Maximums (des eigentlichen *Ziels*) verhindert werden
kann.

Horizont-Effekt

Im Zusammenhang mit fixen Beschränkungen der Such-Tiefe kann
beobachtet werden, daß ein Programm Probleme, die es nicht als
solche erkennt, über diesen „Horizont" seiner Suche „hinaus-
schiebt". Genaugenommen ist dieser Effekt nicht auf die fixe
Grenze allein, sondern auf das mangelnde Zusammenwirken der
Suche und der **statischen Bewertungsfunktion** zurückzuführen. Üblicherweise wird dem Horizont-Effekt mittels einer **„quiescence
search"** entgegengewirkt, da dies etwas leichter realisierbar ist als
eine wirklich variable Such-Tiefe oder entsprechend verbesserte **Bewertungsfunktionen**.

IDA*

wird jenes Verfahren für **„depth-first iterative-deepening"** genannt, das die gleiche Art von **Bewertungsfunktion** verwendet wie **A***.

Konnektor

Die Gesamtheit aller von einem Elternknoten ausgehenden Kanten in einem **UND/ODER-Graphen**, die mit einer UND-Linie verbunden sind, wird als Konnektor bezeichnet. Wenn auf diese Art k unmittelbare Nachfolger (Kindknoten) verbunden sind, so handelt es sich um einen k-**Konnektor**.

Lösung, Lösungs-Graph, Lösungs-Pfad

Die Lösung eines mittels eines **Produktionssystems** dargestellten **Problems** ist ein **Graph**, der den *Start*-Knoten entsprechend mit solchen Knoten verbindet, für die die *Endebedingung* erfüllt ist. Im Fall von (ausschließlich) **1-Konnektoren** besteht sie aus einem **Pfad**, in dem jeweils einer Kante eine **Produktions-Regel** entspricht. Eine Lösung mit minimalen Kosten wird üblicherweise als **optimale Lösung** bezeichnet.

„Minimaxing"

Programmen für 2-Personen-Spiele liegt in den allermeisten Fällen „minimaxing" zugrunde. Voraussetzung ist, daß einer Spielsituation ein geschätzter Wert zugeordnet werden kann (mittels einer **Bewertungsfunktion**). Unter der Voraussetzung, daß positive Zahlen günstig für den Spieler sind, der an der Wurzel am Zug ist (und negative für seinen Gegenspieler), wird hier angenommen, daß sich der eine für einen Zug mit maximalem Wert und der andere für einen mit minimalem Wert entscheidet. Bei rekursiver Anwendung dieser Methode kann für einen **Spielbaum** ein **Minimax-Wert** berechnet werden.

Negamax-Prinzip

„Minimaxing" kann auch so formuliert werden, daß positive Zahlen für den Spieler günstig sind, der am jeweiligen Knoten im Baum am Zug ist (und negative für dessen Gegenspieler). Diese Betrachtungsweise wird Negamax genannt und ermöglicht es, an jedem Knoten (einheitlich) zu maximieren (indem anstatt zu minimieren mit Werten gearbeitet wird, die mit -1 multipliziert sind).

Problem

Ein Problem ist durch eine Menge von Ausgangs-(*Start-*) Situationen und eine Menge von angestrebten *Ziel*-Situationen gegeben. Im Sinne der Lösbarkeit durch Maschinen werden bei der Problembeschreibung zumeist auch Angaben darüber vorausgesetzt, mittels welcher Operatoren (Regeln) Situationen in andere Situationen übergeführt werden können bzw. welche Situationen überhaupt zulässig sind. Eine **Lösung** soll Ausgangs- und *Ziel*-Situationen in gewünschter Weise verbinden.

Produktionssystem

Ein Produktionssystem besteht aus den folgenden Hauptkomponenten: einer **globalen Datenbasis**, einer Menge von **Produktions-Regeln** und einem **Kontrollsystem**. Die **globale Datenbasis** umfaßt den aktuellen Bestand an Daten, der jeweils (während der **Suche**) vorliegt. Die **Produktions-Regeln** erzeugen bei ihrer Anwendung Elemente der globalen Datenbasis. Jede Regel besitzt eine *Vorbedingung*, die erfüllt sein muß, damit die Regel angewendet werden kann. Das **Kontrollsystem** steuert, welche der anwendbaren Produktions-Regeln jeweils tatsächlich angewendet wird, und beendet die **Suche**, wenn eine gegebene *Endebedingung* erfüllt ist.

„Quiescence Search"

ist die bewährteste Methode gegen den **Horizont-Effekt**: eine selektive Suche forcierter Varianten, die von bestimmten Stellungen (vor allem am „Horizont" einer Suche mit fester Tiefe) ausgeht. Das Ziel ist es, „ruhige" („quiescent") Stellungen zu erreichen, die von der **statischen Bewertungsfunktion** besser eingeschätzt werden können.

Spielbaum

Ein durch die Regeln eines Spiels implizit definierter Baum wird Spielbaum genannt, wobei den Spielsituationen Knoten und den Zügen (Aktionen der Spieler) Kanten zugeordnet werden. Spielbäume für 2-Personen-Spiele können auch als Spezialfall von **UND/ODER-Bäumen** betrachtet werden.

Strategie

Eine **Gewinn-Strategie** in einem **Spielbaum** entspricht einem **Lösungs-Graphen** zum Nachweis eines Gewinns in einem äquivalenten

UND/ODER-Graphen. Hingegen dienen bei **B* Strategien** namens PROVEBEST und DISPROVEREST zur Steuerung der „**best-first search**".

Suche

Eine Suche zum Lösen eines mittels eines **Produktionssystems** dargestellten **Problems** ist der Vorgang des *expliziten* Aufbaus (von Teilen) desjenigen Graphen **G**, der durch das **Produktionssystem** *implizit* spezifiziert ist. Sie soll eine (oder mehrere) **Lösung(en)** des gegebenen **Problems** finden.

UND/ODER-Graph

Für die Darstellung des Vorgehens **zerlegbarer Produktionssysteme** eignen sich **UND/ODER-Graphen**. Diese haben nicht nur Knoten, von denen aus nur *eine* Kante zu einem *Ziel* führen muß, sondern auch solche, bei denen *alle* Nachfolger gelöst werden müssen (Komponente 1 UND Komponente 2 UND ...).

Notation

b	Anzahl von unmittelbaren Nachfolgern eines Knotens
$c(m,n)$	Kosten der Kante von m nach n
d	Länge einer **optimalen Lösung** bzw. Such-Tiefe in einem **Spielbaum**
$F_X(x)$	$W(X \leq x)$, Verteilungsfunktion für die Zufallsvariable X
$f(n)$	**Bewertungsfunktion** für den Knoten n
$f^*(n)$	Kosten eines *optimalen* Pfades vom *Start* zu einem Knoten, der die *Endebedingung* erfüllt, wobei dieser Pfad durch n führen muß
G	Graph, der durch das **Produktionssystem** *implizit* spezifiziert ist
G_e	Graph, der durch die **Suche** *explizit* aufgebaut wird
G_p	**partieller Lösungs-Graph**
G'	**vielversprechendster partieller Lösungs-Graph**
$g(n)$	Kosten des „billigsten" bis zu diesem Zeitpunkt gefundenen Pfades vom *Start* zu n
$g^*(n)$	Kosten eines *optimalen* Pfades vom *Start* zu n
$h(n)$	eine Schätzung von $h^*(n)$ unter Verwendung von **heuristischem** *Wissen* der Domäne
$h^*(n)$	Kosten eines *optimalen* Pfades von n zu einem Knoten, der die *Endebedingung* erfüllt
$k(m,n)$	Kosten des „billigsten" Pfades von m nach n
$O(f(n))$	charakterisiert die *Ordnung* einer Funktion $g(n)$, wenn es Konstanten C und n_0 gibt, sodaß gilt $g(n) \leq Cf(n)$ (für alle $n \geq n_0$)
T	Such-Baum, der als Teilgraph von G_e diejenigen Pfade mit den jeweils geringsten Kosten zu jedem Knoten in G_e beinhaltet
$W(A)$	Wahrscheinlichkeit des Ereignisses A
Π	Produkt
Σ	Summe
$\in$	Element (einer Menge)
$\cup$	Vereinigungsmenge

$\equiv$	Identität
$\int$	Integral
$\Rightarrow$	Implikation
$\neq$	Ungleichheit
$\vee$	logisches „oder" (Disjunktion)
$\&$	logisches „und" (Konjunktion)

Sachverzeichnis

Datenkonvertierung und Umbruch: Satz Repro Zentrum Korneuburg Ges. m. b. H., A-2100 Korneuburg.